ARIOL

Für Madame Heinz,
Emmanuel Guibert

Emmanuel Guibert

Marc Boutavant

ARIOL

So ein dummes Schaf!

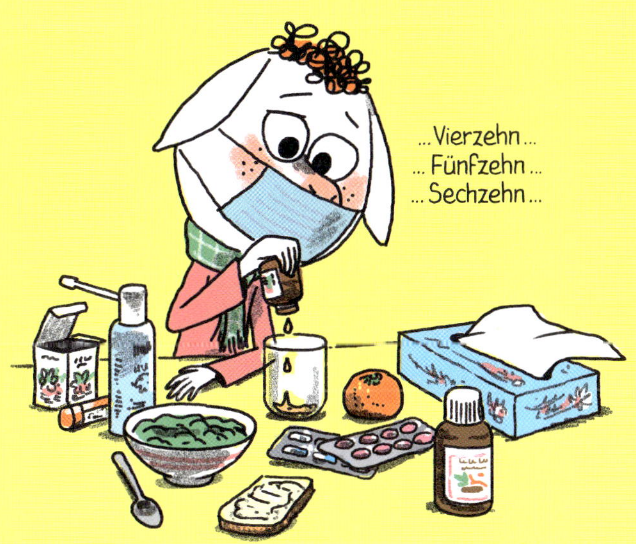

Farben: Rémi Chaurand

REPRODUKT

Doktor ONKEL
Kompressenstraße 9
77007 KOPPELSEN
Sprechzeiten (nur nach Vereinbarung)
Montag bis Mittwoch: 10-15 Uhr
Tel.: 01 324 935 52

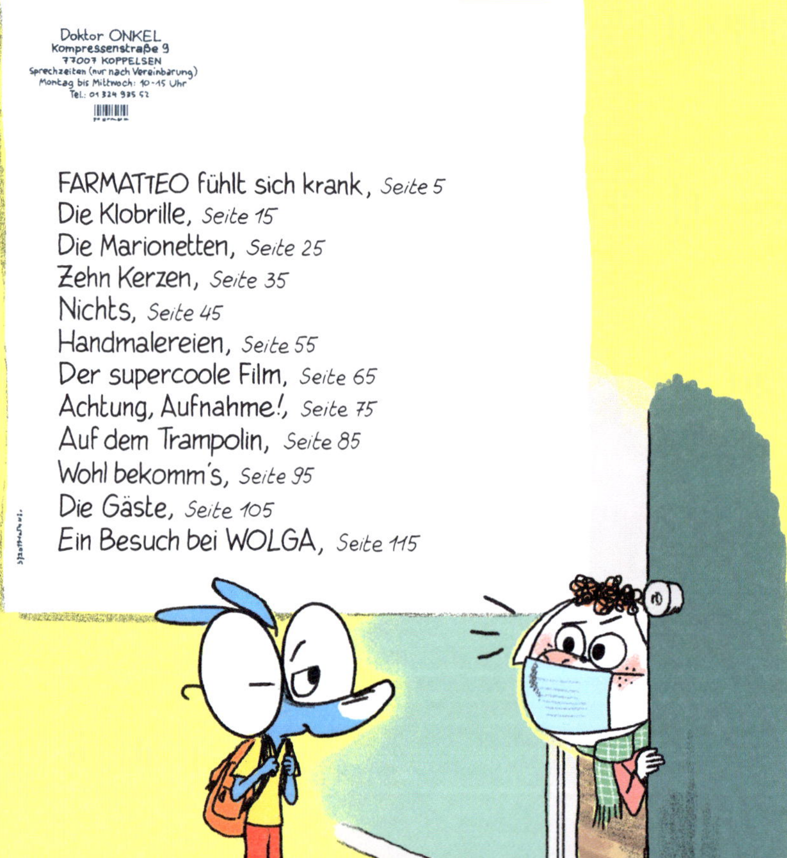

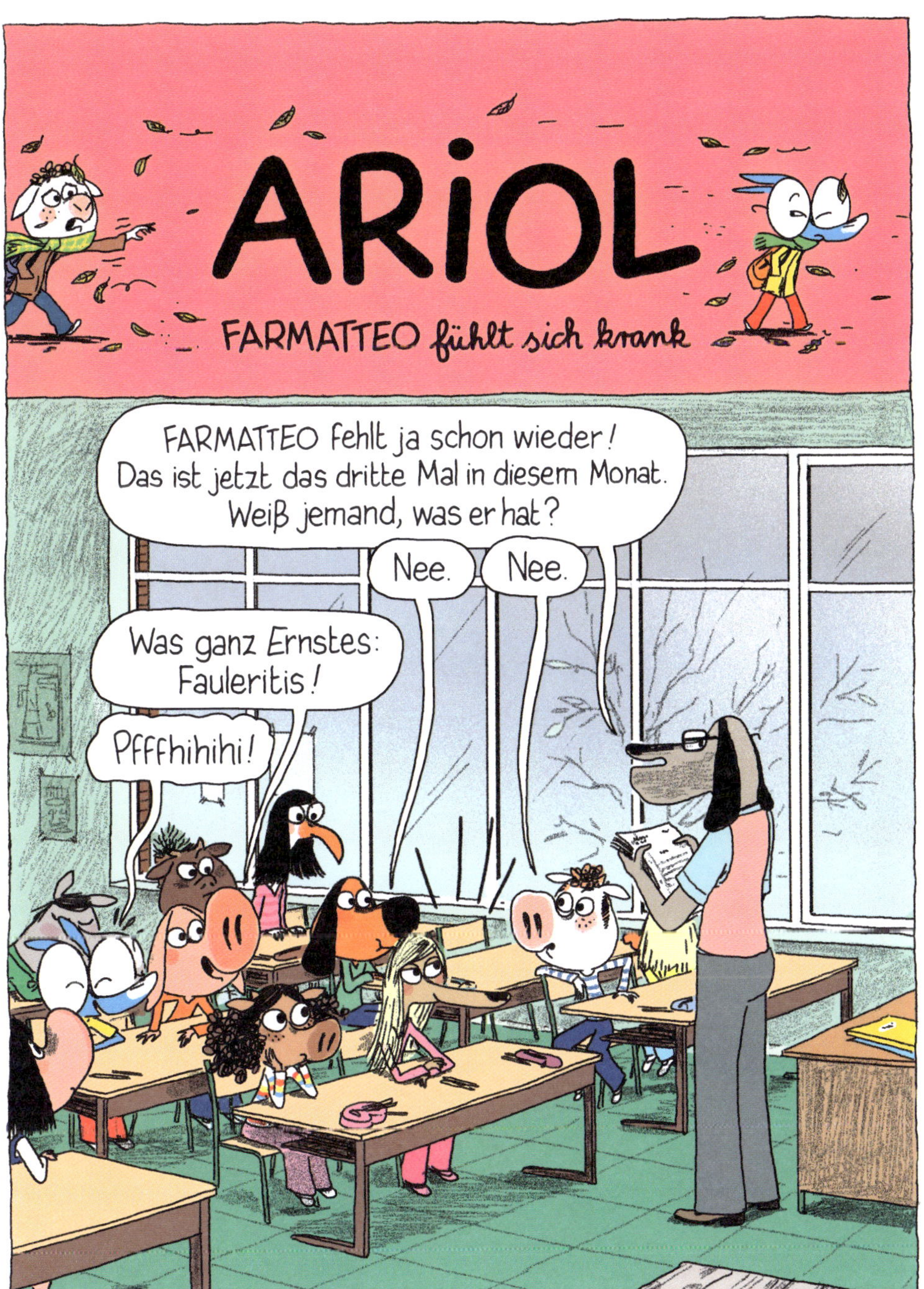
ARIOL
FARMATTEO fühlt sich krank
FARMATTEO fehlt ja schon wieder! Das ist jetzt das dritte Mal in diesem Monat. Weiß jemand, was er hat?
Nee.
Nee.
Was ganz Ernstes: Fauleritis!
Pfffhihihi!

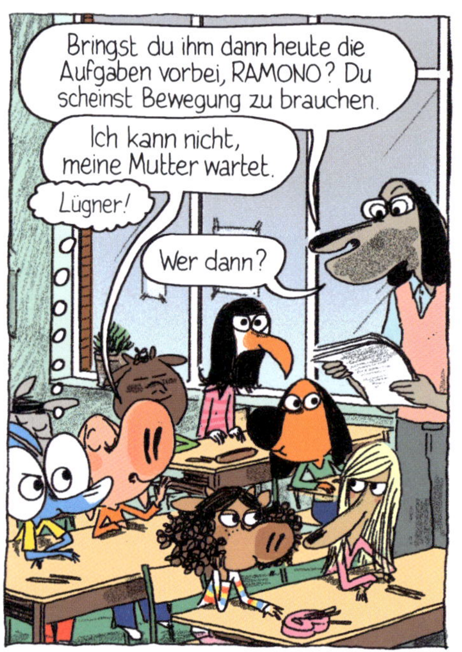
Bringst du ihm dann heute die Aufgaben vorbei, RAMONO? Du scheinst Bewegung zu brauchen.
Ich kann nicht, meine Mutter wartet.
Lügner!
Wer dann?

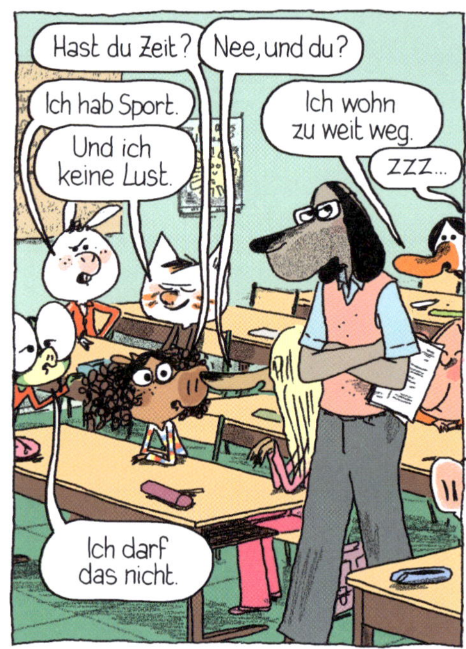
Hast du Zeit?
Nee, und du?
Ich hab Sport.
Und ich keine Lust.
Ich wohn zu weit weg.
ZZZ...
Ich darf das nicht.

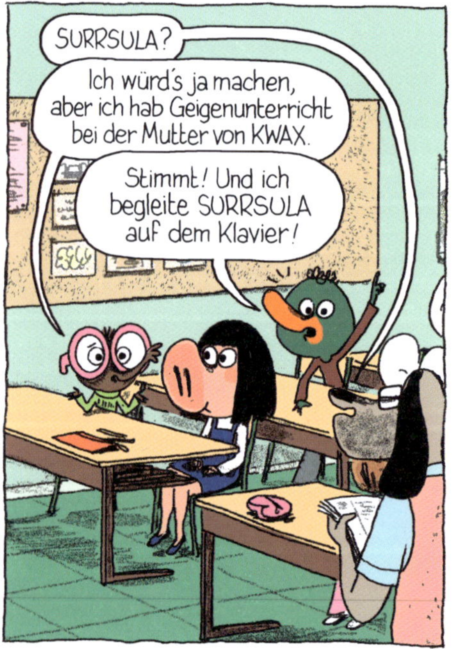
SURRSULA?
Ich würd's ja machen, aber ich hab Geigenunterricht bei der Mutter von KWAX.
Stimmt! Und ich begleite SURRSULA auf dem Klavier!

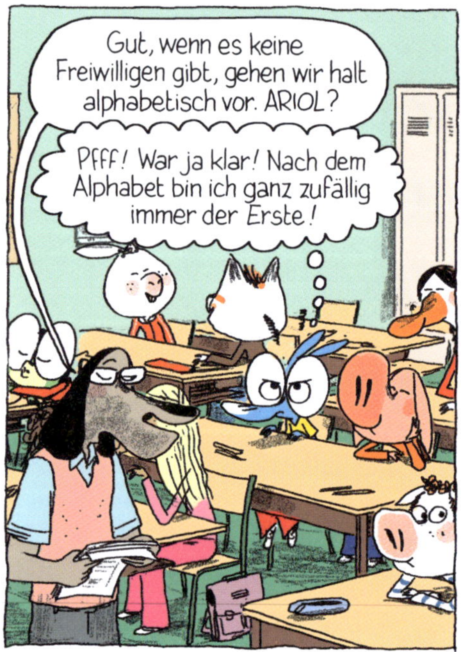
Gut, wenn es keine Freiwilligen gibt, gehen wir halt alphabetisch vor. ARIOL?
Pfff! War ja klar! Nach dem Alphabet bin ich ganz zufällig immer der Erste!

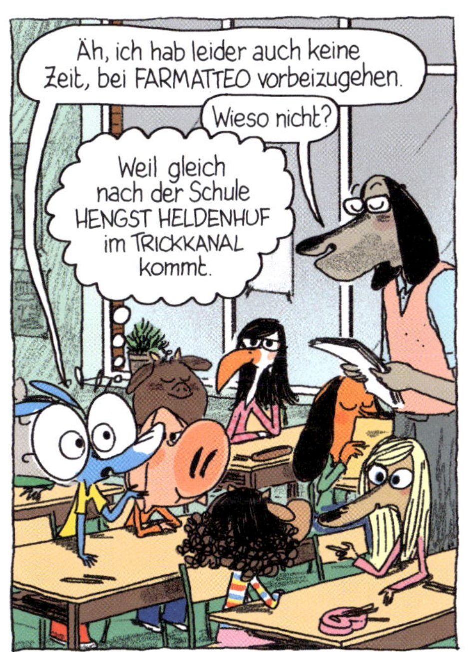
Äh, ich hab leider auch keine Zeit, bei FARMATTEO vorbeizugehen.
Wieso nicht?
Weil gleich nach der Schule HENGST HELDENHUF im TRICKKANAL kommt.

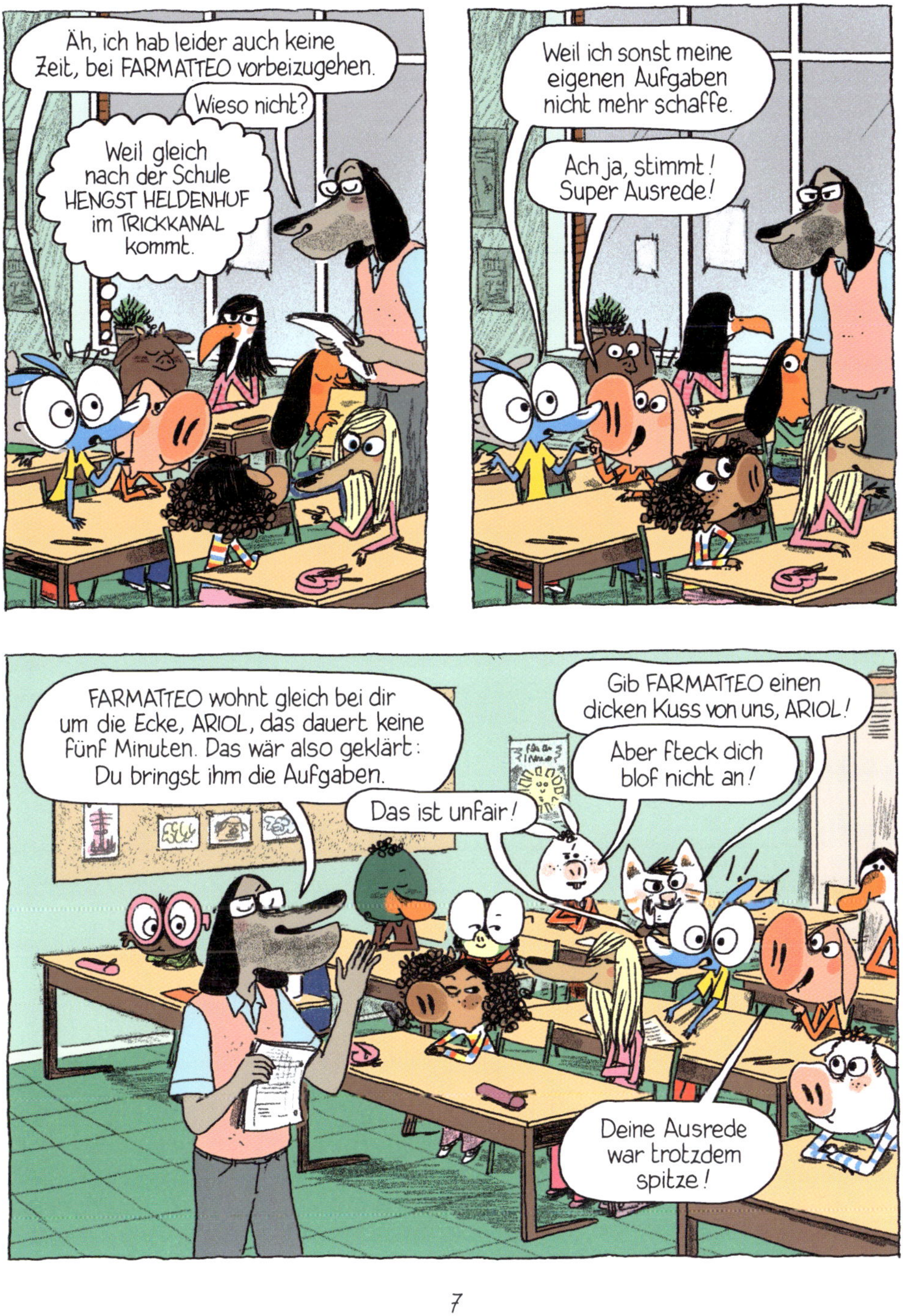

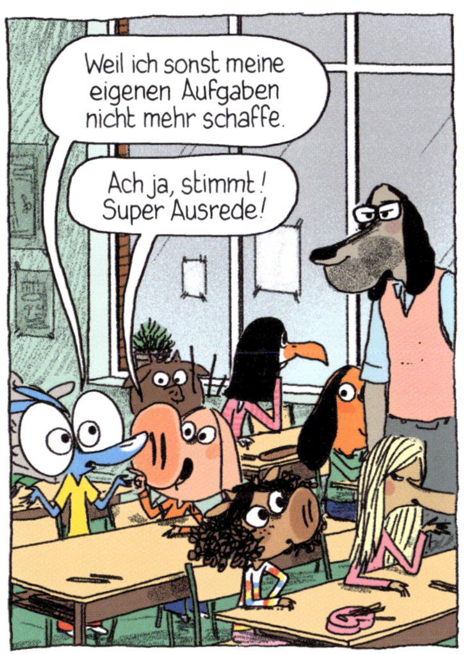
Weil ich sonst meine eigenen Aufgaben nicht mehr schaffe.
Ach ja, stimmt! Super Ausrede!

FARMATTEO wohnt gleich bei dir um die Ecke, ARIOL, das dauert keine fünf Minuten. Das wär also geklärt: Du bringst ihm die Aufgaben.
Das ist unfair!
Gib FARMATTEO einen dicken Kuss von uns, ARIOL!
Aber fteck dich blof nicht an!
Deine Ausrede war trotzdem spitze!

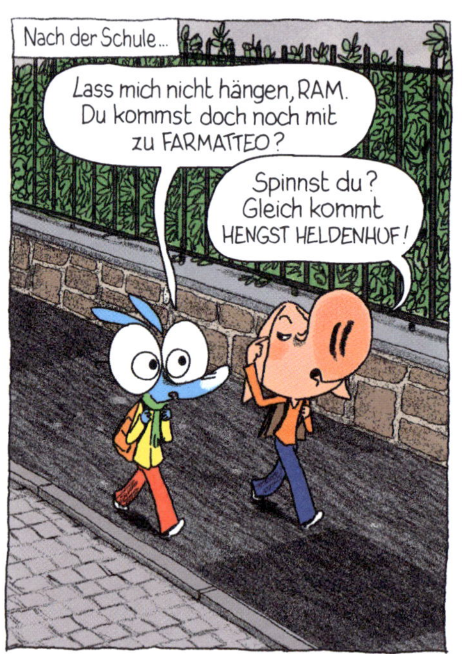
Nach der Schule...
Lass mich nicht hängen, RAM. Du kommst doch noch mit zu FARMATTEO?
Spinnst du? Gleich kommt HENGST HELDENHUF!

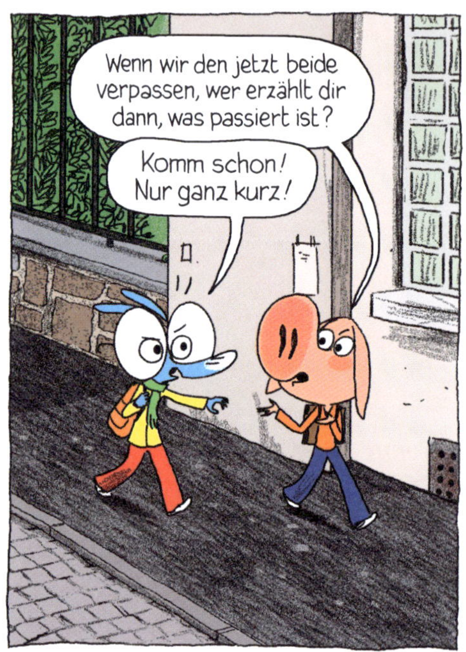
Wenn wir den jetzt beide verpassen, wer erzählt dir dann, was passiert ist?
Komm schon! Nur ganz kurz!

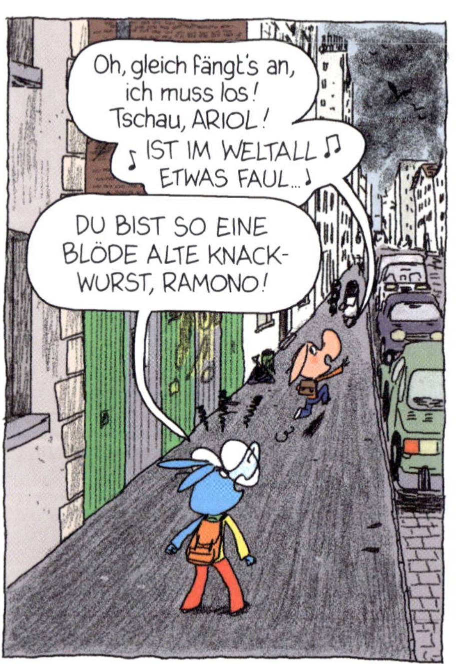
Oh, gleich fängt's an, ich muss los! Tschau, ARIOL!
♪ IST IM WELTALL ♫ ETWAS FAUL... ♪
DU BIST SO EINE BLÖDE ALTE KNACKWURST, RAMONO!

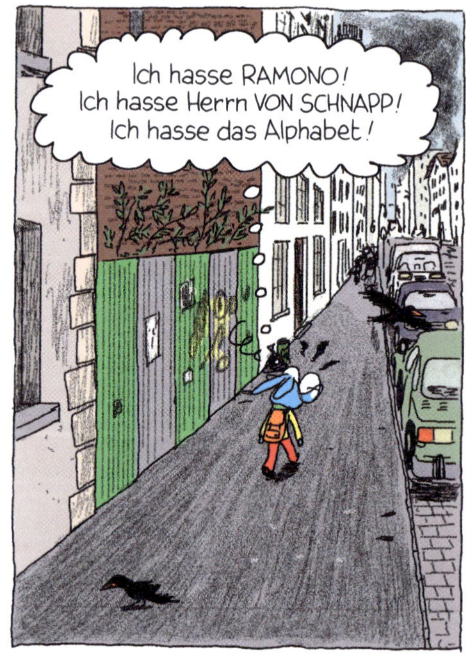
Ich hasse RAMONO! Ich hasse Herrn VON SCHNAPP! Ich hasse das Alphabet!

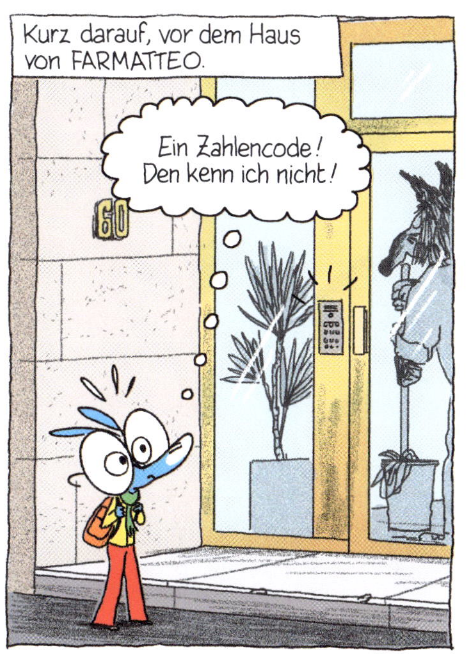
Kurz darauf, vor dem Haus von FARMATTEO.
Ein Zahlencode! Den kenn ich nicht!

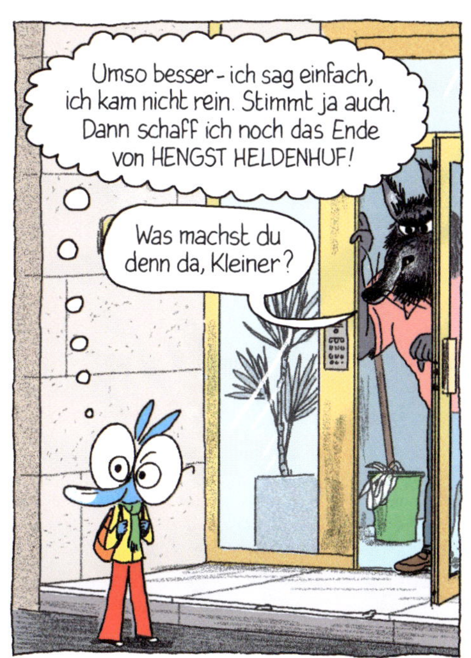
Umso besser - ich sag einfach, ich kam nicht rein. Stimmt ja auch. Dann schaff ich noch das Ende von HENGST HELDENHUF!
Was machst du denn da, Kleiner?

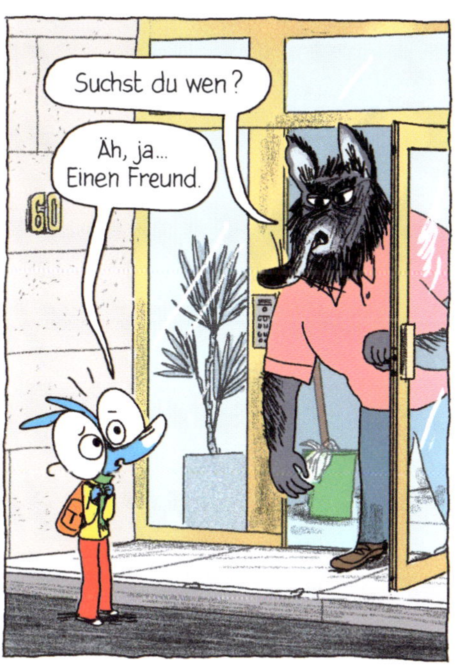
Suchst du wen?
Äh, ja... Einen Freund.

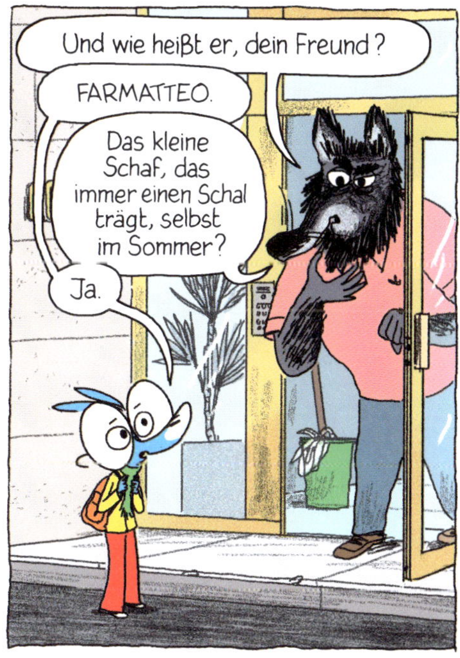
Und wie heißt er, dein Freund?
FARMATTEO.
Das kleine Schaf, das immer einen Schal trägt, selbst im Sommer?
Ja.

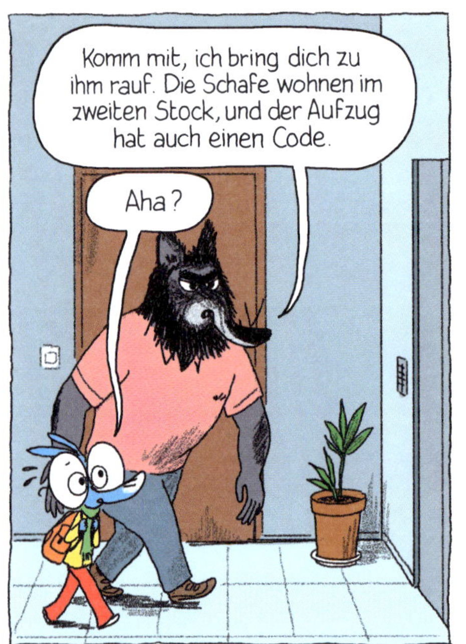
Komm mit, ich bring dich zu ihm rauf. Die Schafe wohnen im zweiten Stock, und der Aufzug hat auch einen Code.
Aha?

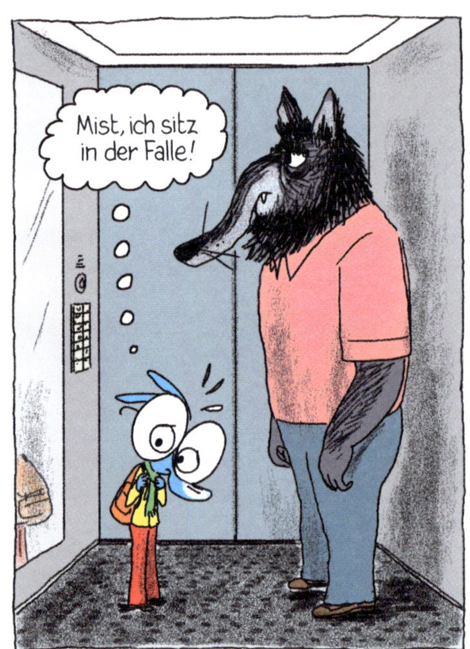
Mist, ich sitz in der Falle!

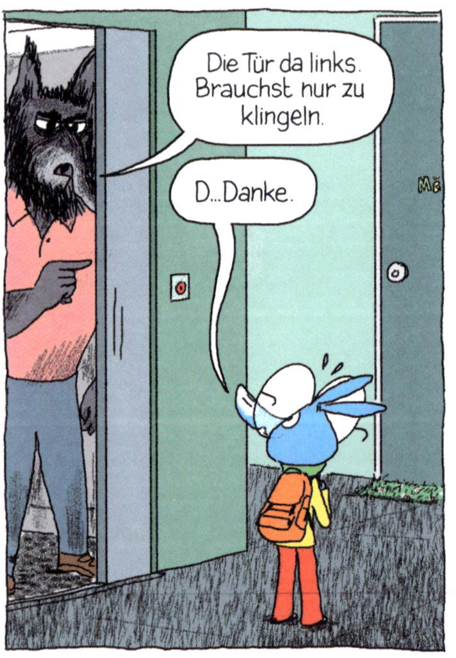
Die Tür da links. Brauchst nur zu klingeln.
D...Danke.

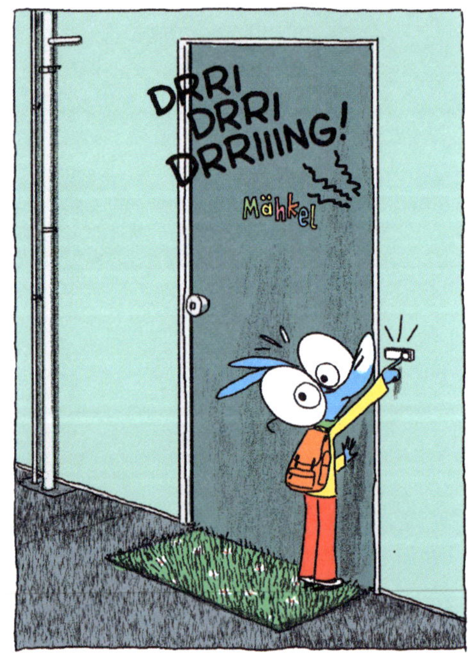
DRRI DRRI DRRIIING!
Mähkel

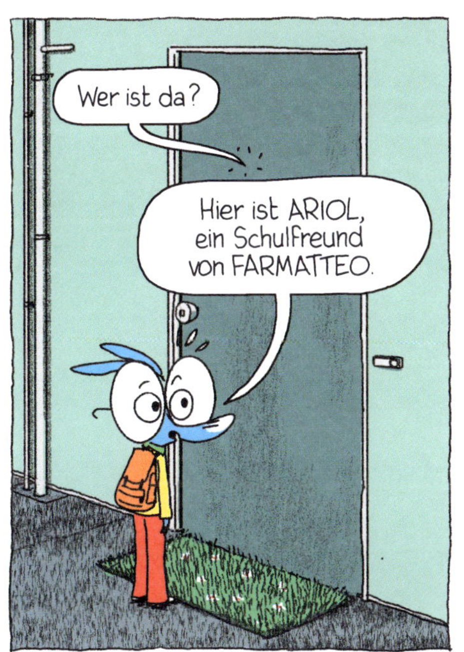
Wer ist da?
Hier ist ARIOL, ein Schulfreund von FARMATTEO.

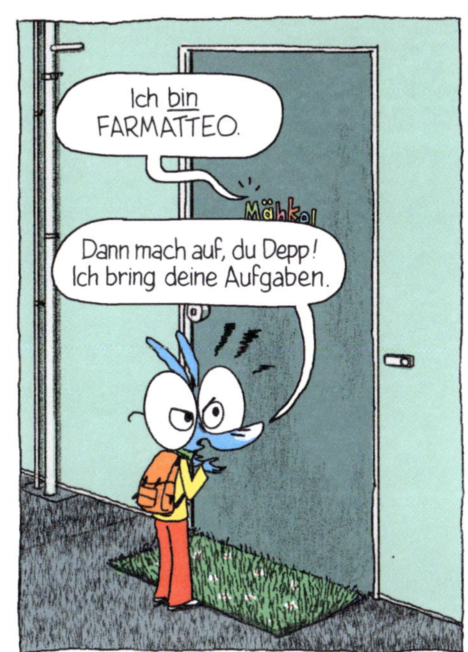
Ich bin FARMATTEO.
Mähkel
Dann mach auf, du Depp! Ich bring deine Aufgaben.

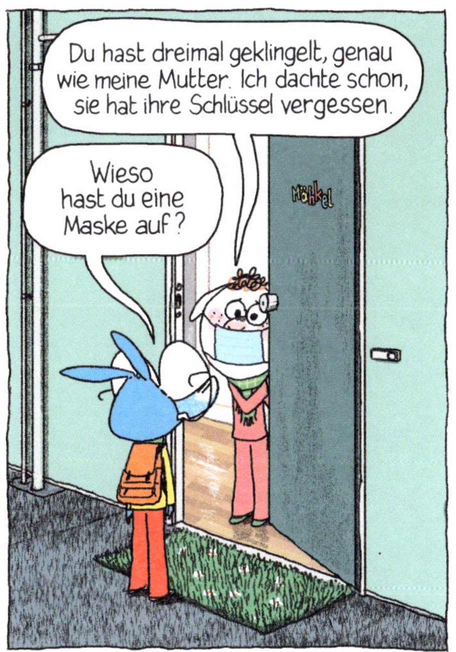
Du hast dreimal geklingelt, genau wie meine Mutter. Ich dachte schon, sie hat ihre Schlüssel vergessen.
Wieso hast du eine Maske auf?
Mähkel

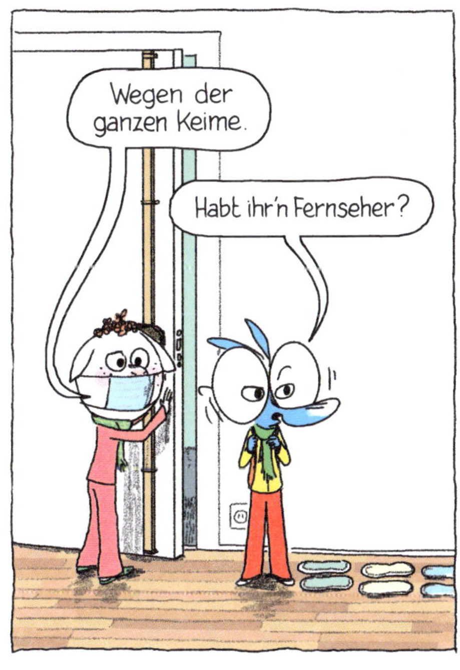
Wegen der ganzen Keime.
Habt ihr'n Fernseher?

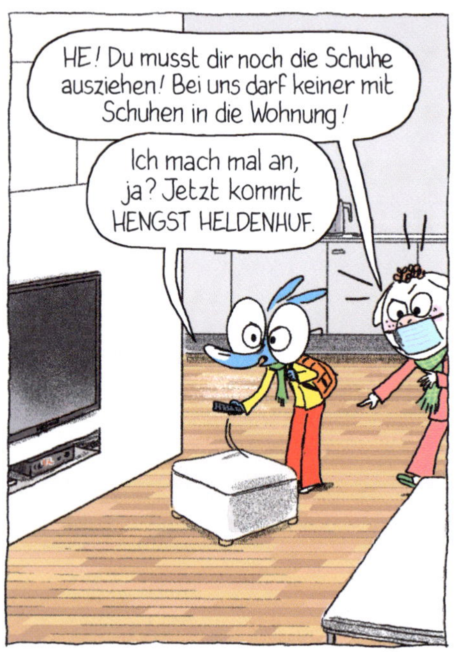
HE! Du musst dir noch die Schuhe ausziehen! Bei uns darf keiner mit Schuhen in die Wohnung!
Ich mach mal an, ja? Jetzt kommt HENGST HELDENHUF.

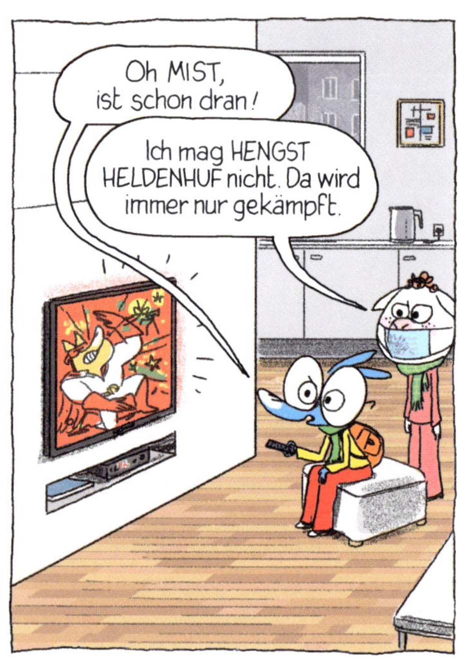
Oh MIST, ist schon dran!
Ich mag HENGST HELDENHUF nicht. Da wird immer nur gekämpft.

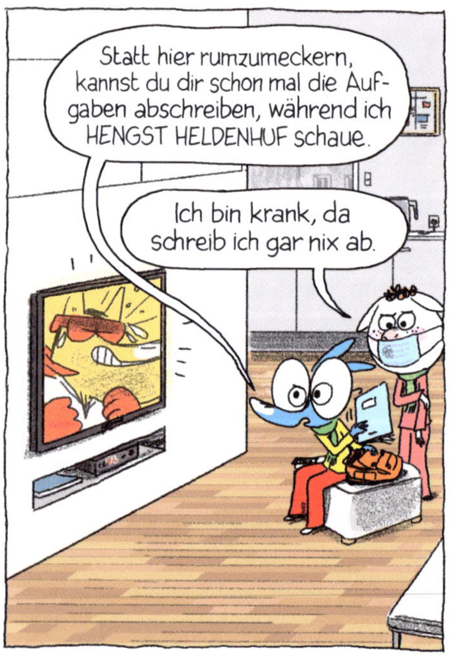
Statt hier rumzumeckern, kannst du dir schon mal die Aufgaben abschreiben, während ich HENGST HELDENHUF schaue.
Ich bin krank, da schreib ich gar nix ab.

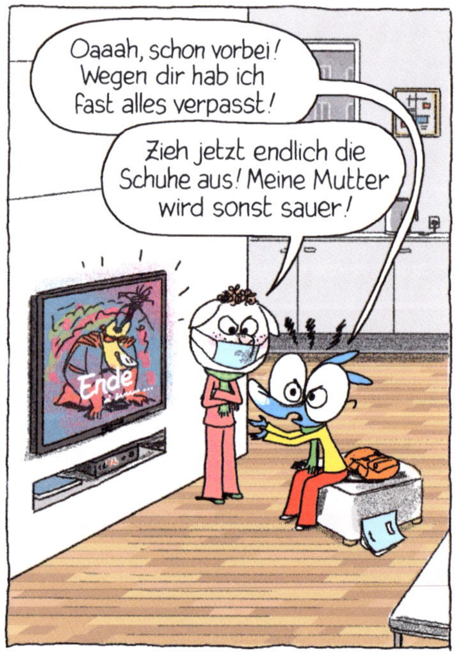
Oaaah, schon vorbei! Wegen dir hab ich fast alles verpasst!
Zieh jetzt endlich die Schuhe aus! Meine Mutter wird sonst sauer!
Ende

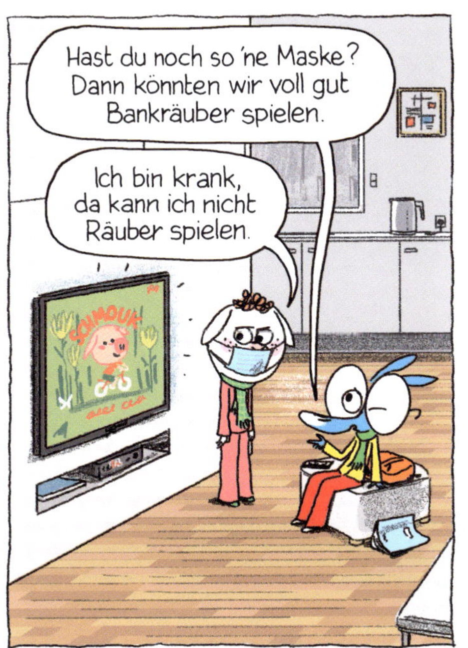
Hast du noch so 'ne Maske? Dann könnten wir voll gut Bankräuber spielen.
Ich bin krank, da kann ich nicht Räuber spielen.

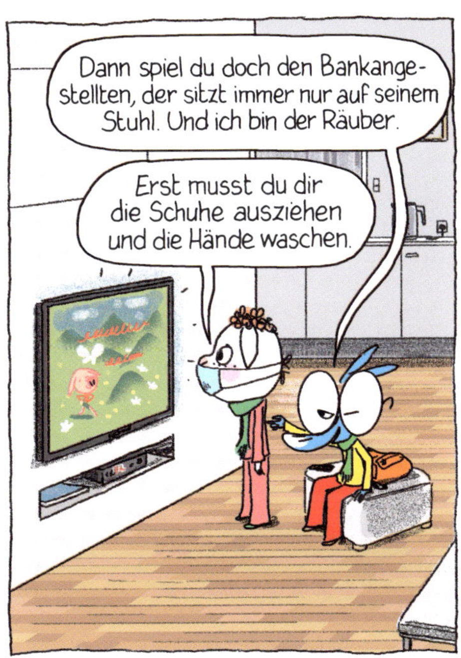
Dann spiel du doch den Bankangestellten, der sitzt immer nur auf seinem Stuhl. Und ich bin der Räuber.
Erst musst du dir die Schuhe ausziehen und die Hände waschen.

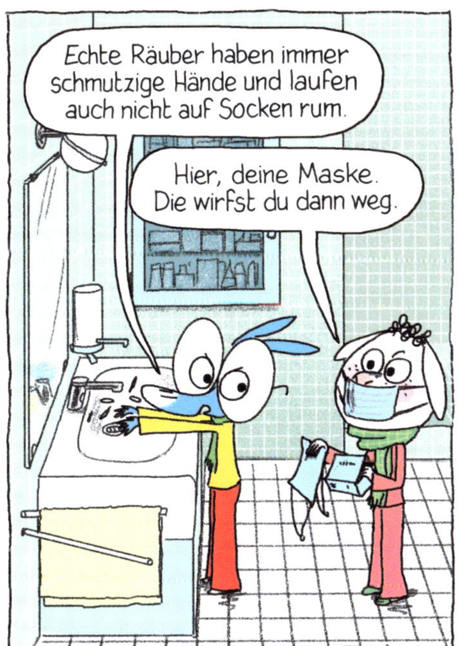
Echte Räuber haben immer schmutzige Hände und laufen auch nicht auf Socken rum.
Hier, deine Maske. Die wirfst du dann weg.

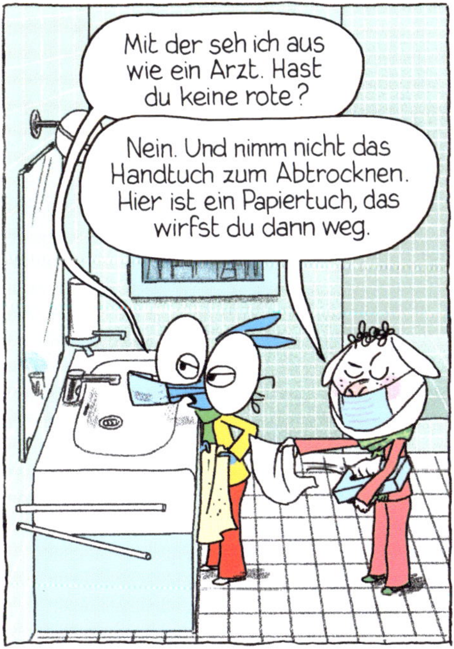
Mit der seh ich aus wie ein Arzt. Hast du keine rote?
Nein. Und nimm nicht das Handtuch zum Abtrocknen. Hier ist ein Papiertuch, das wirfst du dann weg.

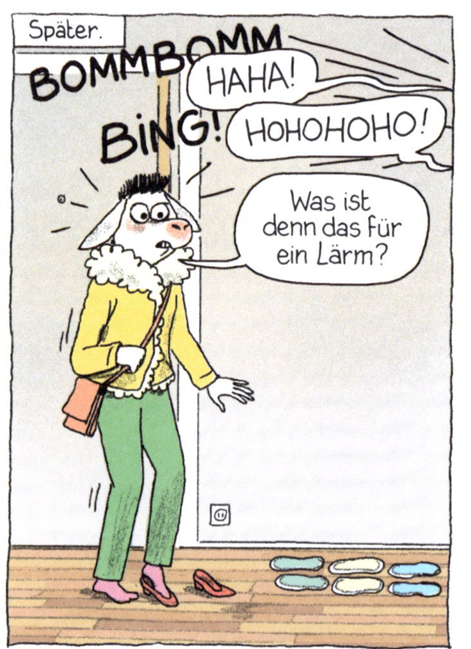

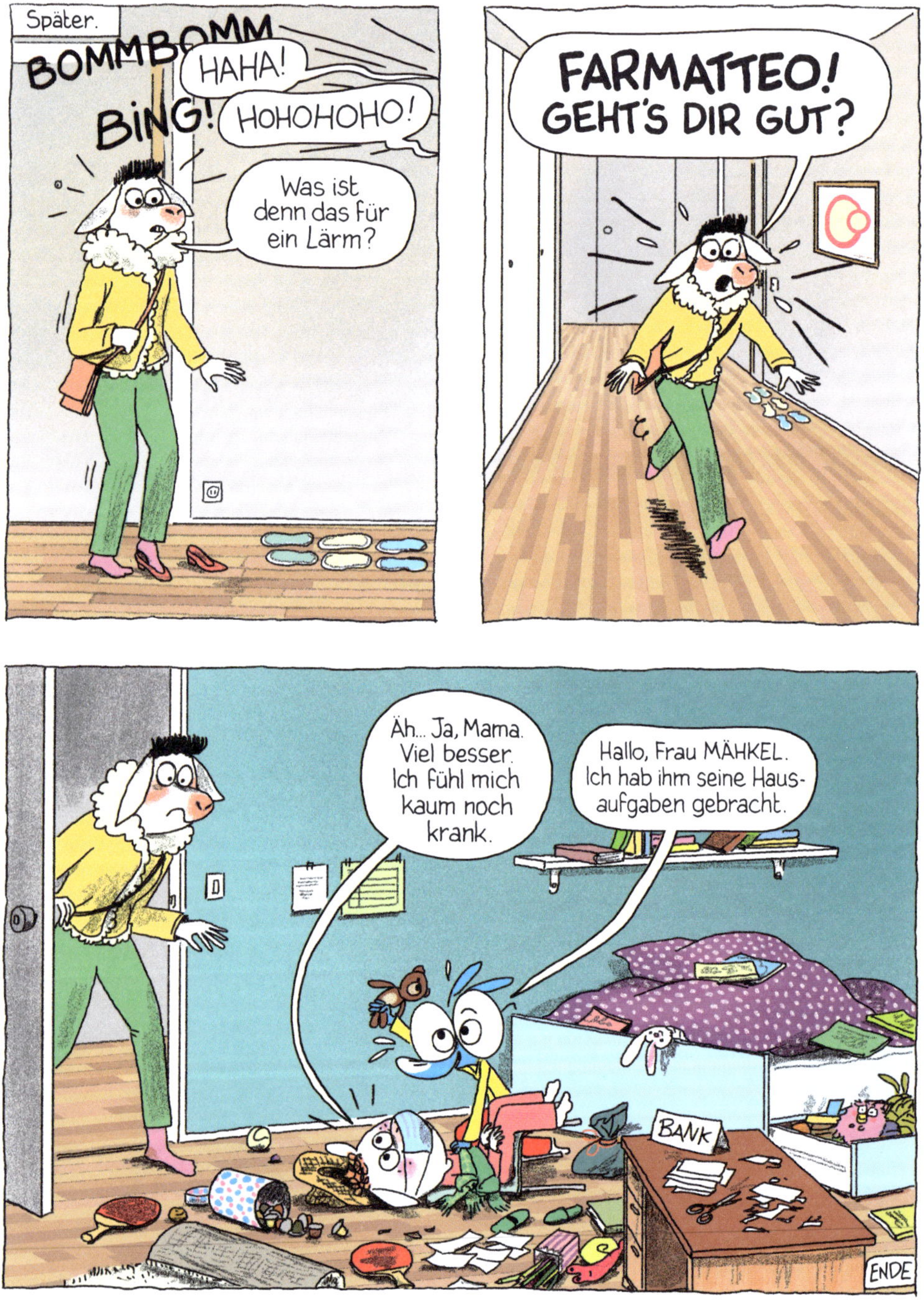

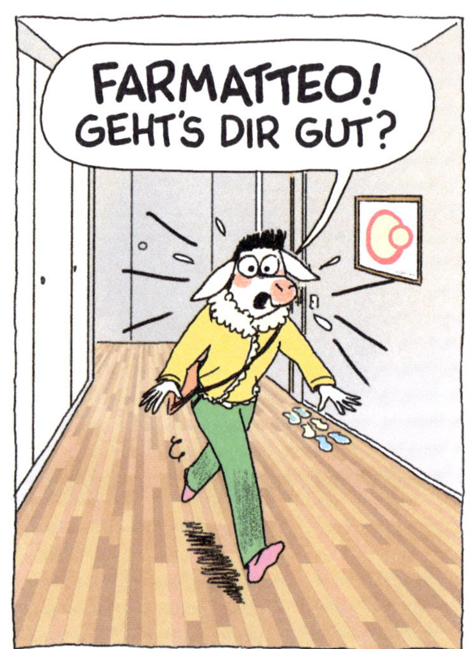

Äh... Ja, Mama. Viel besser. Ich fühl mich kaum noch krank.

Hallo, Frau MÄHKEL. Ich hab ihm seine Hausaufgaben gebracht.

BANK

ENDE

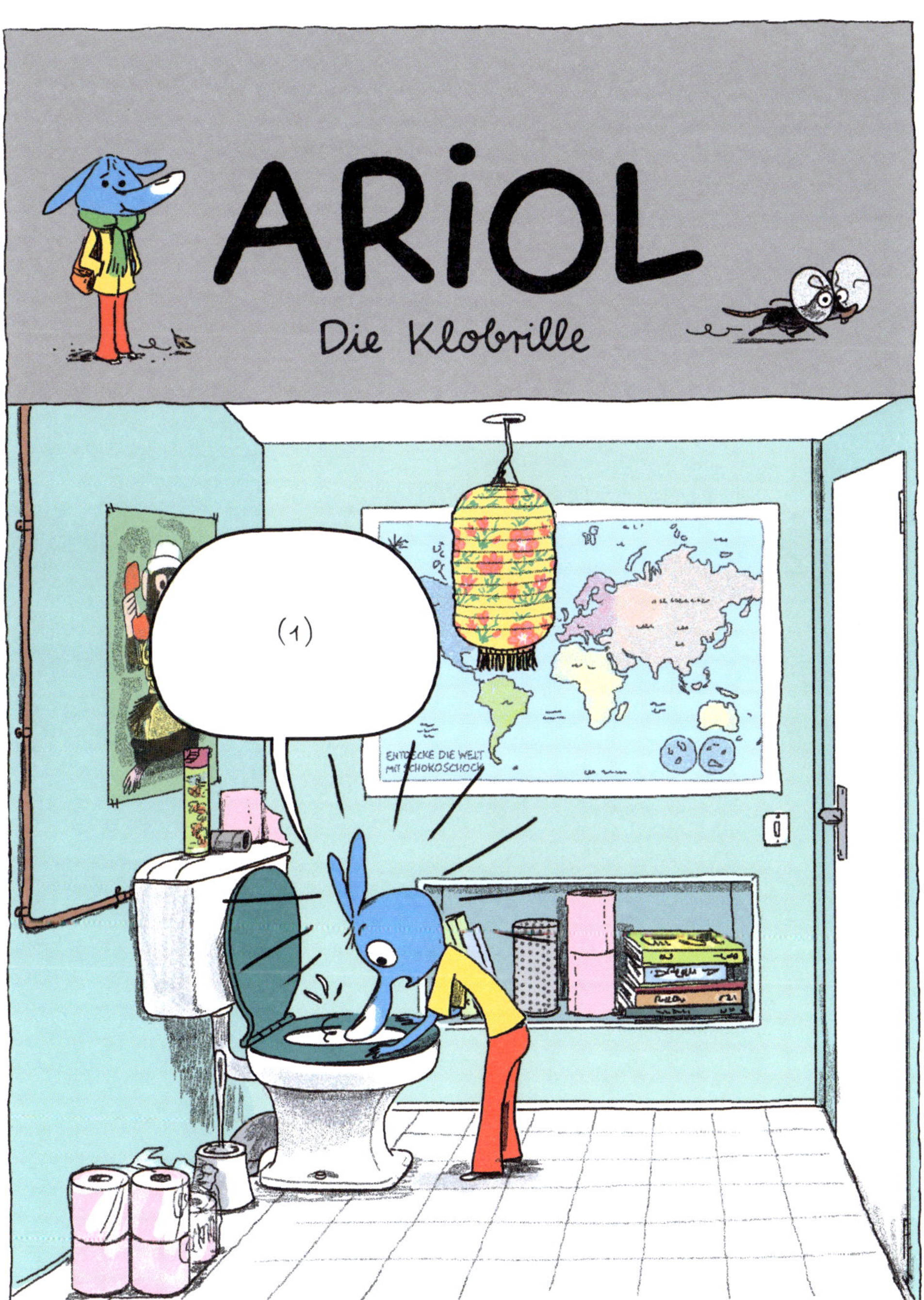

(1) ARIOL sagt so ein schlimmes Wort, dass man es hier unmöglich hinschreiben kann.

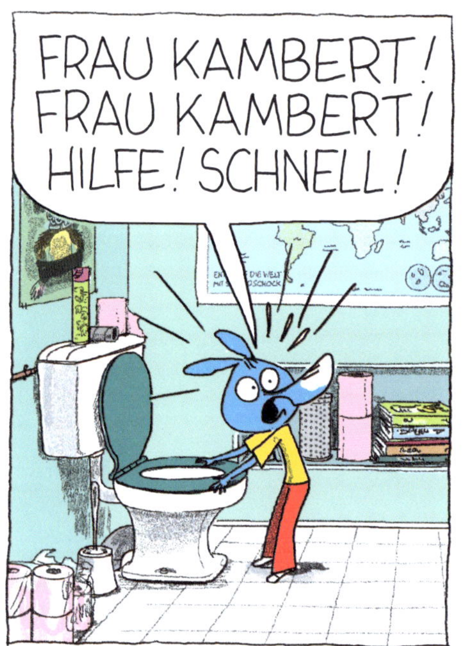
FRAU KAMBERT! FRAU KAMBERT! HILFE! SCHNELL!

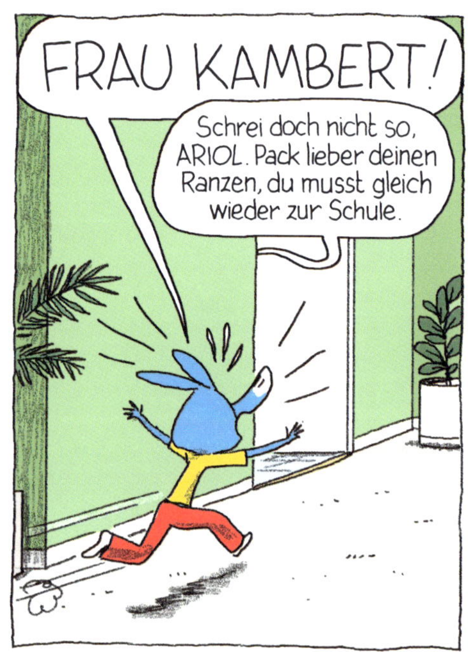
FRAU KAMBERT!
Schrei doch nicht so, ARIOL. Pack lieber deinen Ranzen, du musst gleich wieder zur Schule.

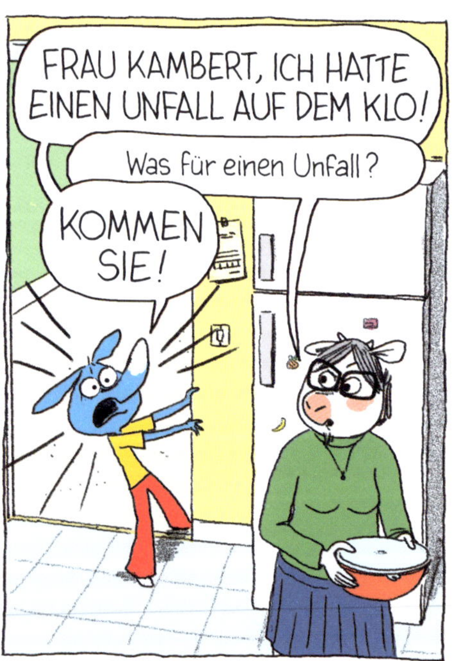
FRAU KAMBERT, ICH HATTE EINEN UNFALL AUF DEM KLO!
Was für einen Unfall?
KOMMEN SIE!

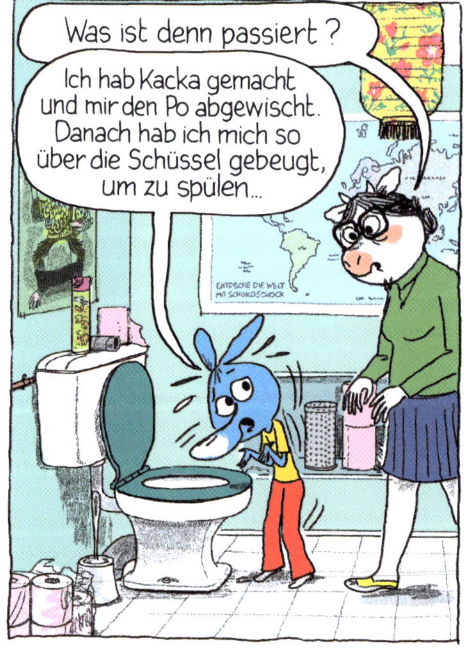
Was ist denn passiert?
Ich hab Kacka gemacht und mir den Po abgewischt. Danach hab ich mich so über die Schüssel gebeugt, um zu spülen...

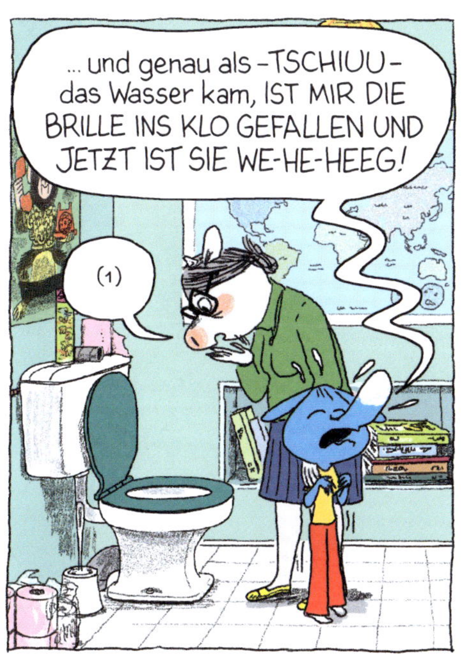

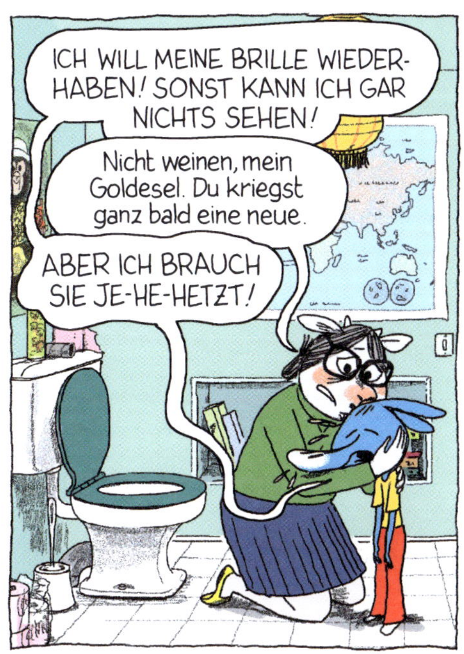

(1) Frau KAMBERT sagt auch ein sehr schlimmes Wort. Also wirklich!

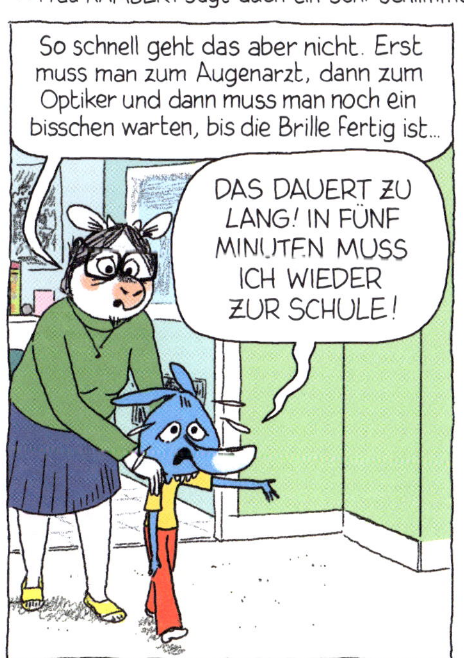

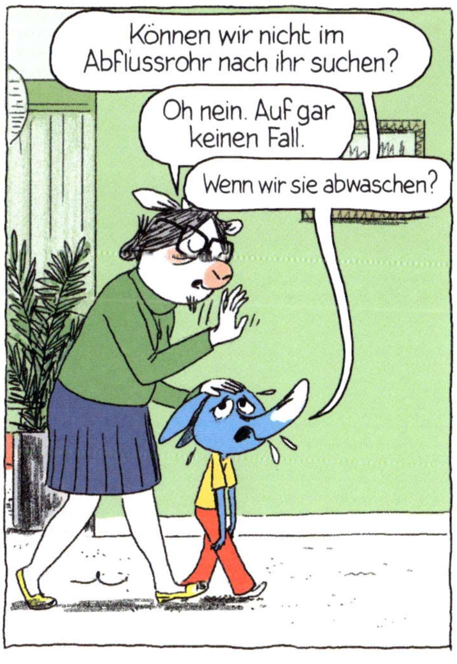

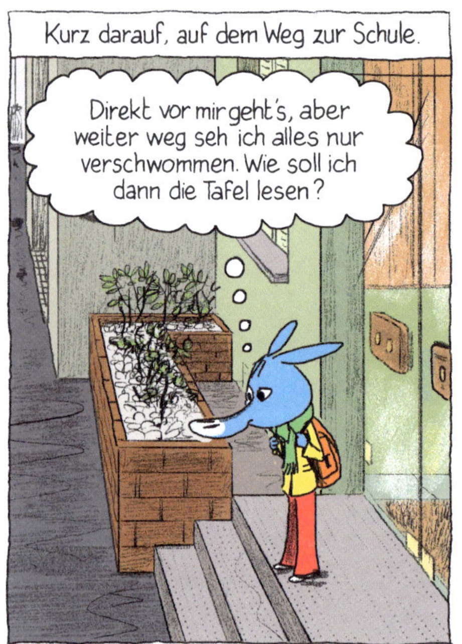

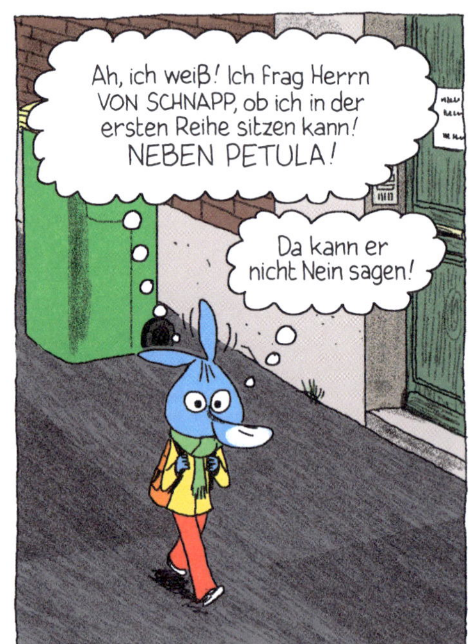

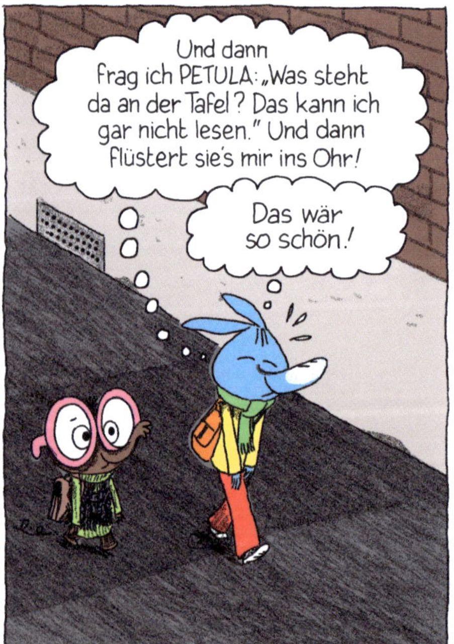

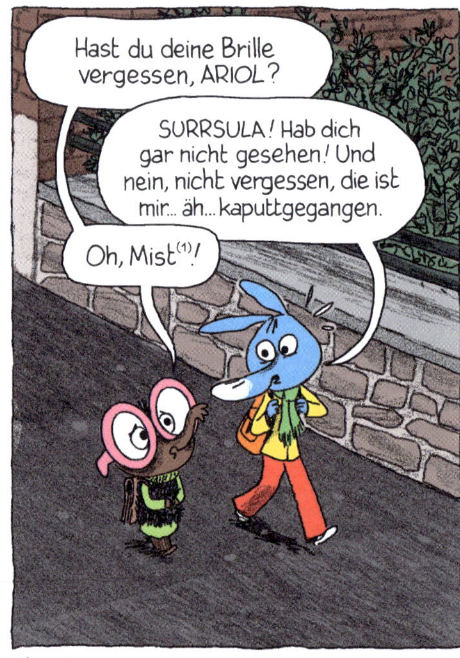

(1) MIST ist nicht so schlimm, das darf man ruhig schreiben.

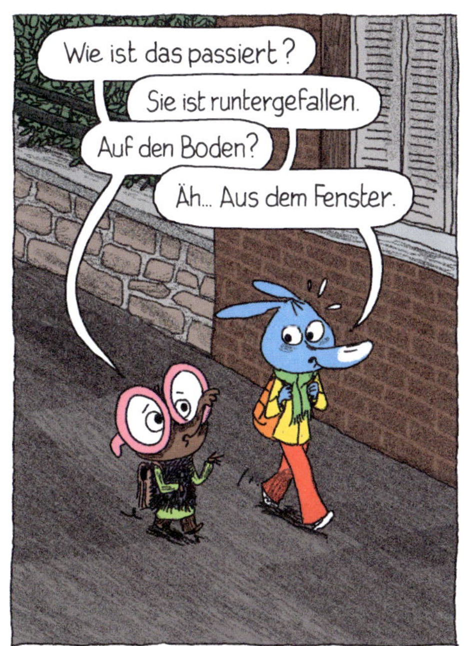

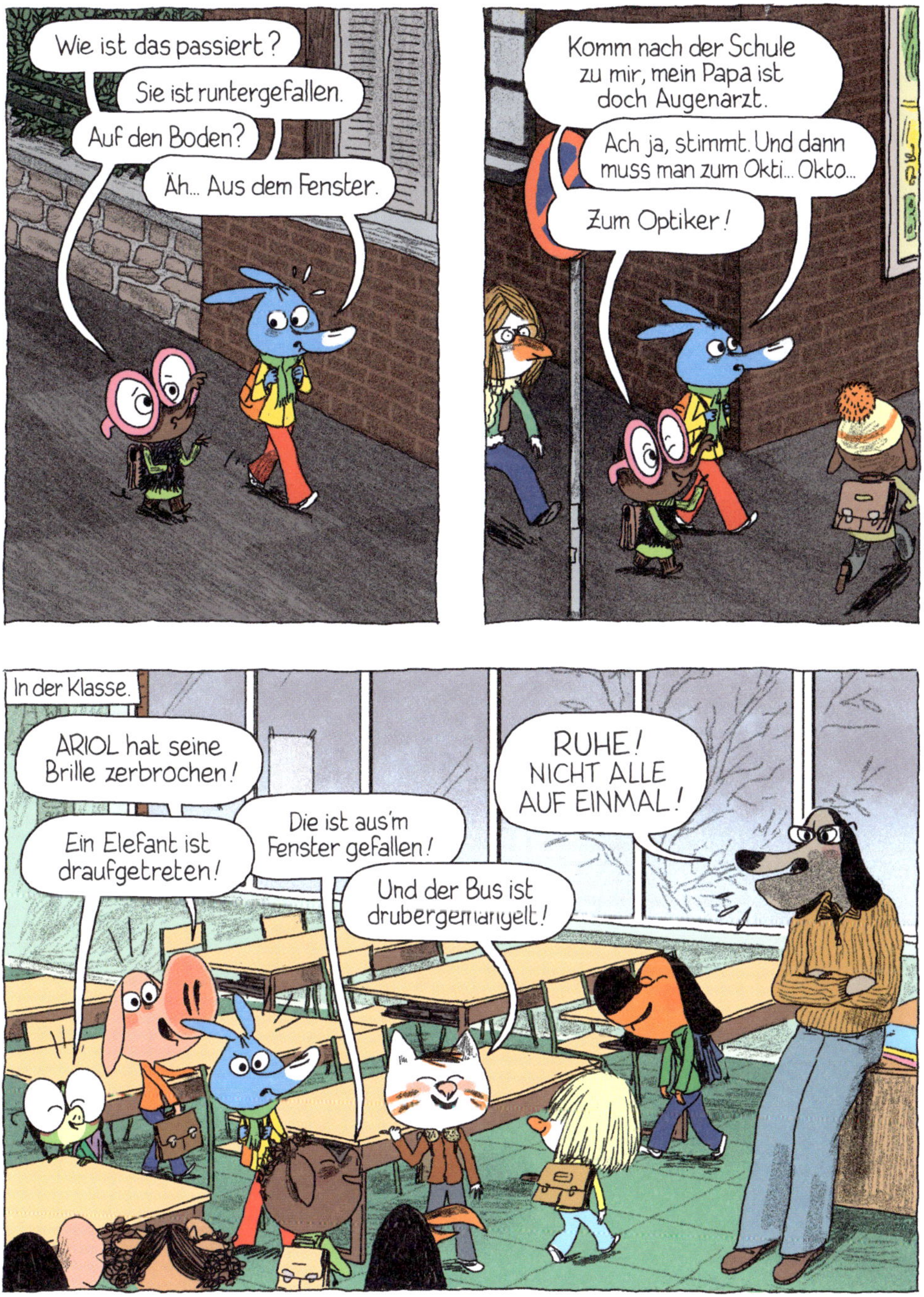

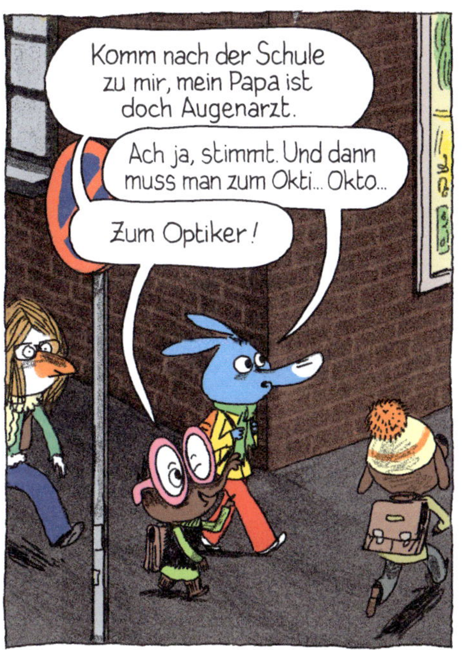

In der Klasse.

ARIOL hat seine Brille zerbrochen!

Ein Elefant ist draufgetreten!

Die ist aus'm Fenster gefallen!

Und der Bus ist drubergemangelt!

RUHE! NICHT ALLE AUF EINMAL!

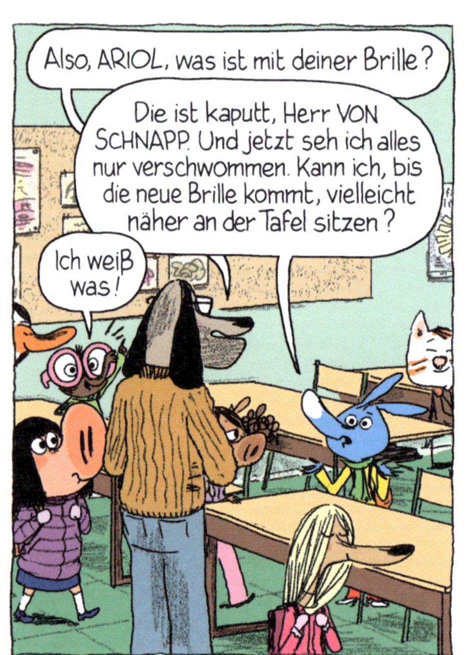
Also, ARIOL, was ist mit deiner Brille?
Die ist kaputt, Herr VON SCHNAPP. Und jetzt seh ich alles nur verschwommen. Kann ich, bis die neue Brille kommt, vielleicht näher an der Tafel sitzen?
Ich weiß was!

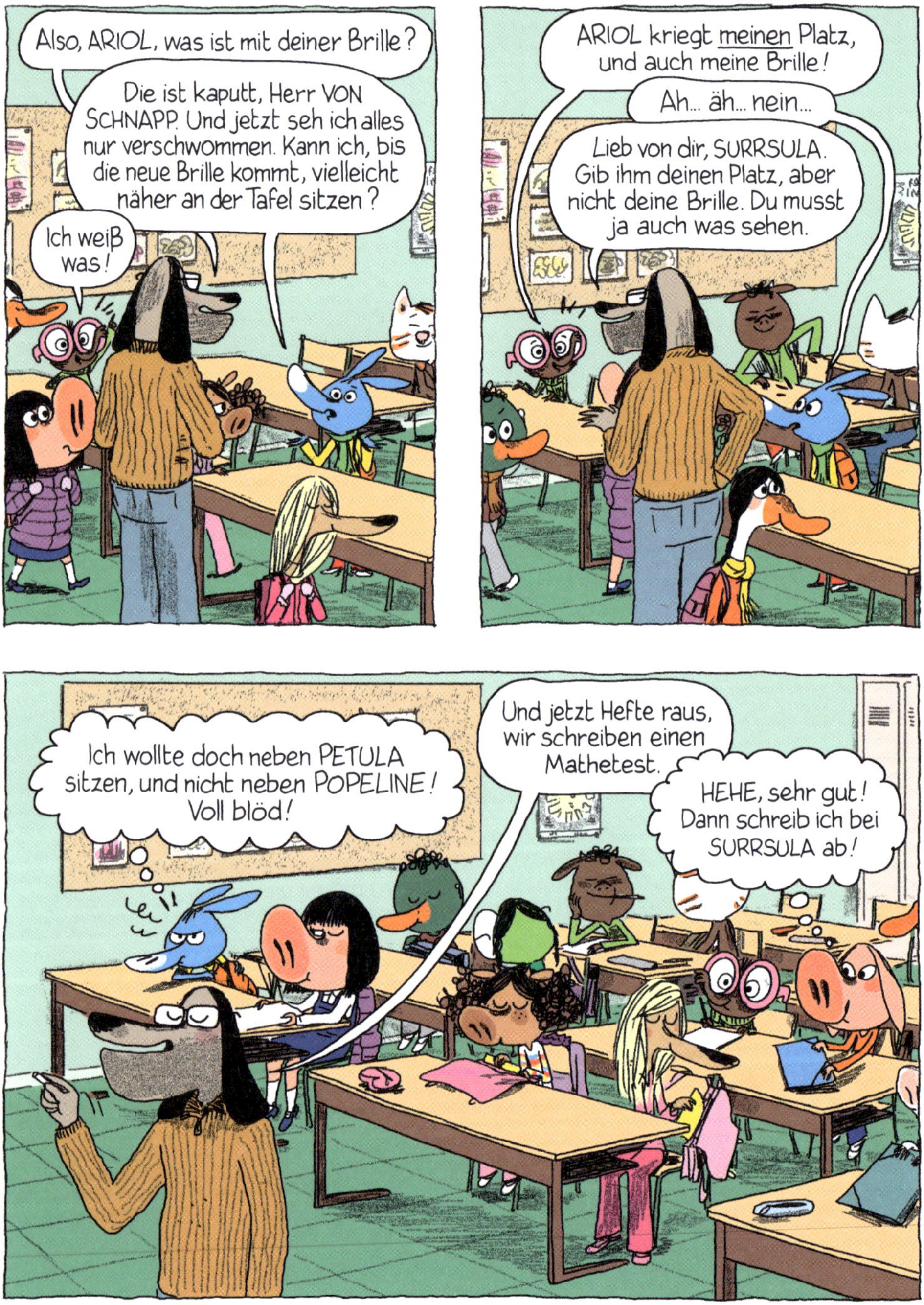

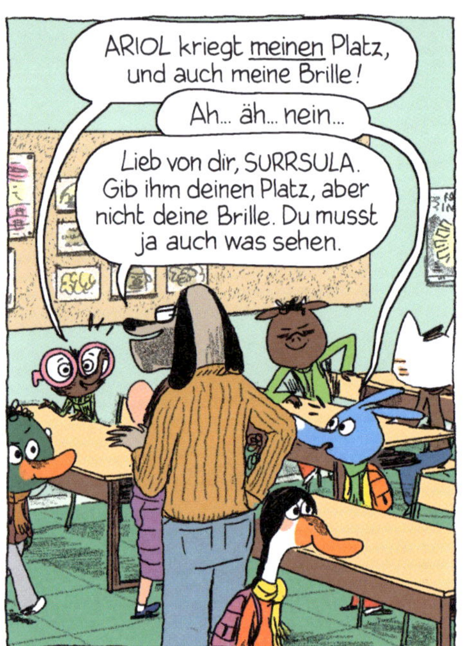
ARIOL kriegt meinen Platz, und auch meine Brille!
Ah… äh… nein…
Lieb von dir, SURRSULA. Gib ihm deinen Platz, aber nicht deine Brille. Du musst ja auch was sehen.

Ich wollte doch neben PETULA sitzen, und nicht neben POPELINE! Voll blöd!
Und jetzt Hefte raus, wir schreiben einen Mathetest.
HEHE, sehr gut! Dann schreib ich bei SURRSULA ab!

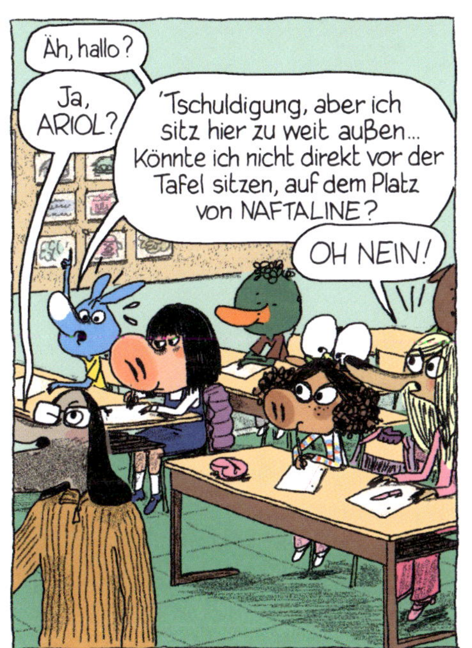
Äh, hallo?
Ja, ARIOL?
'Tschuldigung, aber ich sitz hier zu weit außen… Könnte ich nicht direkt vor der Tafel sitzen, auf dem Platz von NAFTALINE?
OH NEIN!

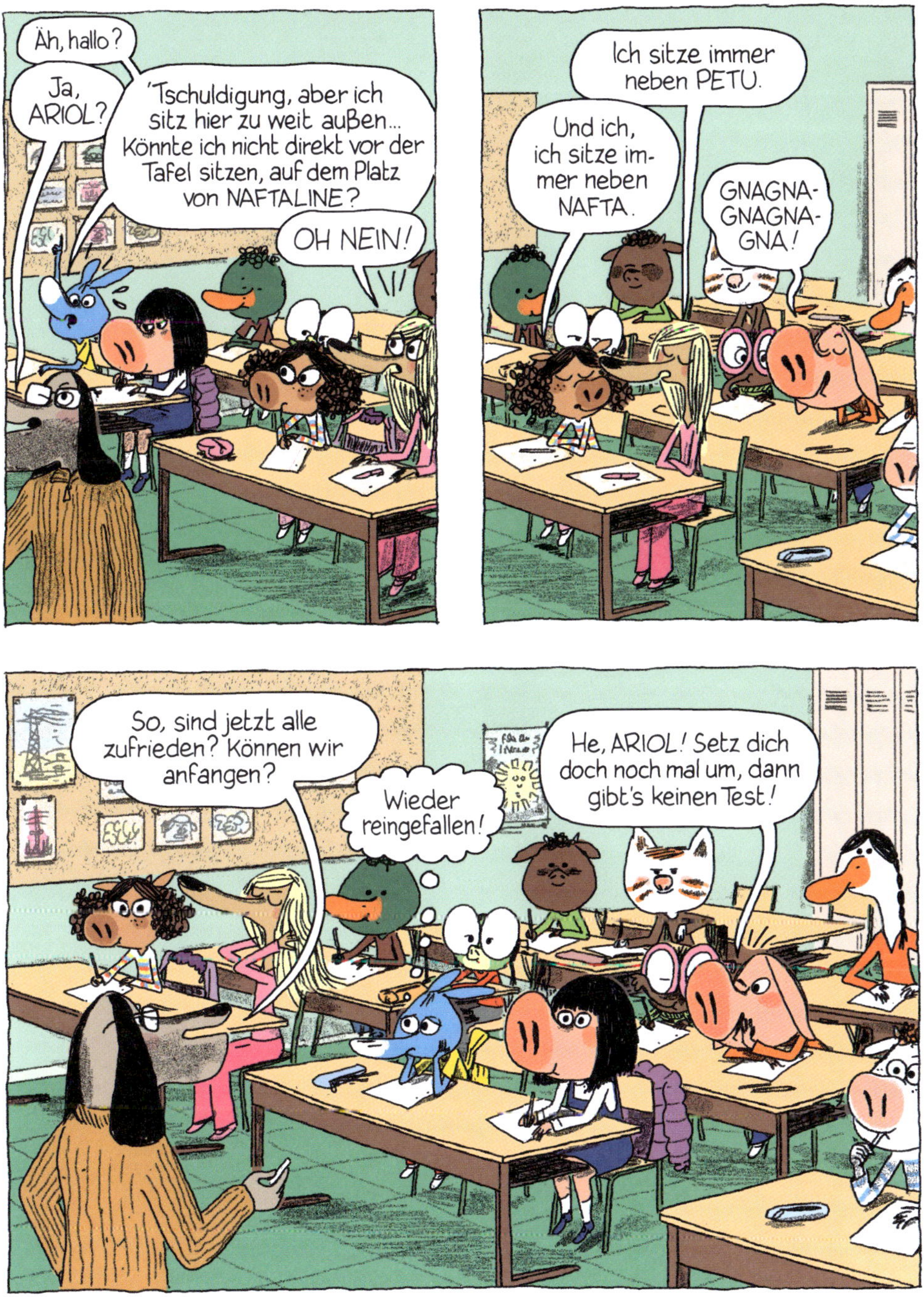

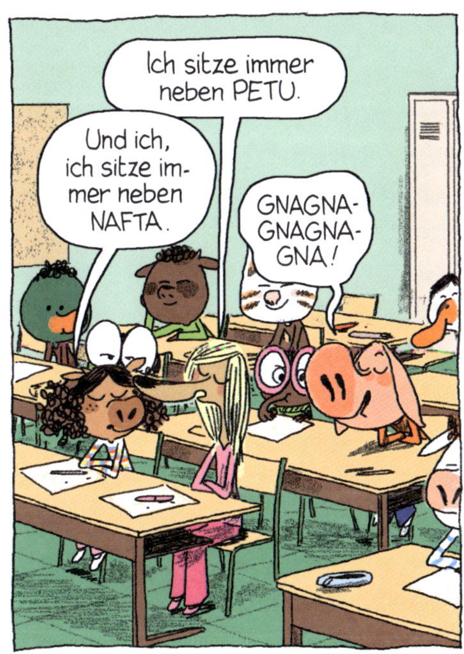
Ich sitze immer neben PETU.
Und ich, ich sitze immer neben NAFTA.
GNAGNA-GNAGNA-GNA!

So, sind jetzt alle zufrieden? Können wir anfangen?
Wieder reingefallen!
He, ARIOL! Setz dich doch noch mal um, dann gibt's keinen Test!

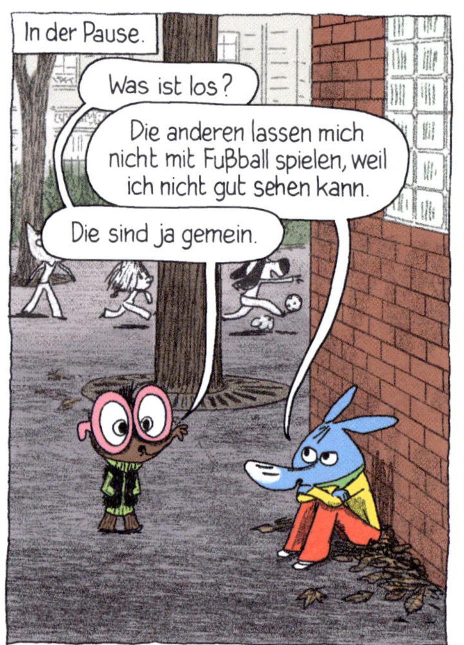

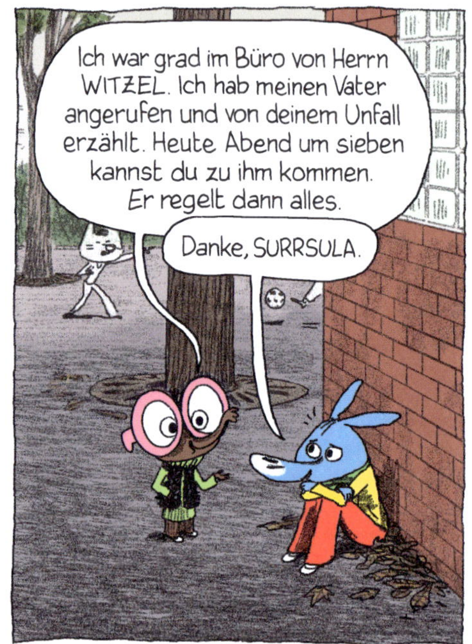

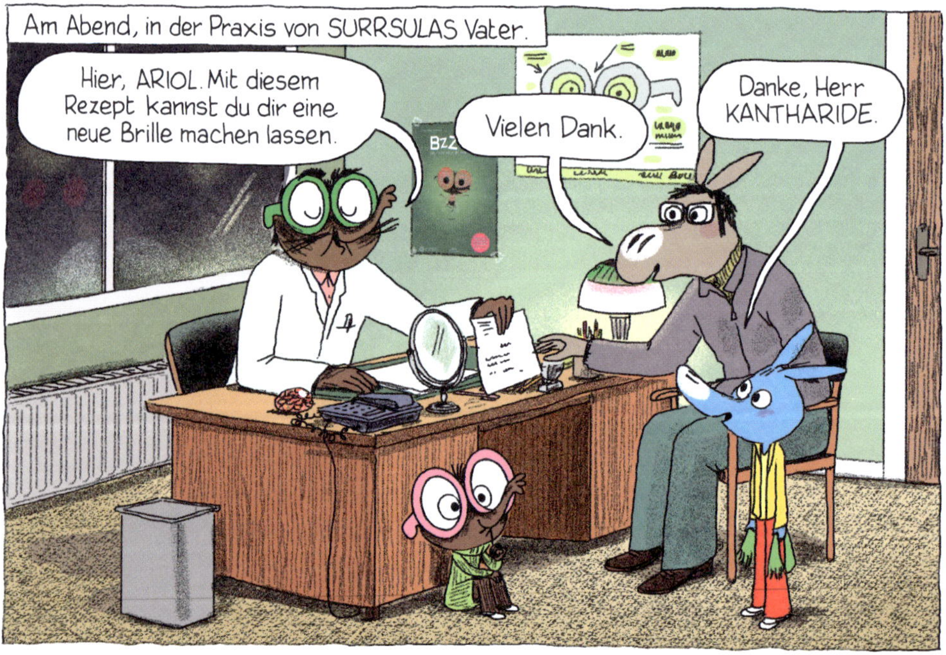

Am Abend, in der Praxis von SURRSULAS Vater.

Hier, ARIOL. Mit diesem Rezept kannst du dir eine neue Brille machen lassen.

Vielen Dank.

Danke, Herr KANTHARIDE.

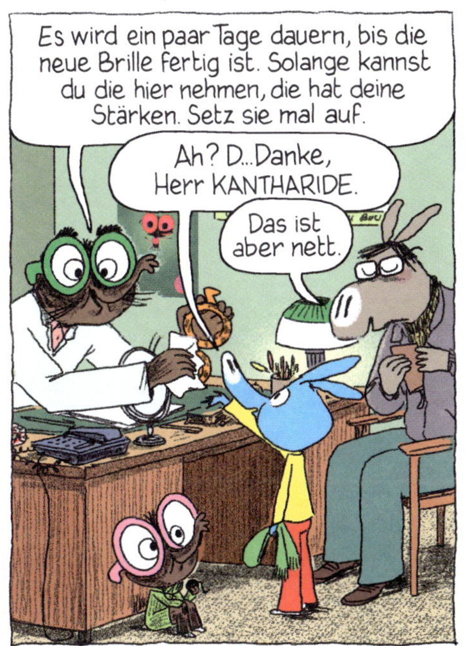
Es wird ein paar Tage dauern, bis die neue Brille fertig ist. Solange kannst du die hier nehmen, die hat deine Stärken. Setz sie mal auf.
Ah? D...Danke, Herr KANTHARIDE.
Das ist aber nett.

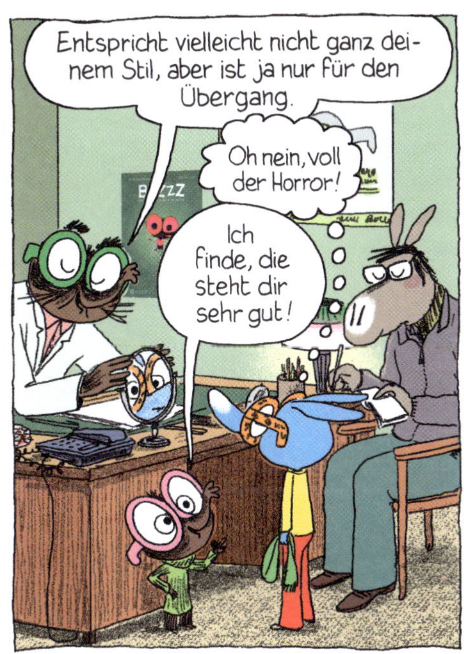
Entspricht vielleicht nicht ganz deinem Stil, aber ist ja nur für den Übergang.
Oh nein, voll der Horror!
Ich finde, die steht dir sehr gut!

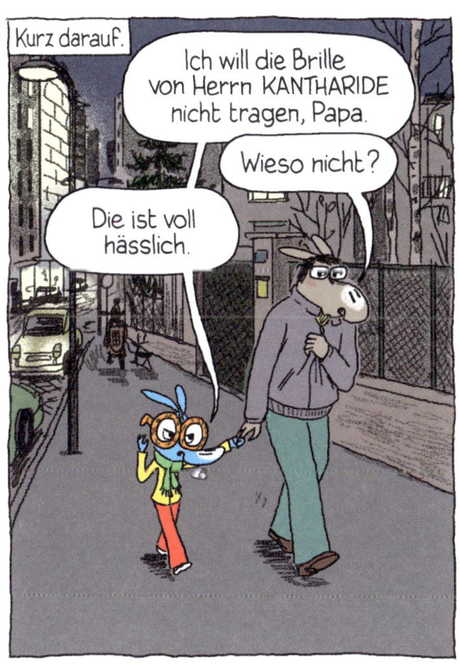
Kurz darauf.
Ich will die Brille von Herrn KANTHARIDE nicht tragen, Papa.
Wieso nicht?
Die ist voll hässlich.

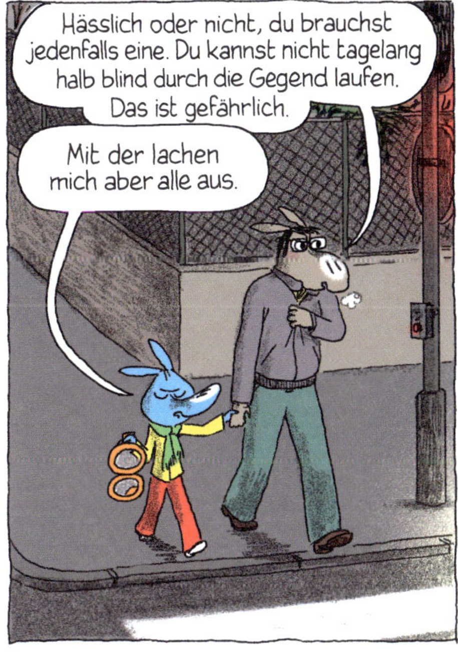
Hässlich oder nicht, du brauchst jedenfalls eine. Du kannst nicht tagelang halb blind durch die Gegend laufen. Das ist gefährlich.
Mit der lachen mich aber alle aus.

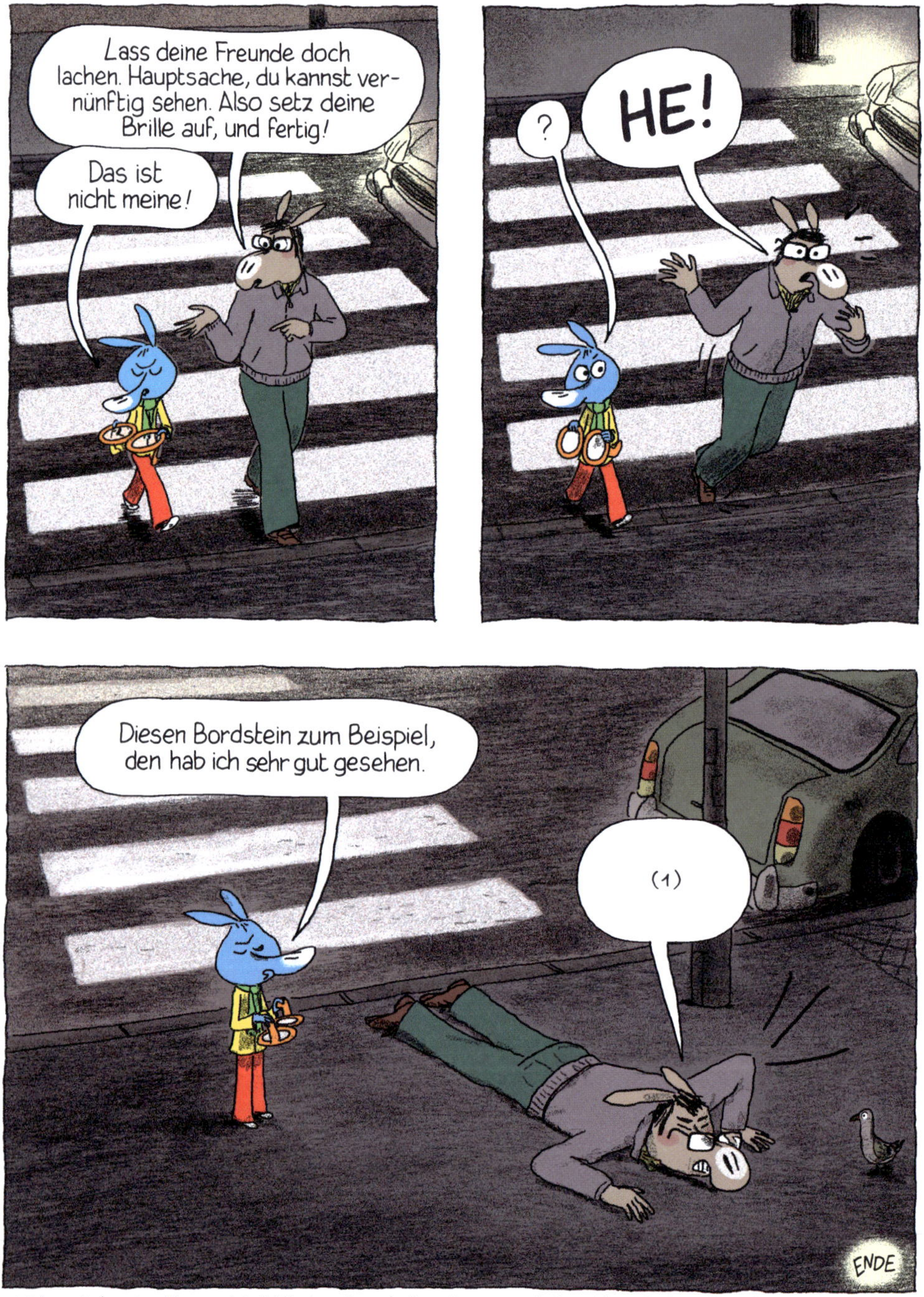

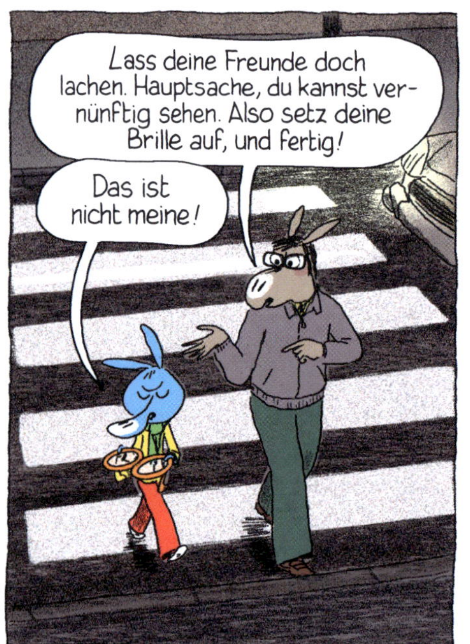

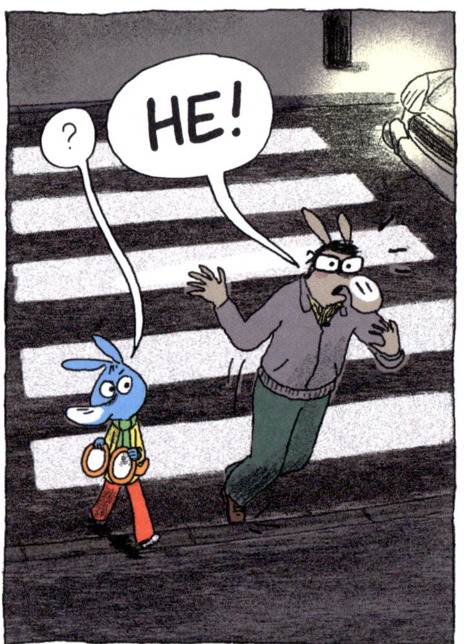

Diesen Bordstein zum Beispiel, den hab ich sehr gut gesehen.

(1)

ENDE

(1) Schon wieder ein schlimmes Wort! Und auch noch dasselbe wie am Anfang! So schließt sich der Kreis.

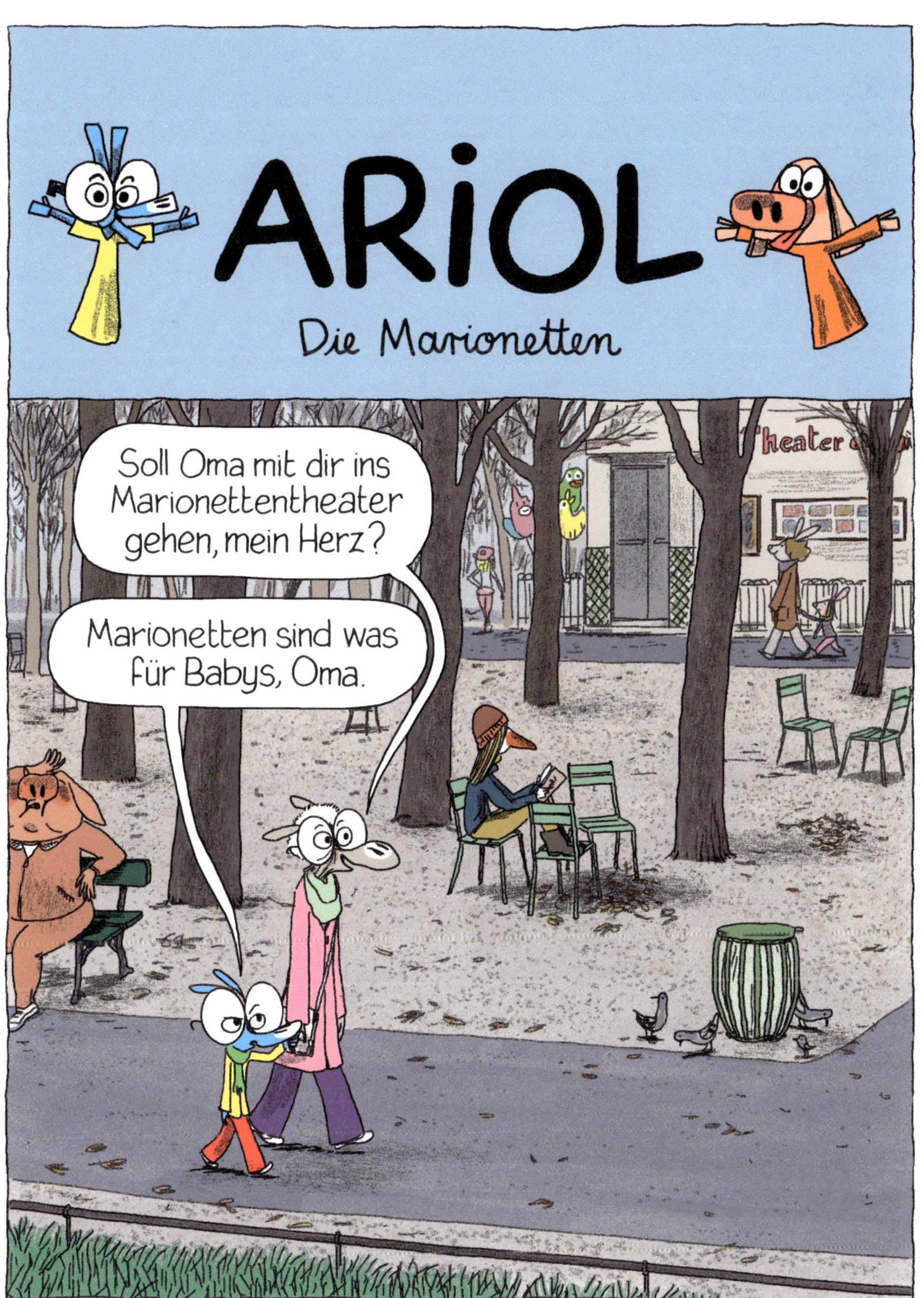
ARIOL
Die Marionetten
Theater
Soll Oma mit dir ins Marionettentheater gehen, mein Herz?
Marionetten sind was für Babys, Oma.

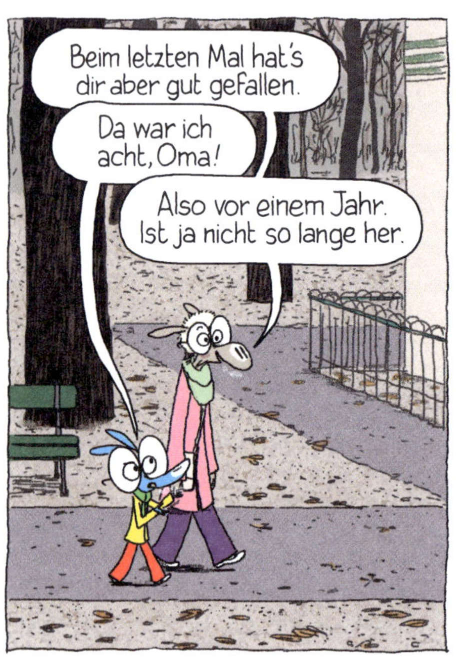
Beim letzten Mal hat's dir aber gut gefallen.
Da war ich acht, Oma!
Also vor einem Jahr. Ist ja nicht so lange her.

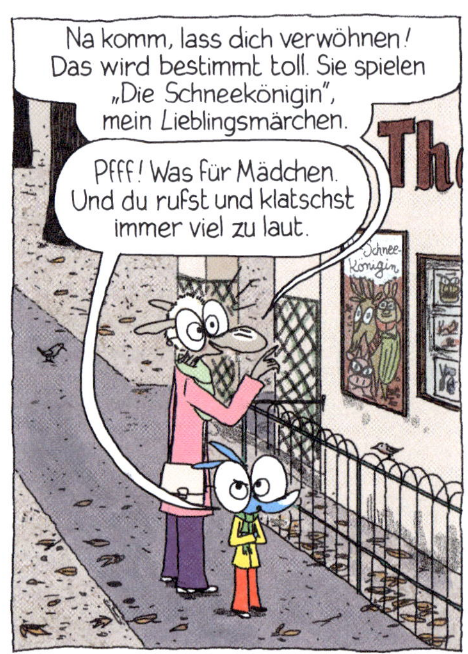
Na komm, lass dich verwöhnen! Das wird bestimmt toll. Sie spielen „Die Schneekönigin", mein Lieblingsmärchen.
Pfff! Was für Mädchen. Und du rufst und klatschst immer viel zu laut.
Schnee-Königin

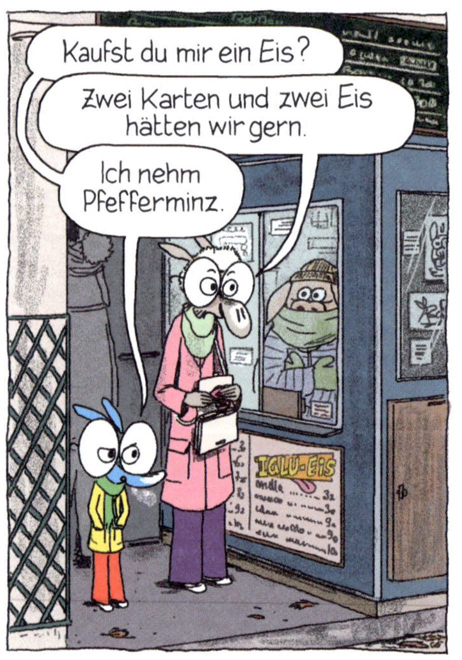
Kaufst du mir ein Eis?
Zwei Karten und zwei Eis hätten wir gern.
Ich nehm Pfefferminz.
IGLU-EIS

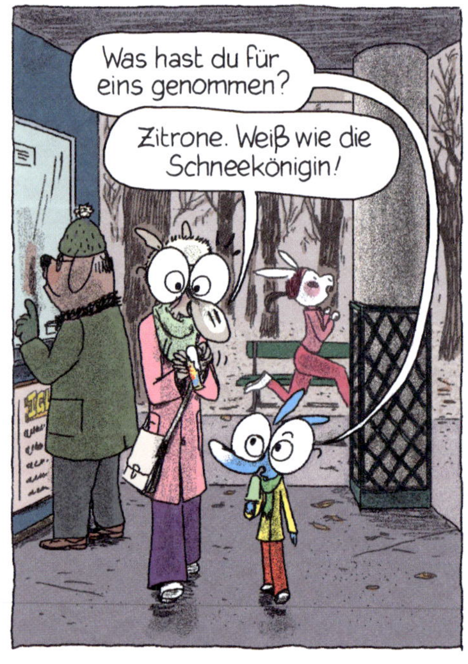
Was hast du für eins genommen?
Zitrone. Weiß wie die Schneekönigin!

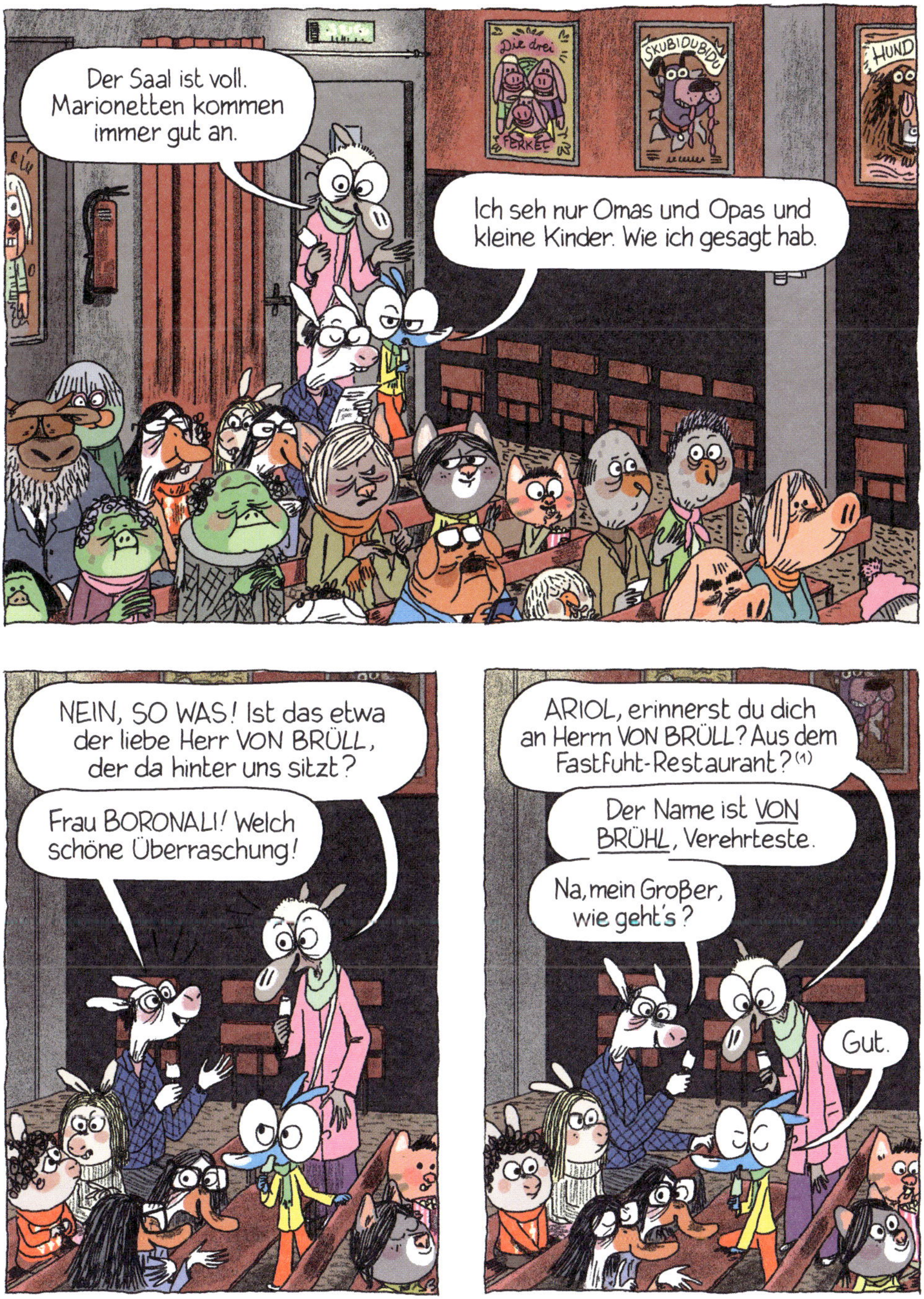

Der Saal ist voll. Marionetten kommen immer gut an.
Ich seh nur Omas und Opas und kleine Kinder. Wie ich gesagt hab.

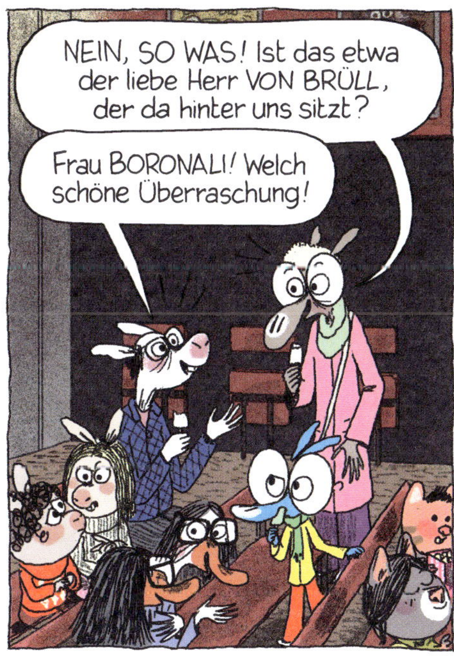

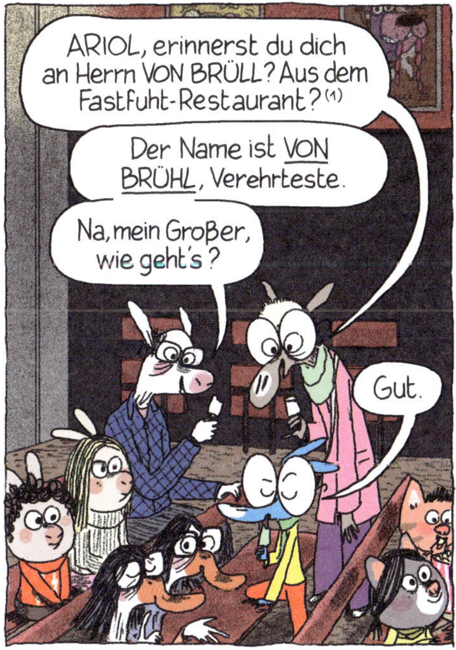

(1) Siehe Bd. 9: „Hasenzähne"

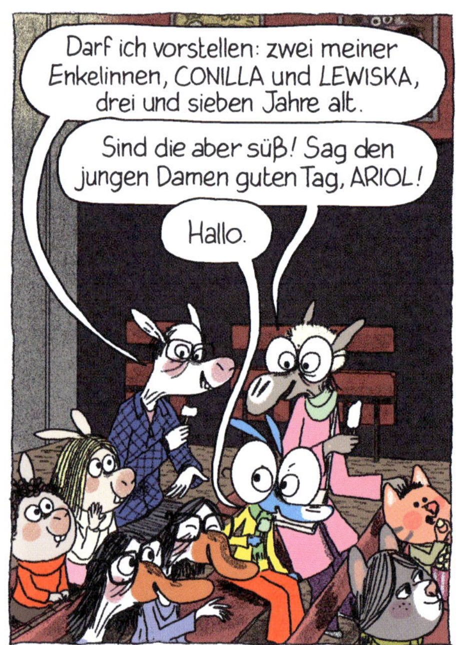

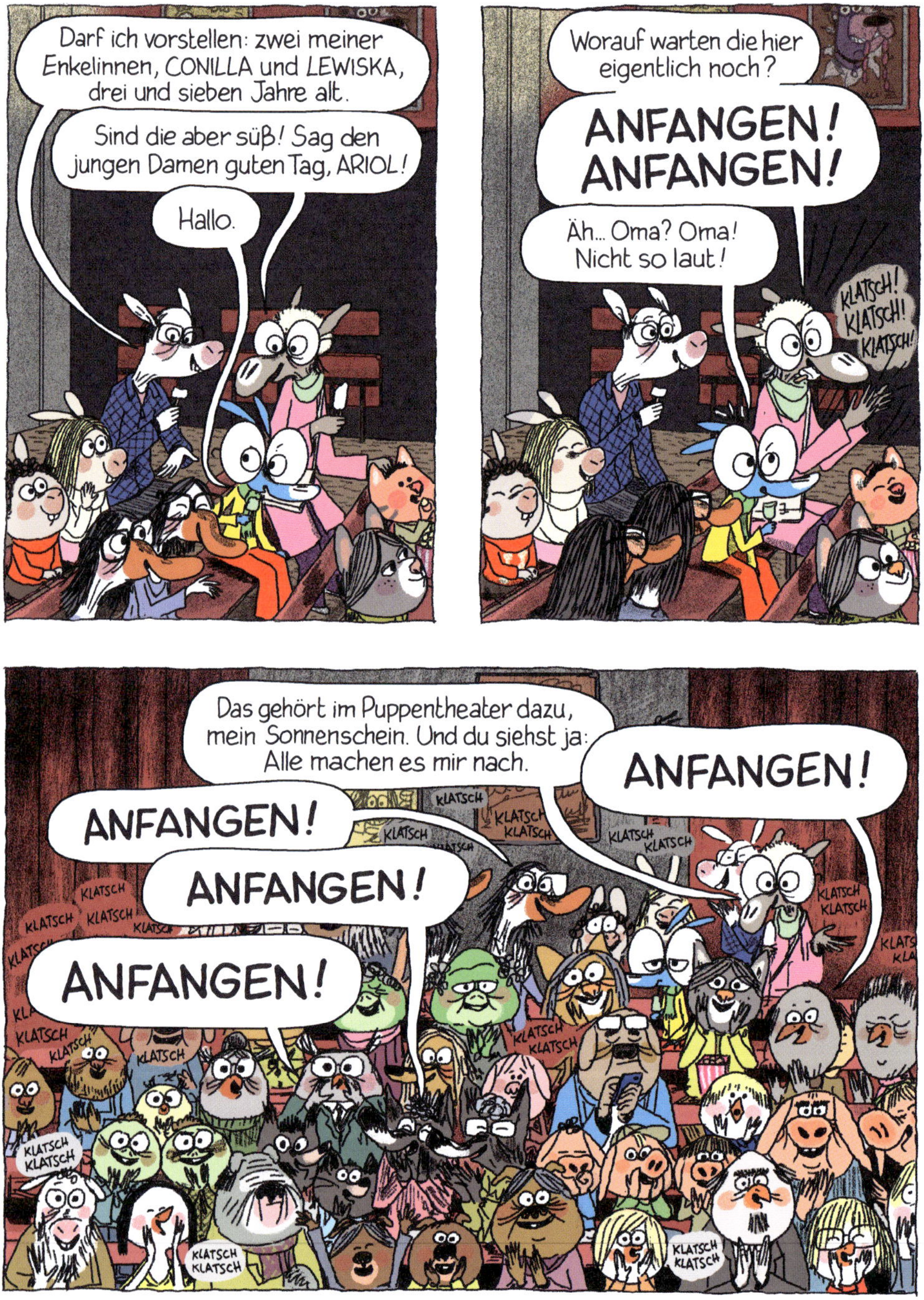

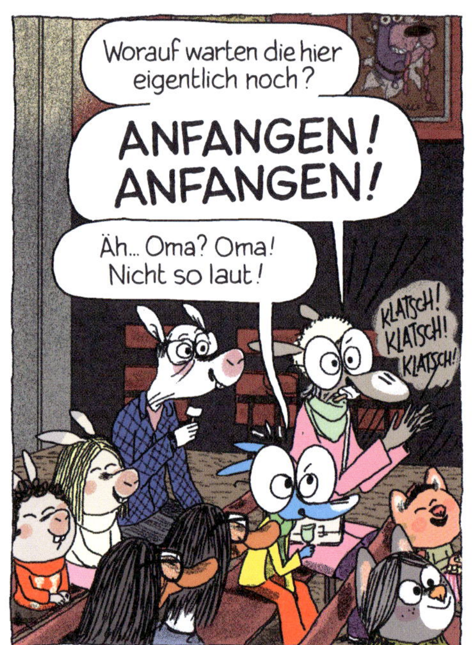

Das gehört im Puppentheater dazu, mein Sonnenschein. Und du siehst ja: Alle machen es mir nach.

ANFANGEN!

ANFANGEN!

ANFANGEN!

ANFANGEN!

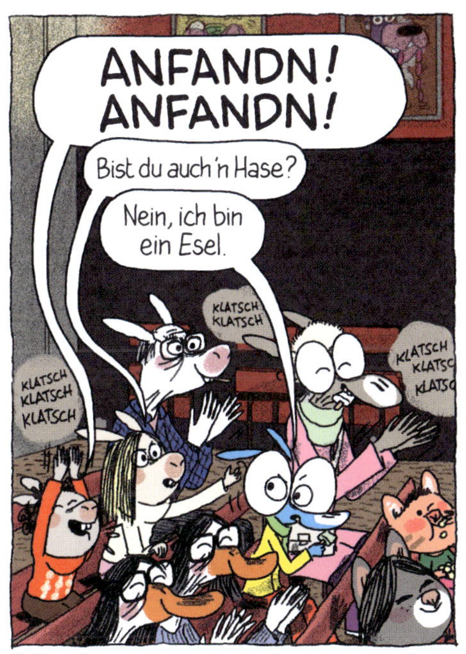
ANFANDN! ANFANDN!
Bist du auch 'n Hase?
Nein, ich bin ein Esel.
KLATSCH KLATSCH KLATSCH
KLATSCH KLATSCH
KLATSCH KLATSC KLATSC

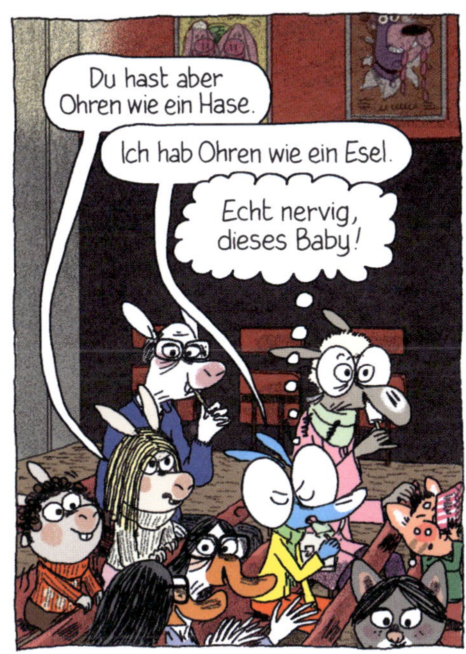
Du hast aber Ohren wie ein Hase.
Ich hab Ohren wie ein Esel.
Echt nervig, dieses Baby!

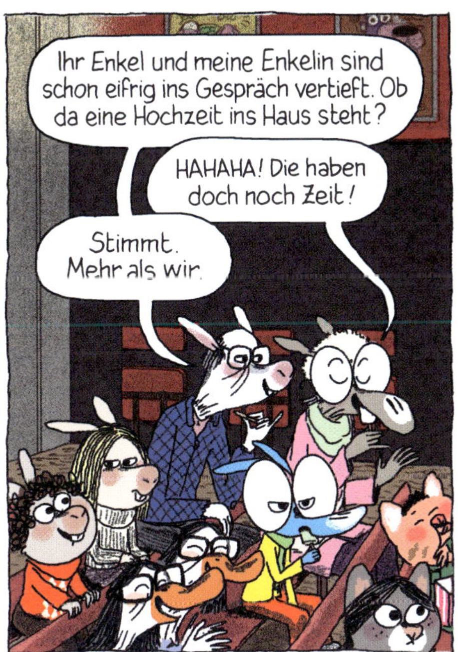
Ihr Enkel und meine Enkelin sind schon eifrig ins Gespräch vertieft. Ob da eine Hochzeit ins Haus steht?
HAHAHA! Die haben doch noch Zeit!
Stimmt. Mehr als wir.

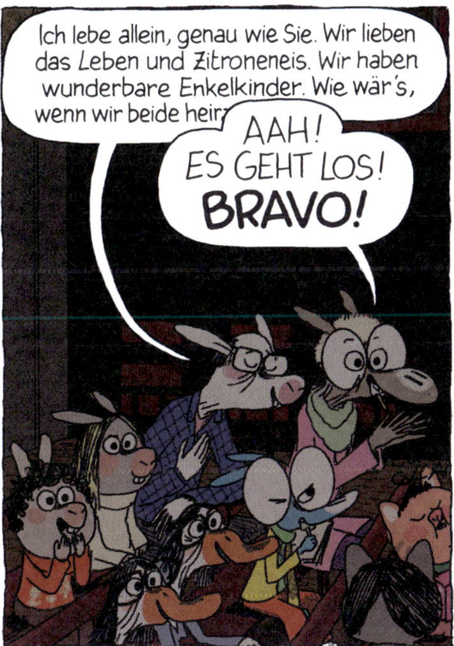
Ich lebe allein, genau wie Sie. Wir lieben das Leben und Zitroneneis. Wir haben wunderbare Enkelkinder. Wie wär's, wenn wir beide heir
AAH! ES GEHT LOS! BRAVO!

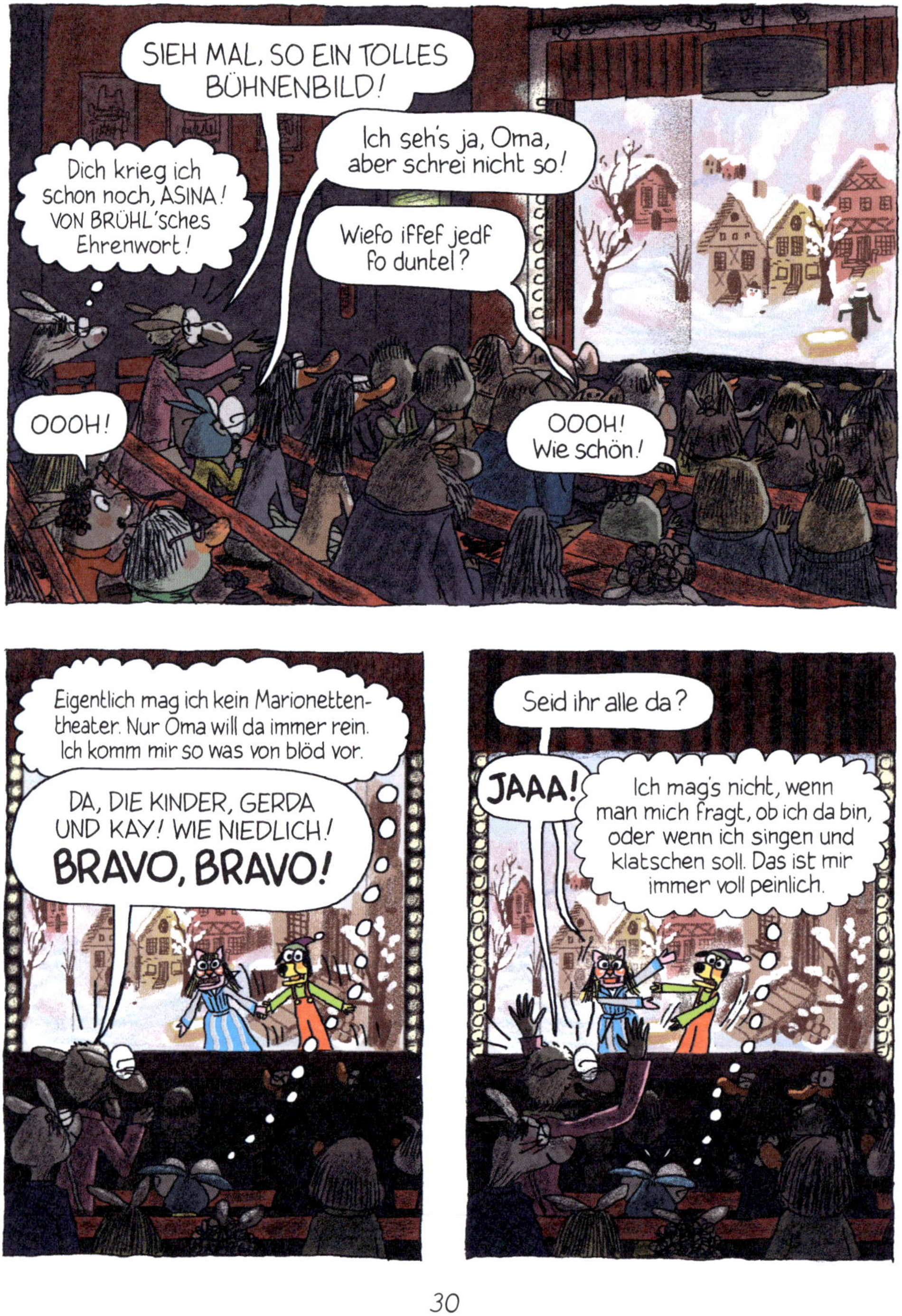

SIEH MAL, SO EIN TOLLES BÜHNENBILD!
Dich krieg ich schon noch, ASINA! VON BRÜHL'sches Ehrenwort!
Ich seh's ja, Oma, aber schrei nicht so!
Wiefo iffef jedf fo duntel?
OOOH!
OOOH! Wie schön!

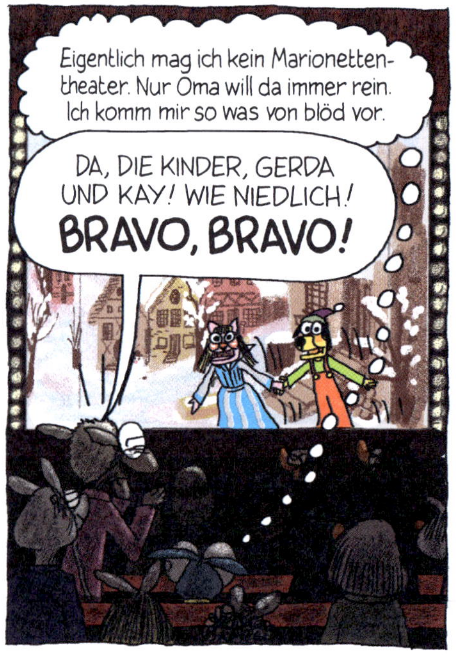

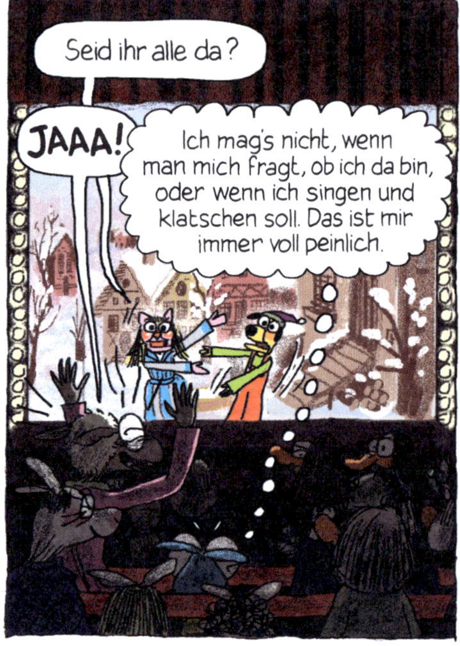

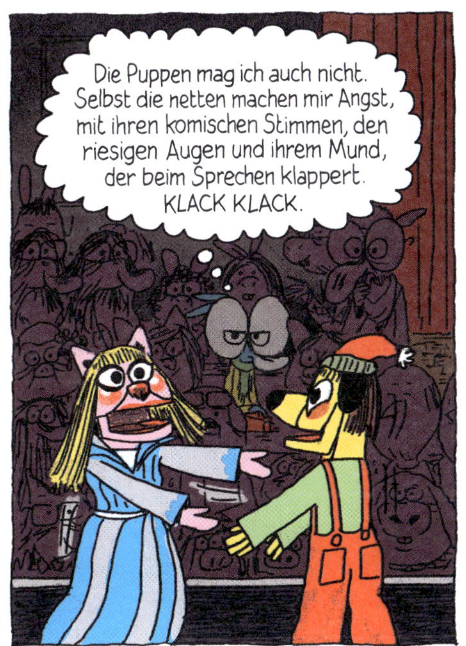
Die Puppen mag ich auch nicht. Selbst die netten machen mir Angst, mit ihren komischen Stimmen, den riesigen Augen und ihrem Mund, der beim Sprechen klappert. KLACK KLACK.

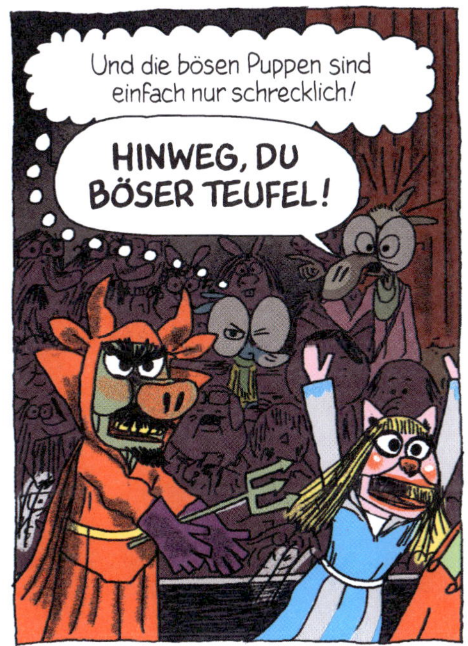
Und die bösen Puppen sind einfach nur schrecklich!
HINWEG, DU BÖSER TEUFEL!

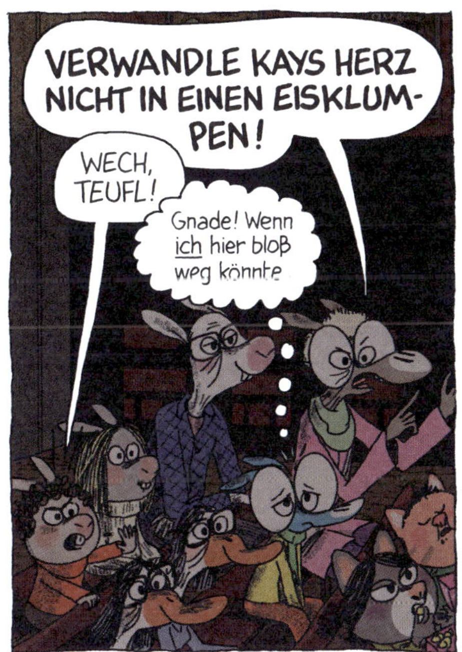
VERWANDLE KAYS HERZ NICHT IN EINEN EISKLUM-PEN!
WECH, TEUFL!
Gnade! Wenn ich hier bloß weg könnte

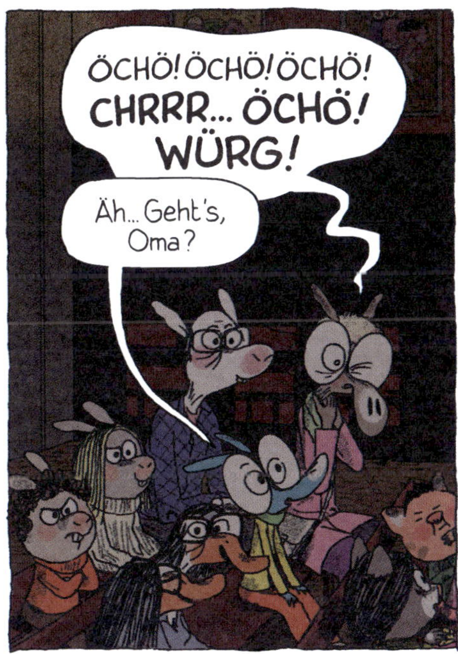
ÖCHÖ! ÖCHÖ! ÖCHÖ! CHRRR... ÖCHÖ! WÜRG!
Äh... Geht's, Oma?

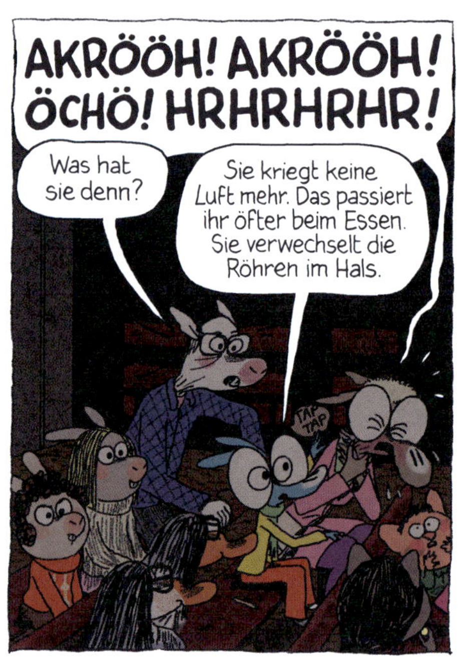
AKRÖÖH! AKRÖÖH! ÖCHÖ! HRHRHRHR!
Was hat sie denn?
Sie kriegt keine Luft mehr. Das passiert ihr öfter beim Essen. Sie verwechselt die Röhren im Hals.
TAP TAP

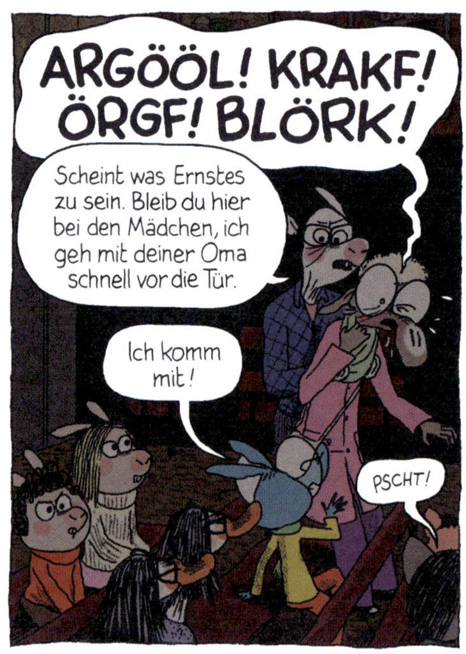
ARGÖÖL! KRAKF! ÖRGF! BLÖRK!
Scheint was Ernstes zu sein. Bleib du hier bei den Mädchen, ich geh mit deiner Oma schnell vor die Tür.
Ich komm mit!
PSCHT!

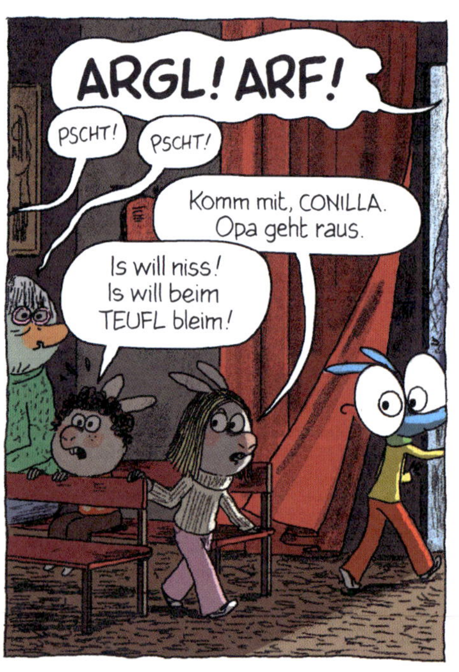
ARGL! ARF!
PSCHT!
PSCHT!
Komm mit, CONILLA. Opa geht raus.
Is will niss! Is will beim TEUFL bleim!

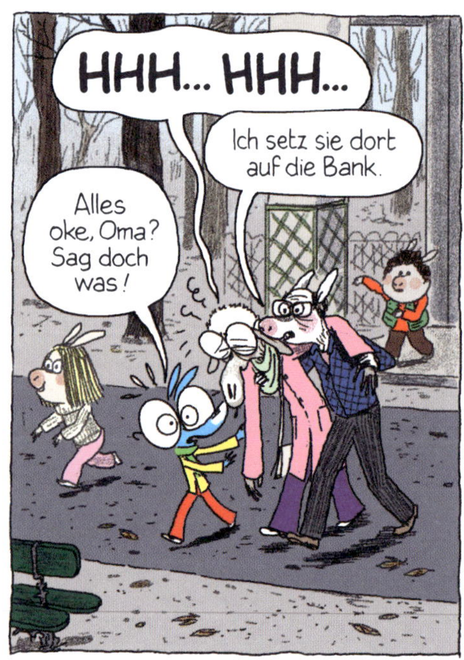
HHH... HHH...
Ich setz sie dort auf die Bank.
Alles oke, Oma? Sag doch was!

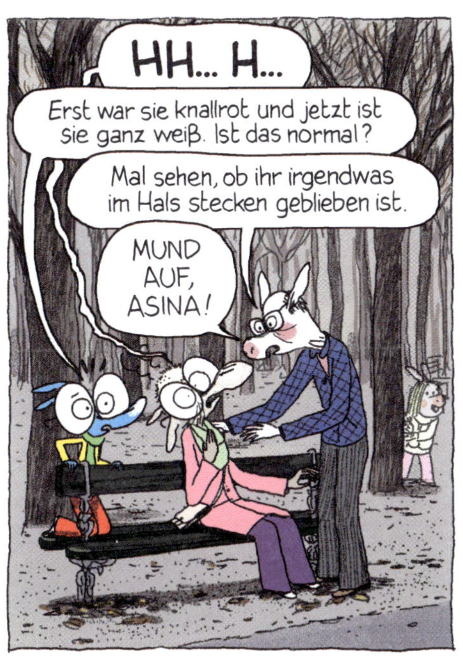
HH... H...
Erst war sie knallrot und jetzt ist sie ganz weiß. Ist das normal?
Mal sehen, ob ihr irgendwas im Hals stecken geblieben ist.
MUND AUF, ASINA!

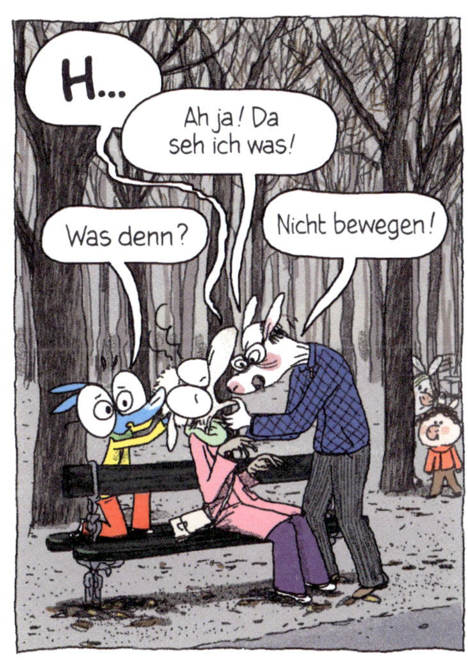
H...
Ah ja! Da seh ich was!
Was denn?
Nicht bewegen!

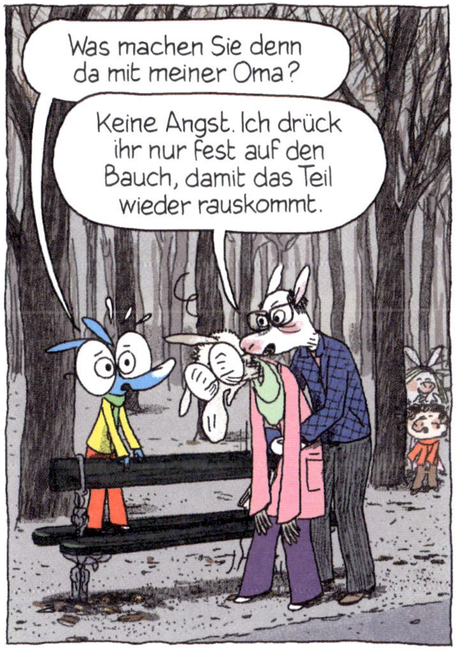
Was machen Sie denn da mit meiner Oma?
Keine Angst. Ich drück ihr nur fest auf den Bauch, damit das Teil wieder rauskommt.

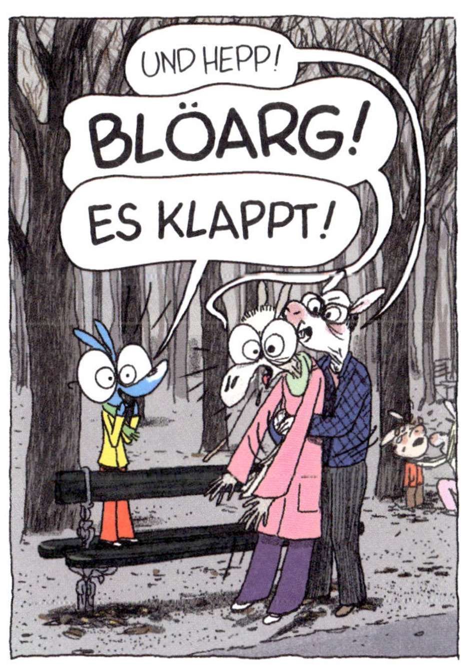
UND HEPP!
BLÖARG!
ES KLAPPT!

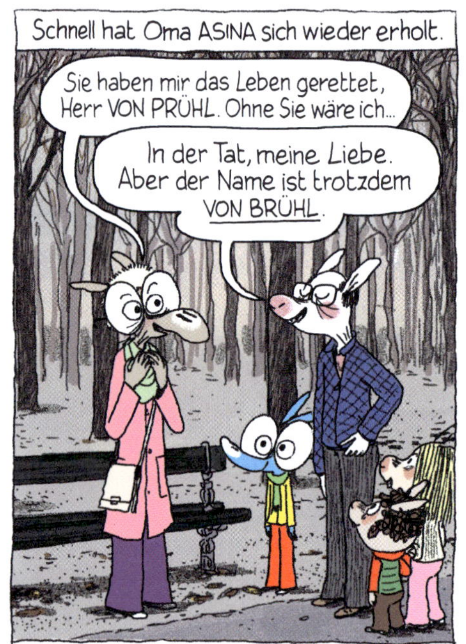

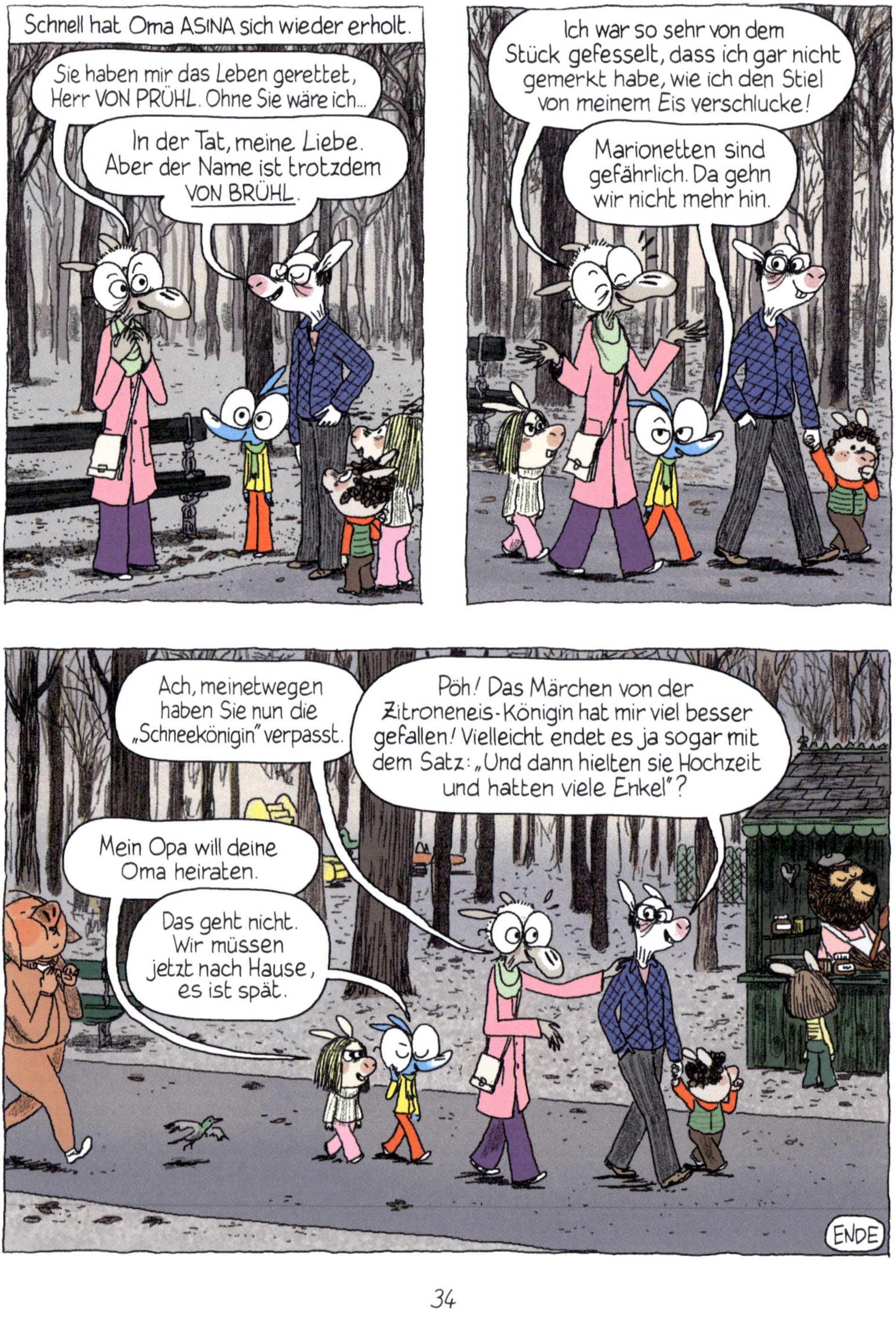

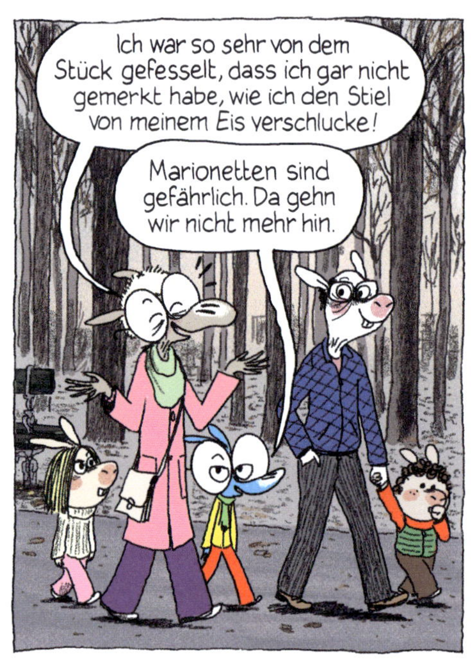

Ach, meinetwegen haben Sie nun die „Schneekönigin" verpasst.

Pöh! Das Märchen von der Zitroneneis-Königin hat mir viel besser gefallen! Vielleicht endet es ja sogar mit dem Satz: „Und dann hielten sie Hochzeit und hatten viele Enkel"?

Mein Opa will deine Oma heiraten.

Das geht nicht. Wir müssen jetzt nach Hause, es ist spät.

ENDE

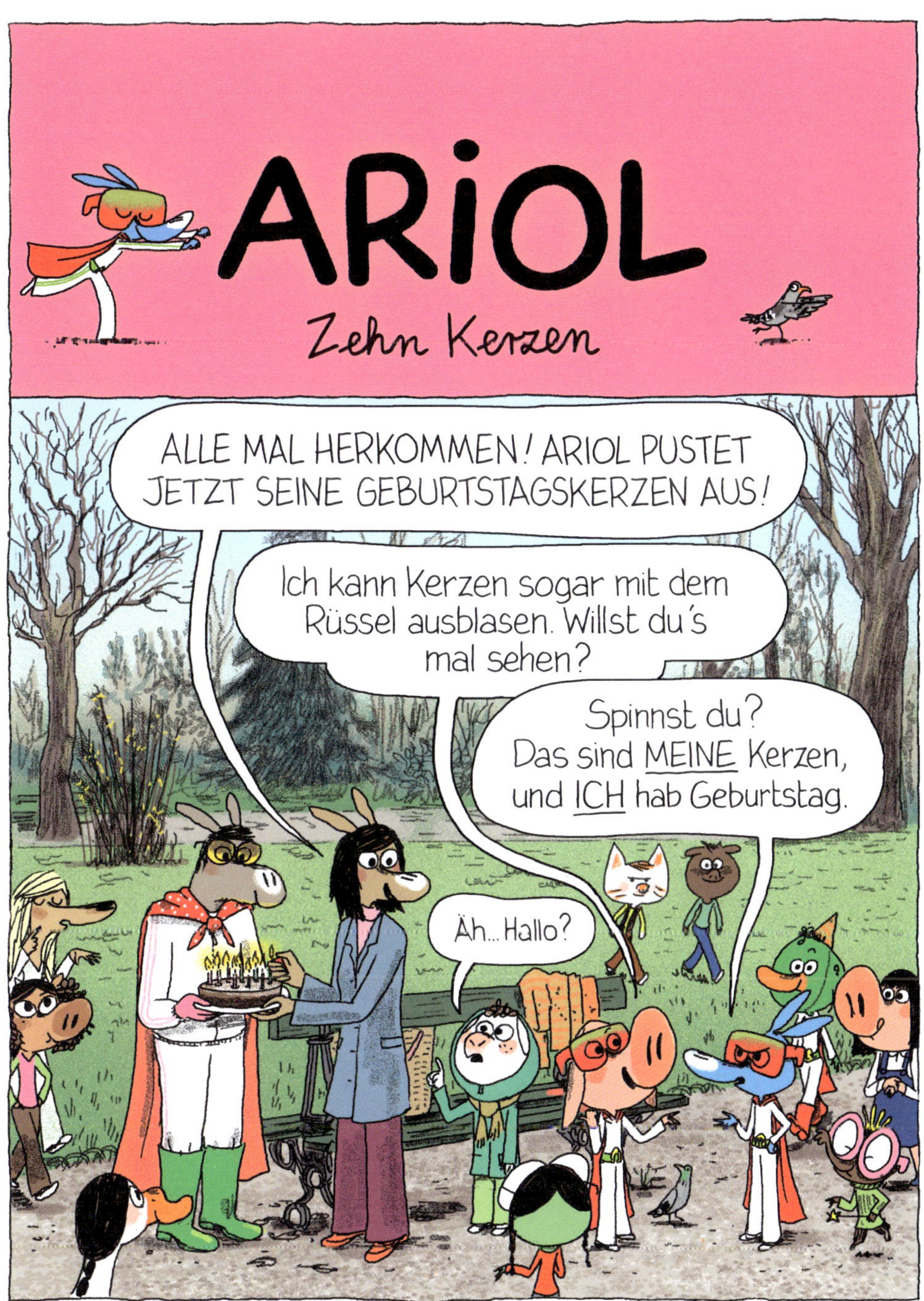
ARiOL
Zehn Kerzen
ALLE MAL HERKOMMEN! ARIOL PUSTET JETZT SEINE GEBURTSTAGSKERZEN AUS!
Ich kann Kerzen sogar mit dem Rüssel ausblasen. Willst du's mal sehen?
Spinnst du? Das sind MEINE Kerzen, und ICH hab Geburtstag.
Äh... Hallo?

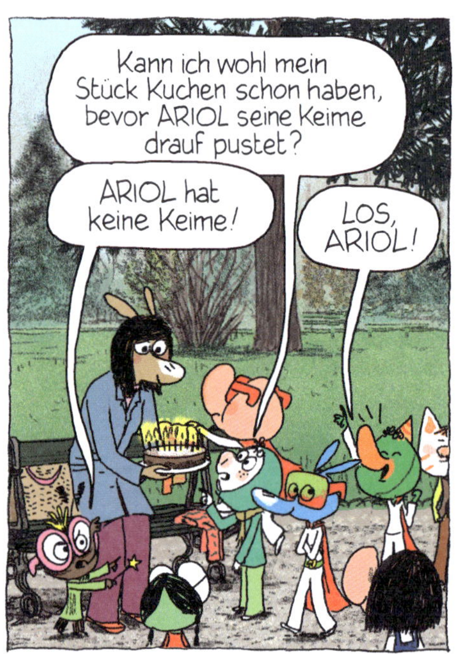
Kann ich wohl mein Stück Kuchen schon haben, bevor ARIOL seine Keime drauf pustet?
ARIOL hat keine Keime!
LOS, ARIOL!

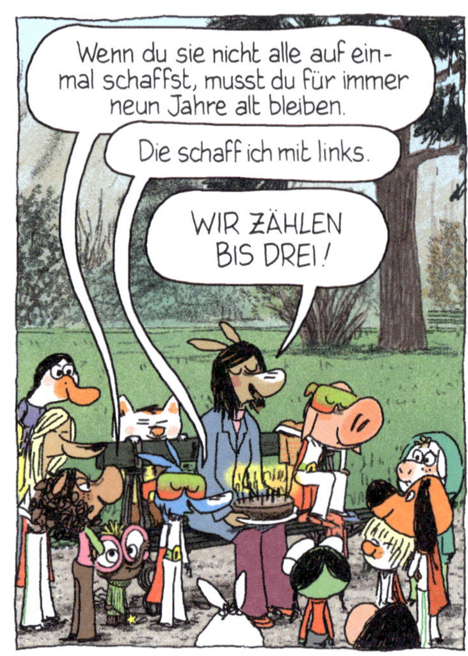
Wenn du sie nicht alle auf einmal schaffst, musst du für immer neun Jahre alt bleiben.
Die schaff ich mit links.
WIR ZÄHLEN BIS DREI!

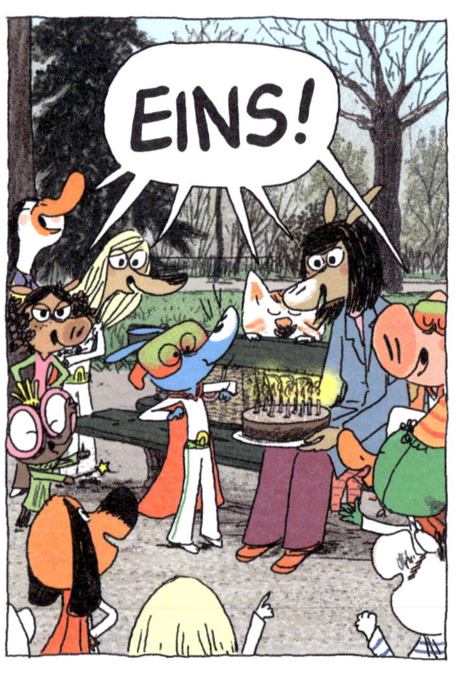
EINS!

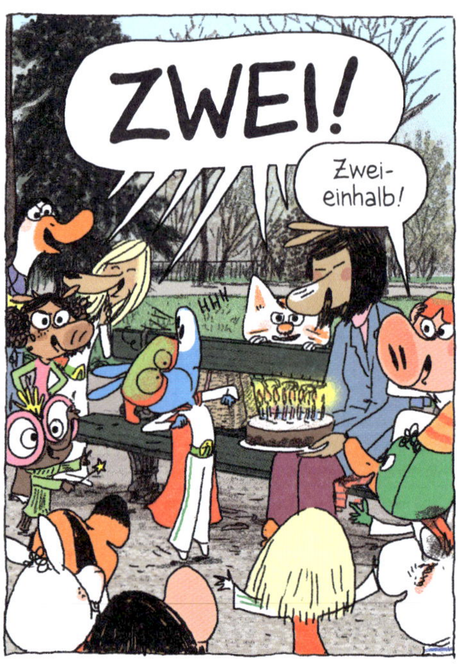
ZWEI!
Zweieinhalb!

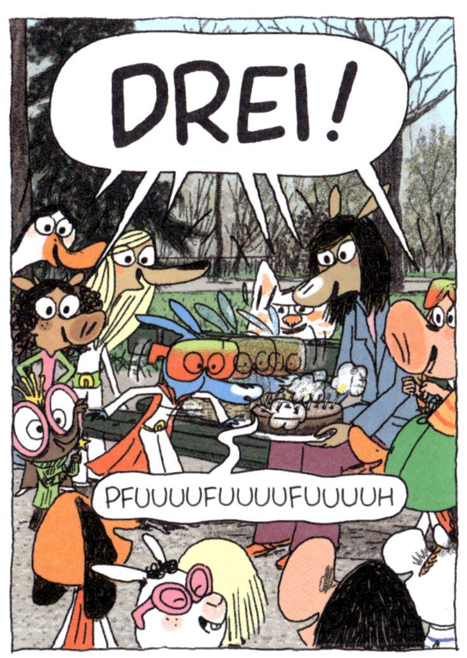
DREI!
PFUUUUFUUUUFUUUUH

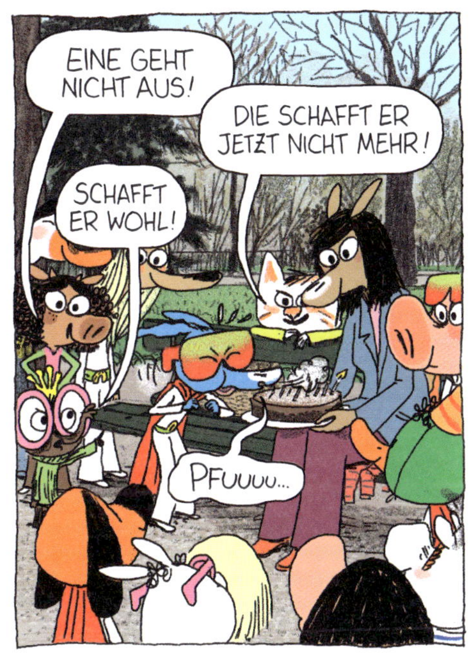
EINE GEHT NICHT AUS!
DIE SCHAFFT ER JETZT NICHT MEHR!
SCHAFFT ER WOHL!
PFUUUU...

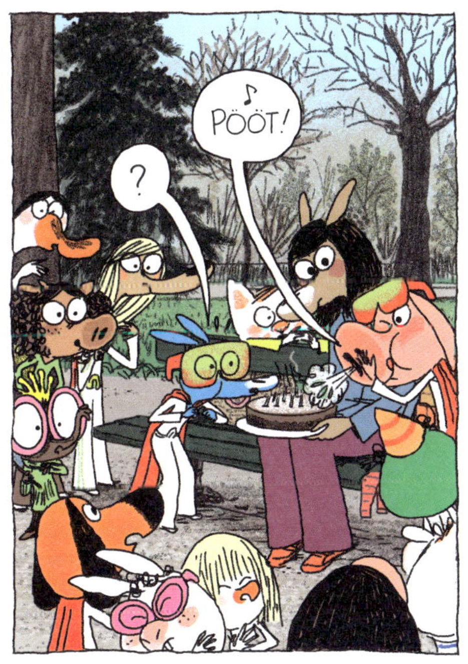
?
♪ PÖÖT!

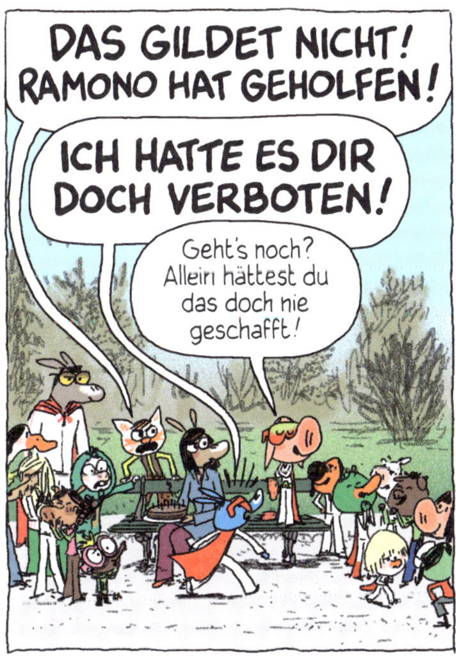
DAS GILDET NICHT! RAMONO HAT GEHOLFEN!
ICH HATTE ES DIR DOCH VERBOTEN!
Geht's noch? Allein hättest du das doch nie geschafft!

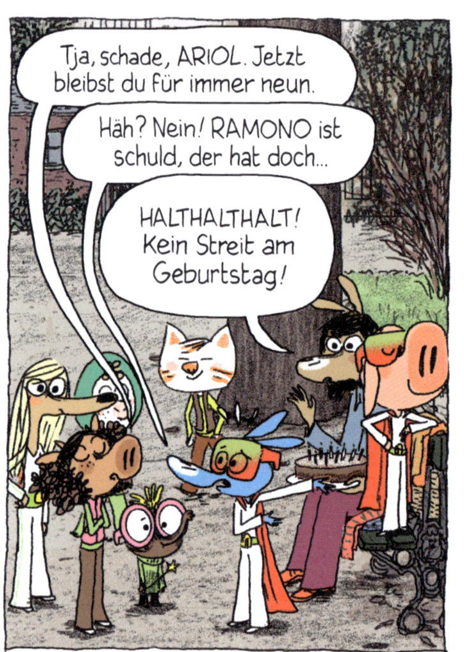
Tja, schade, ARIOL. Jetzt bleibst du für immer neun.
Häh? Nein! RAMONO ist schuld, der hat doch...
HALTHALTHALT! Kein Streit am Geburtstag!

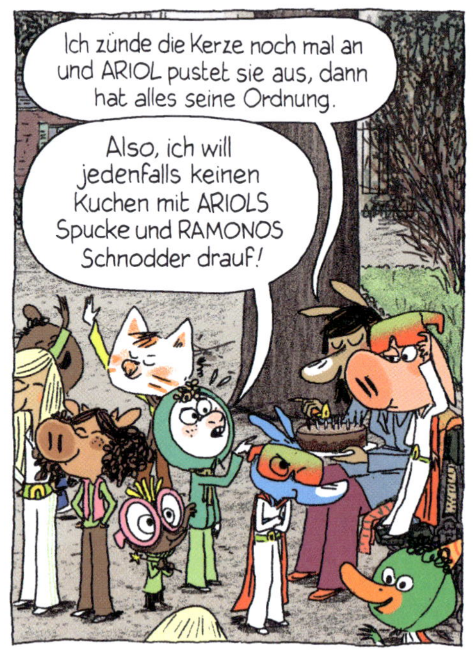
Ich zünde die Kerze noch mal an und ARIOL pustet sie aus, dann hat alles seine Ordnung.
Also, ich will jedenfalls keinen Kuchen mit ARIOLS Spucke und RAMONOS Schnodder drauf!

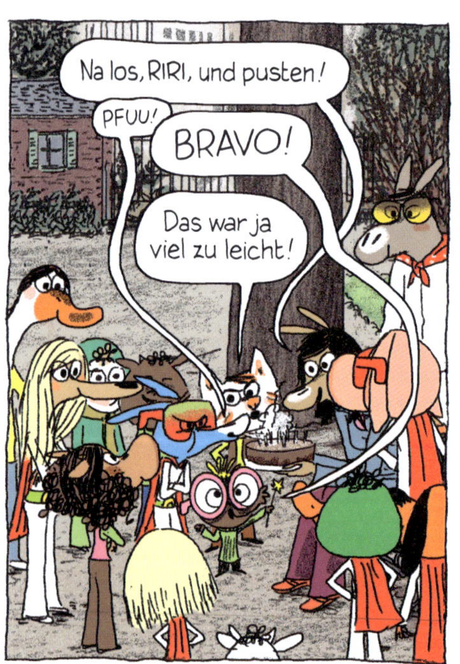
Na los, RIRI, und pusten!
PFUU!
BRAVO!
Das war ja viel zu leicht!

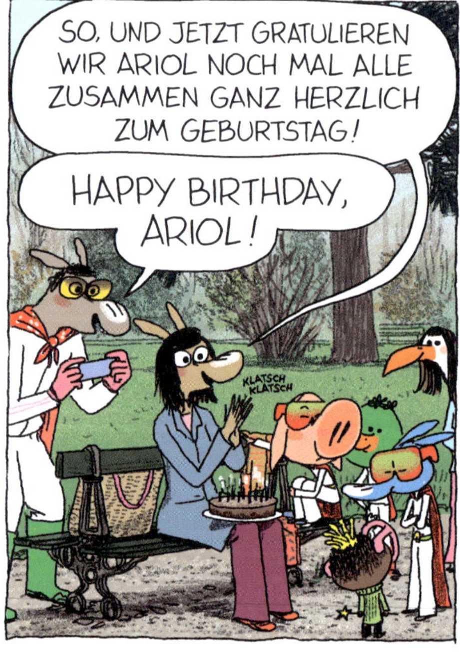
SO, UND JETZT GRATULIEREN WIR ARIOL NOCH MAL ALLE ZUSAMMEN GANZ HERZLICH ZUM GEBURTSTAG!
HAPPY BIRTHDAY, ARIOL!
KLATSCH KLATSCH

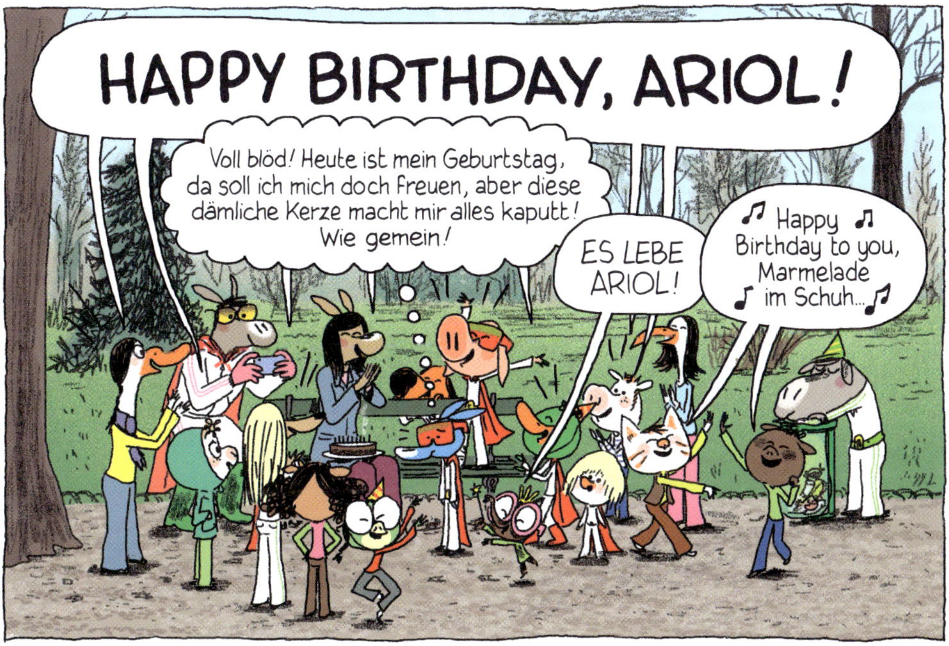

HAPPY BIRTHDAY, ARIOL!

Voll blöd! Heute ist mein Geburtstag, da soll ich mich doch freuen, aber diese dämliche Kerze macht mir alles kaputt! Wie gemein!

ES LEBE ARIOL!

♫ Happy ♫ Birthday to you, Marmelade ♪ im Schuh... ♫

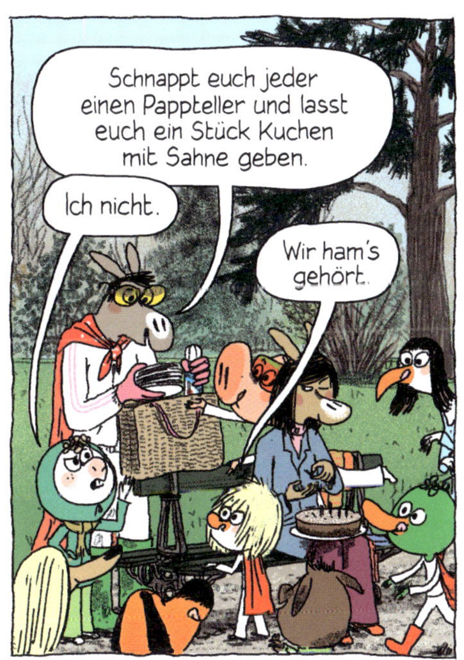

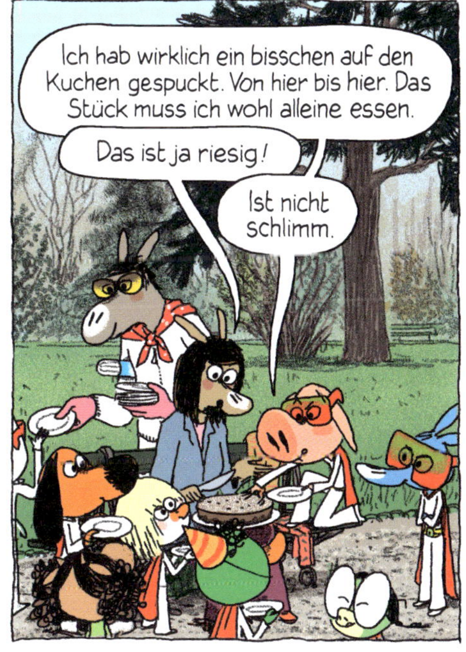

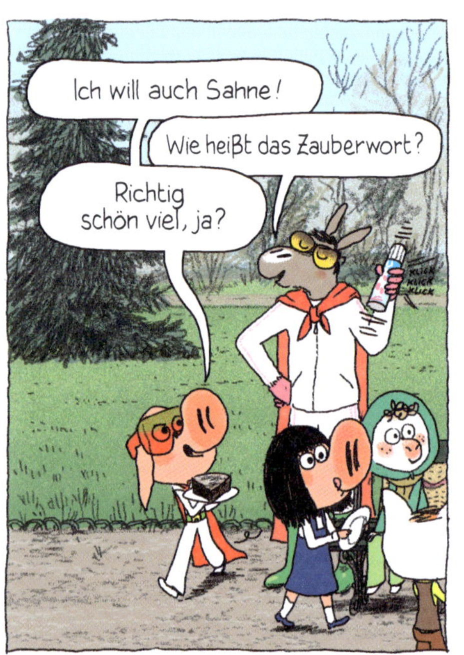
Ich will auch Sahne!
Wie heißt das Zauberwort?
Richtig schön viel, ja?
KLICK KLICK KLICK

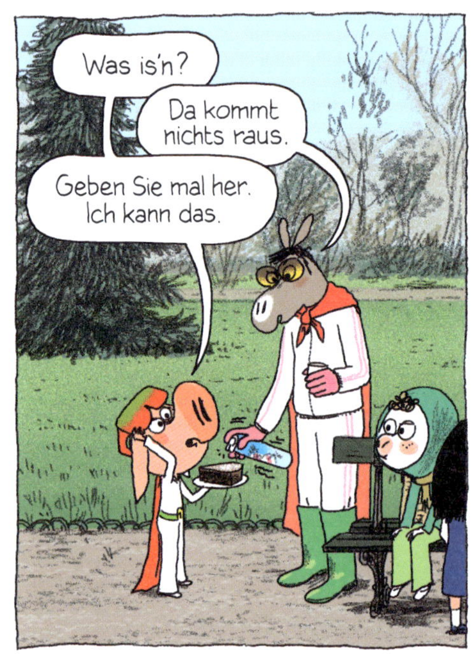
Was is'n?
Da kommt nichts raus.
Geben Sie mal her. Ich kann das.

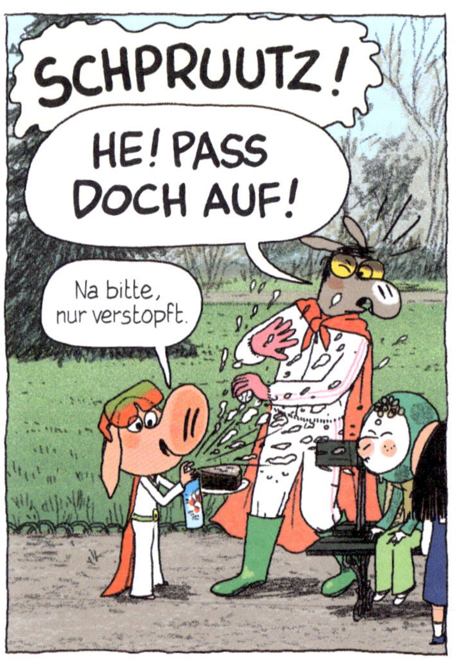
SCHPRUUTZ!
HE! PASS DOCH AUF!
Na bitte, nur verstopft.

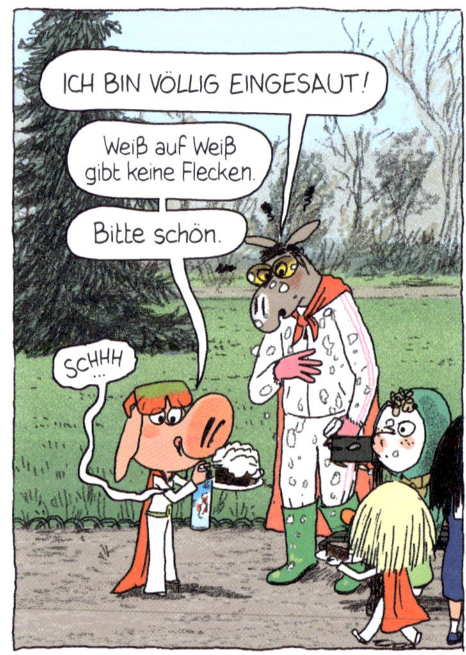
ICH BIN VÖLLIG EINGESAUT!
Weiß auf Weiß gibt keine Flecken.
Bitte schön.
SCHHH ...

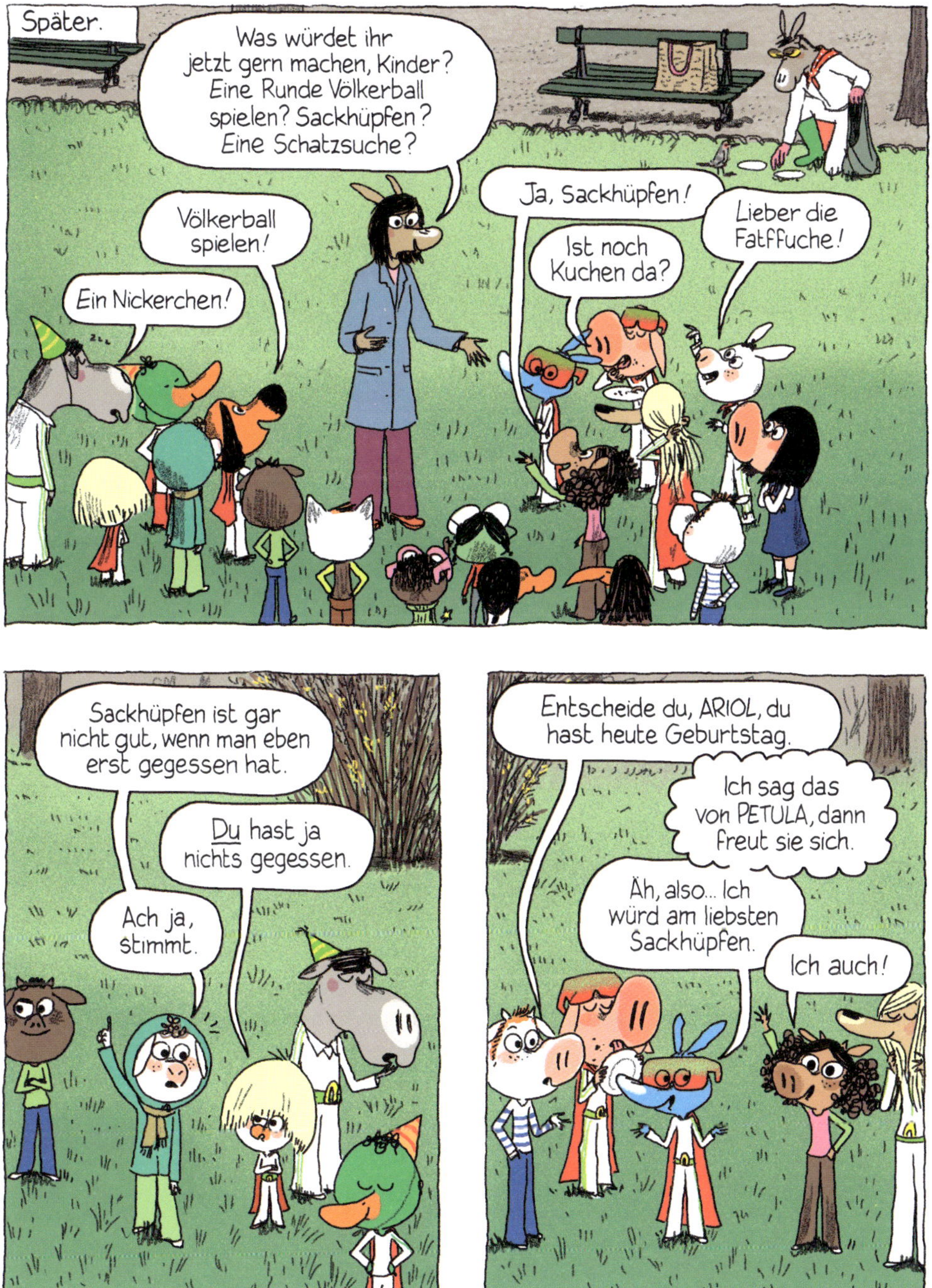

Später.
Was würdet ihr jetzt gern machen, Kinder? Eine Runde Völkerball spielen? Sackhüpfen? Eine Schatzsuche?
Völkerball spielen!
Ein Nickerchen!
Ja, Sackhüpfen!
Ist noch Kuchen da?
Lieber die Fatffuche!

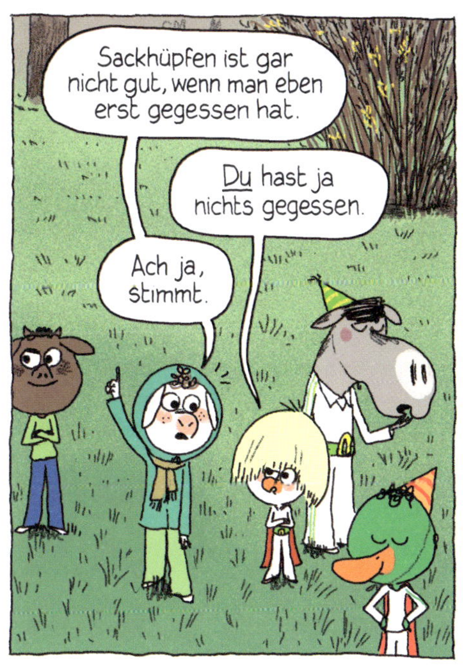
Sackhüpfen ist gar nicht gut, wenn man eben erst gegessen hat.
Du hast ja nichts gegessen.
Ach ja, stimmt.

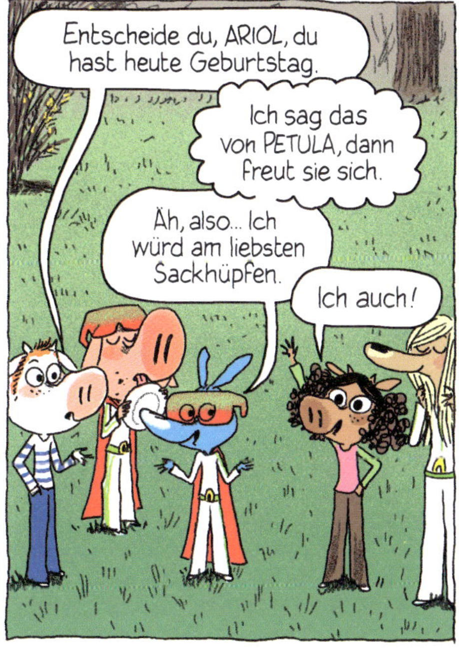
Entscheide du, ARIOL, du hast heute Geburtstag.
Ich sag das von PETULA, dann freut sie sich.
Äh, also... Ich würd am liebsten Sackhüpfen.
Ich auch!

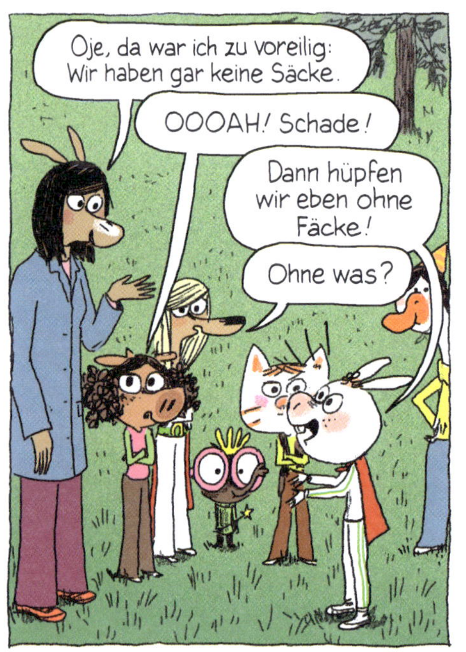
Oje, da war ich zu voreilig: Wir haben gar keine Säcke.
OOOAH! Schade!
Dann hüpfen wir eben ohne Fäcke!
Ohne was?

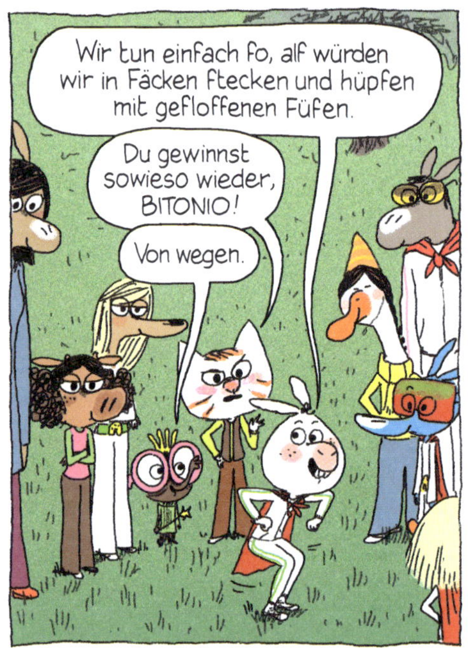
Wir tun einfach fo, alf würden wir in Fäcken ftecken und hüpfen mit gefloffenen Füfen.
Du gewinnst sowieso wieder, BITONIO!
Von wegen.

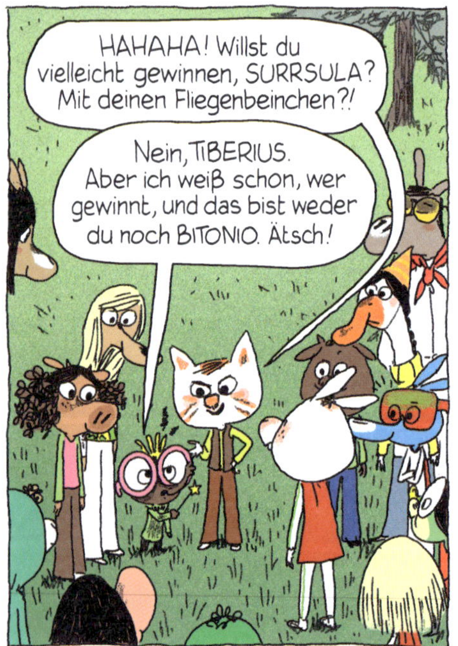
HAHAHA! Willst du vielleicht gewinnen, SURRSULA? Mit deinen Fliegenbeinchen?!
Nein, TIBERIUS. Aber ich weiß schon, wer gewinnt, und das bist weder du noch BITONIO. Ätsch!

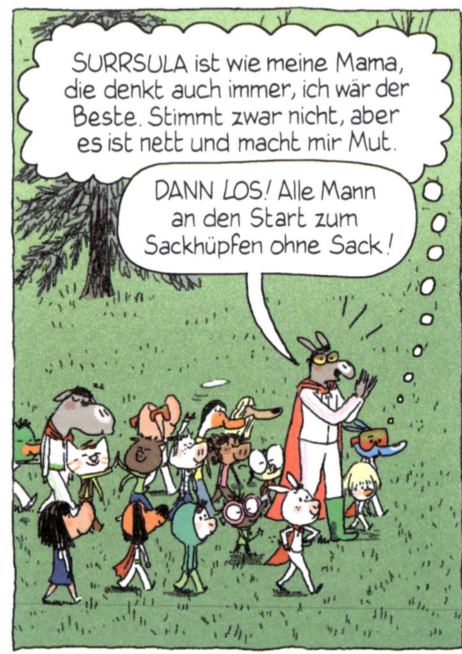
SURRSULA ist wie meine Mama, die denkt auch immer, ich wär der Beste. Stimmt zwar nicht, aber es ist nett und macht mir Mut.
DANN LOS! Alle Mann an den Start zum Sackhüpfen ohne Sack!

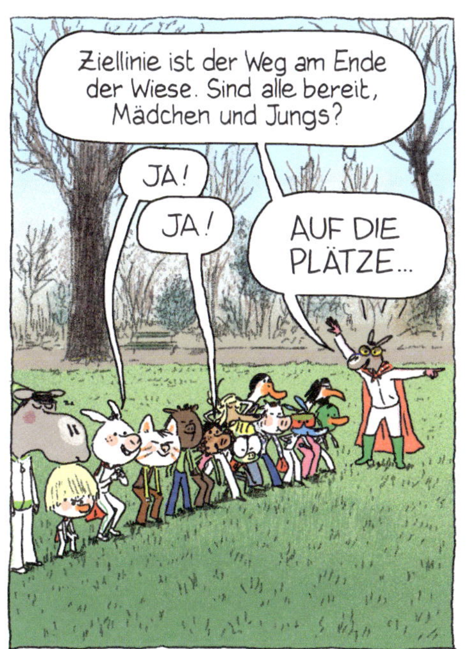
Ziellinie ist der Weg am Ende der Wiese. Sind alle bereit, Mädchen und Jungs?
JA!
JA!
AUF DIE PLÄTZE...

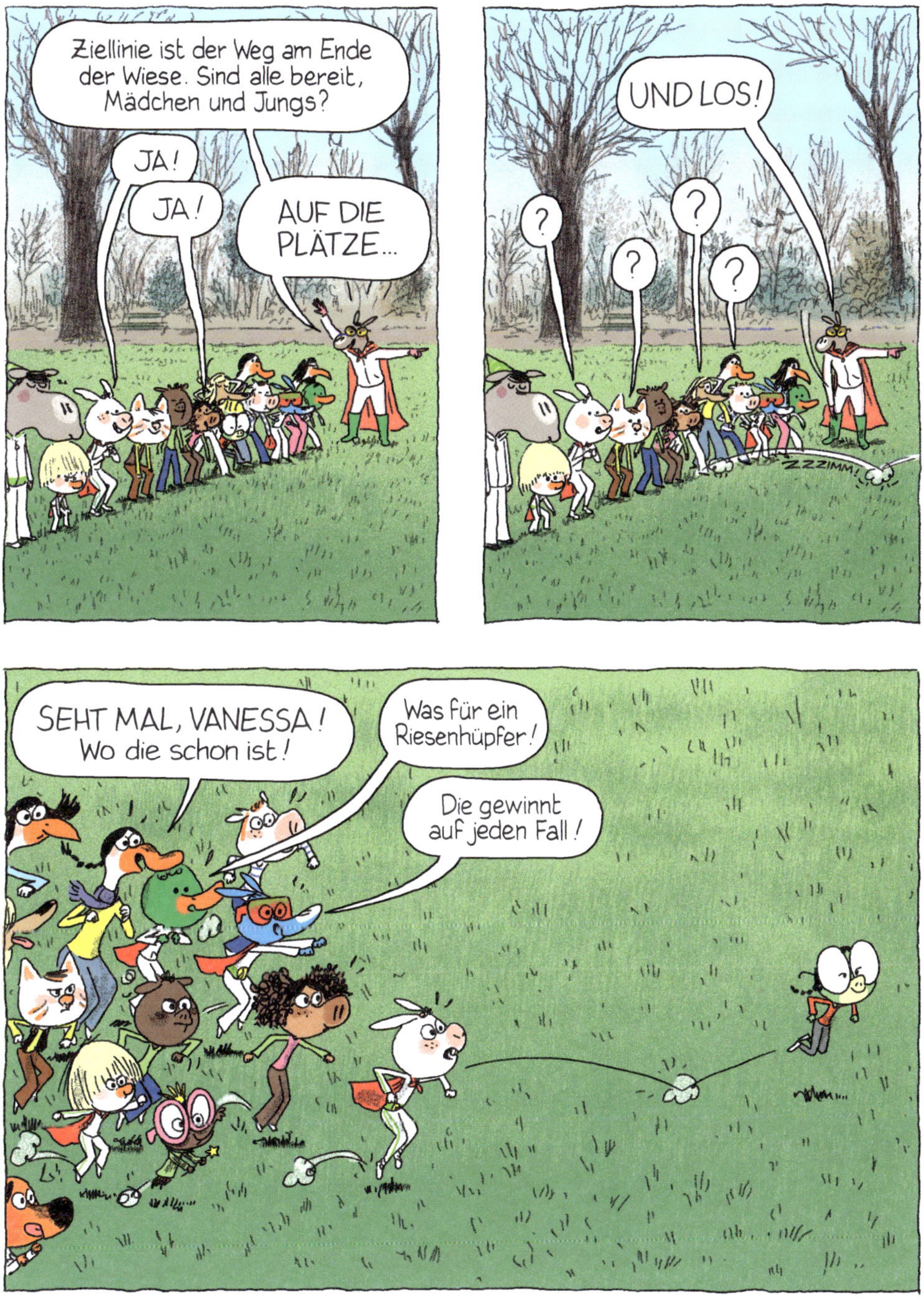

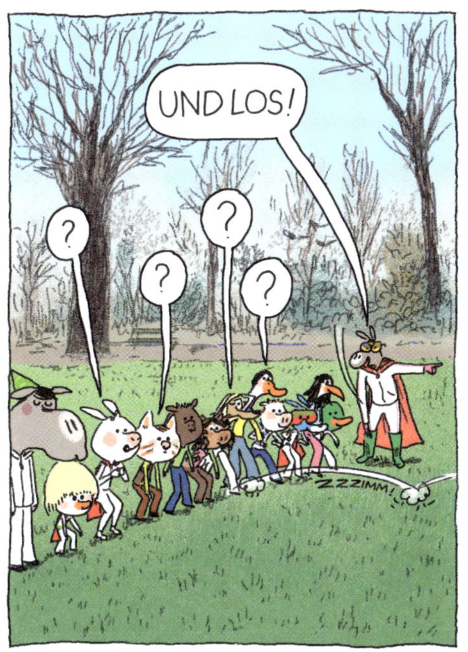
UND LOS!
?
?
?
?
ZZZIMM!

SEHT MAL, VANESSA! Wo die schon ist!
Was für ein Riesenhüpfer!
Die gewinnt auf jeden Fall!

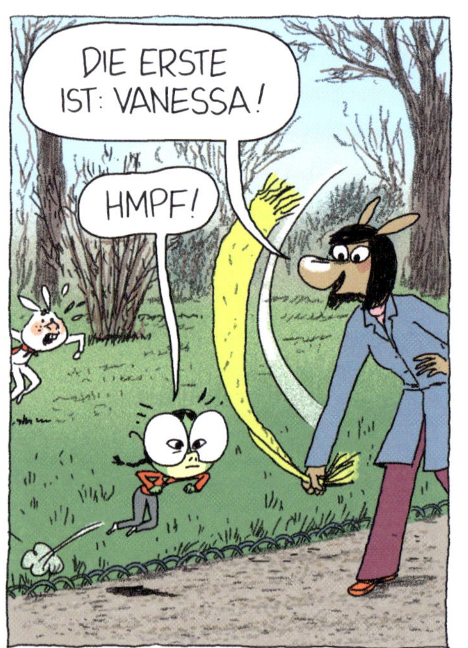
DIE ERSTE IST: VANESSA!
HMPF!

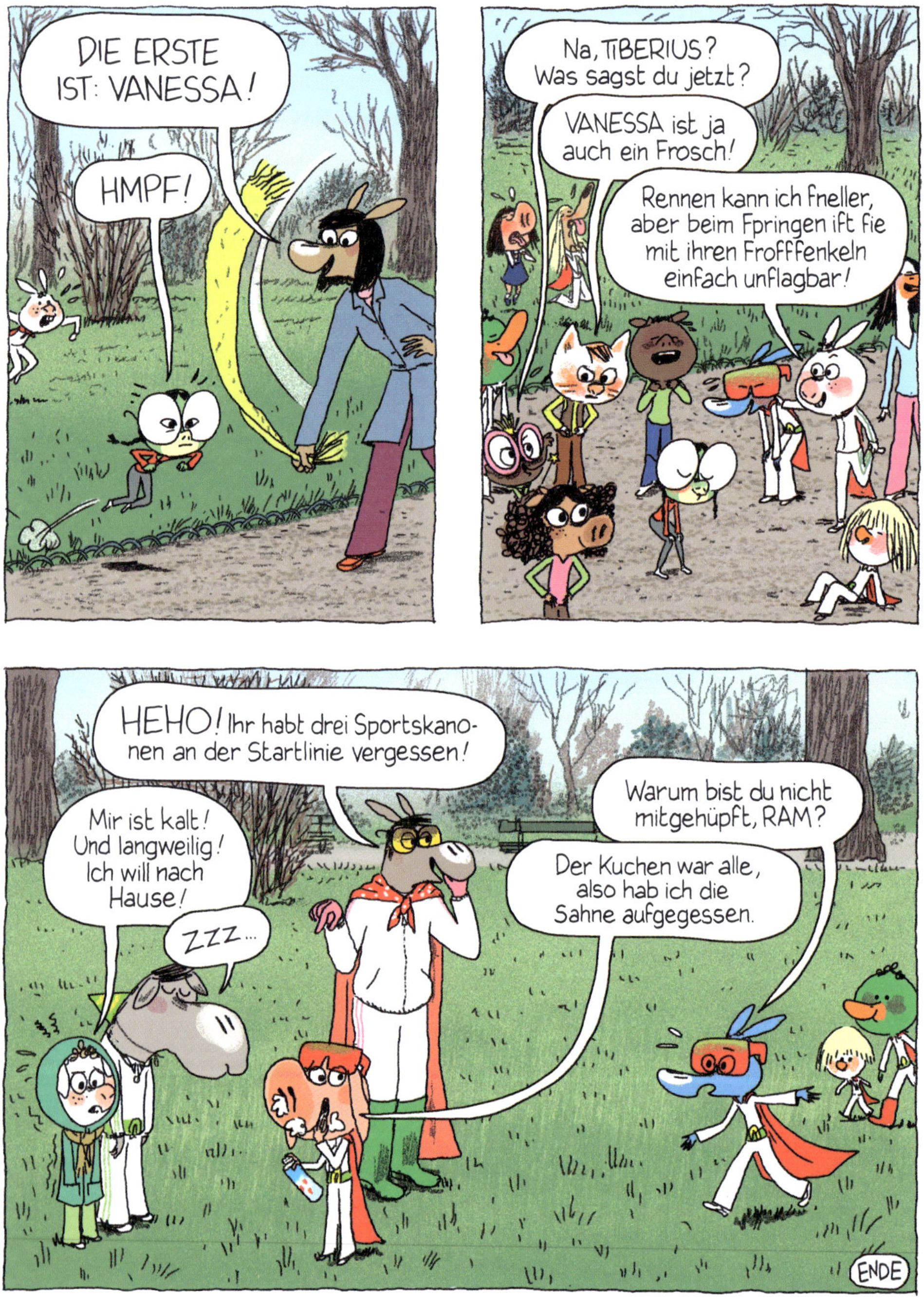

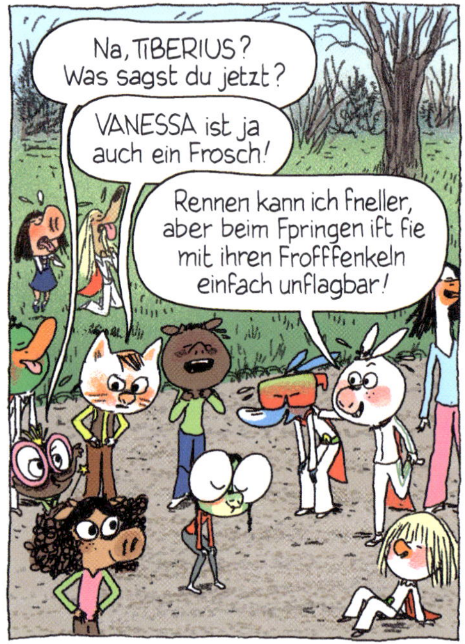
Na, TIBERIUS? Was sagst du jetzt?
VANESSA ist ja auch ein Frosch!
Rennen kann ich fneller, aber beim Fpringen ift fie mit ihren Frofffenkeln einfach unflagbar!

HEHO! Ihr habt drei Sportskanonen an der Startlinie vergessen!
Mir ist kalt! Und langweilig! Ich will nach Hause!
ZZZ...
Warum bist du nicht mitgehüpft, RAM?
Der Kuchen war alle, also hab ich die Sahne aufgegessen.
ENDE

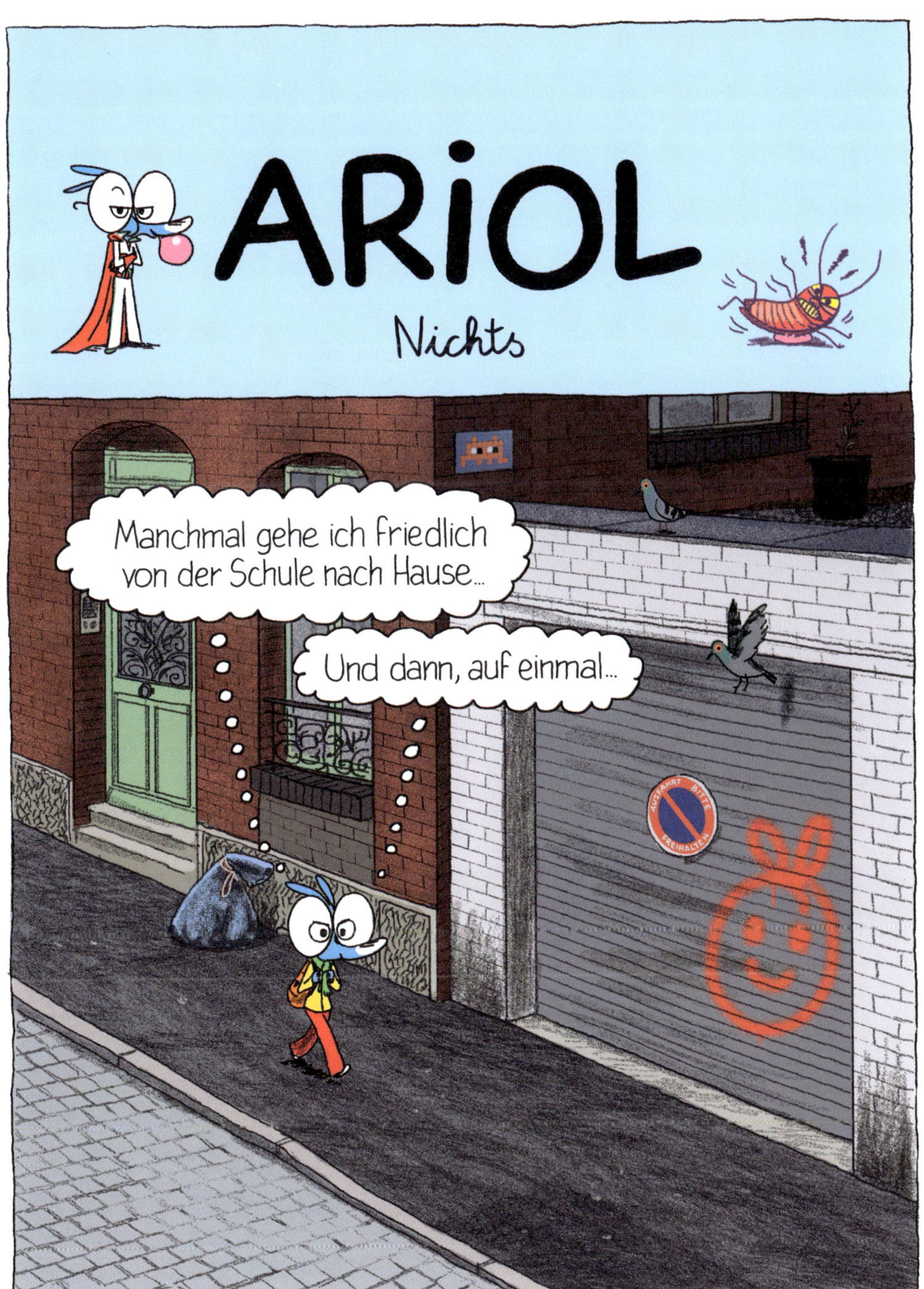
ARIOL
Nichts
Manchmal gehe ich friedlich von der Schule nach Hause...
Und dann, auf einmal...
AUSFAHRT BITTE FREIHALTEN

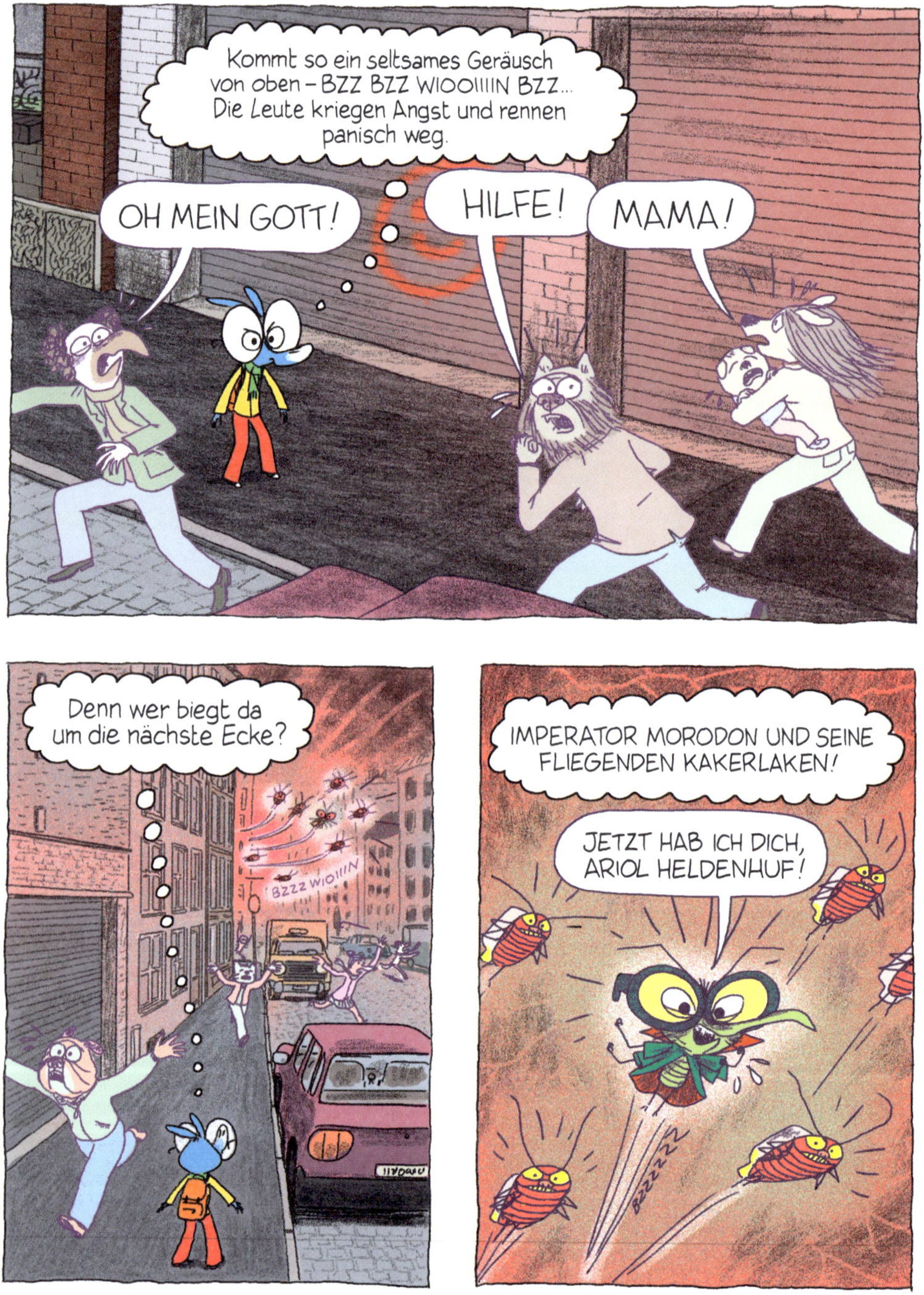

Kommt so ein seltsames Geräusch von oben – BZZ BZZ WIOOIIIIN BZZ... Die Leute kriegen Angst und rennen panisch weg.

OH MEIN GOTT!

HILFE!

MAMA!

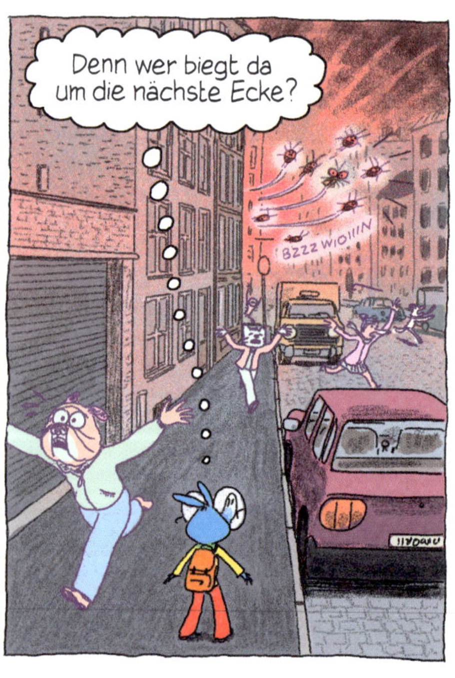

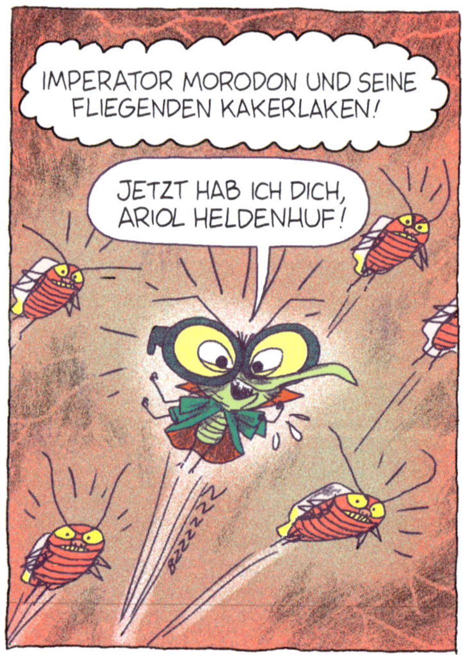

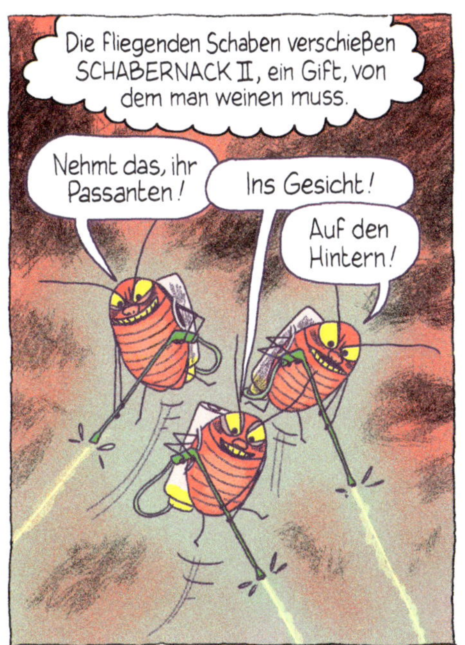
Die fliegenden Schaben verschießen SCHABERNACK II, ein Gift, von dem man weinen muss.
Nehmt das, ihr Passanten!
Ins Gesicht!
Auf den Hintern!

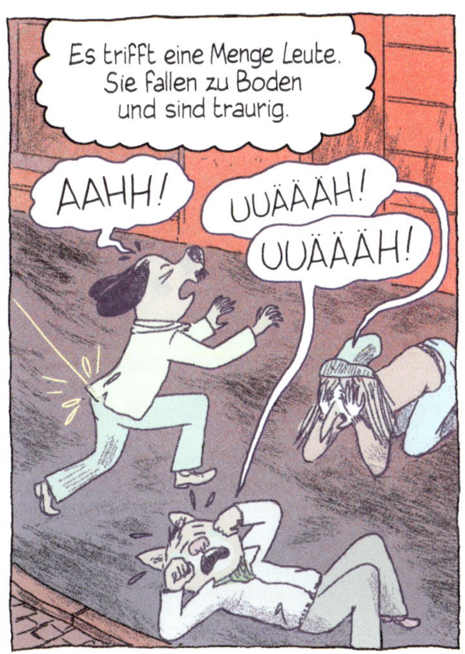
Es trifft eine Menge Leute. Sie fallen zu Boden und sind traurig.
AAHH!
UUÄÄÄH!
UUÄÄÄH!

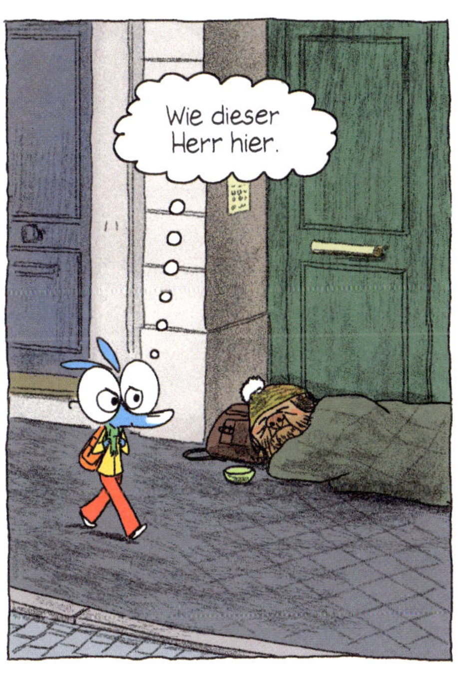
Wie dieser Herr hier.

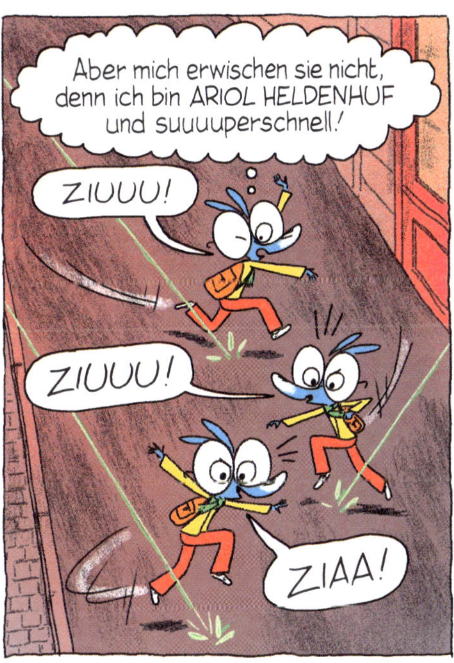
Aber mich erwischen sie nicht, denn ich bin ARIOL HELDENHUF und suuuuperschnell!
ZIUUU!
ZIUUU!
ZIAA!

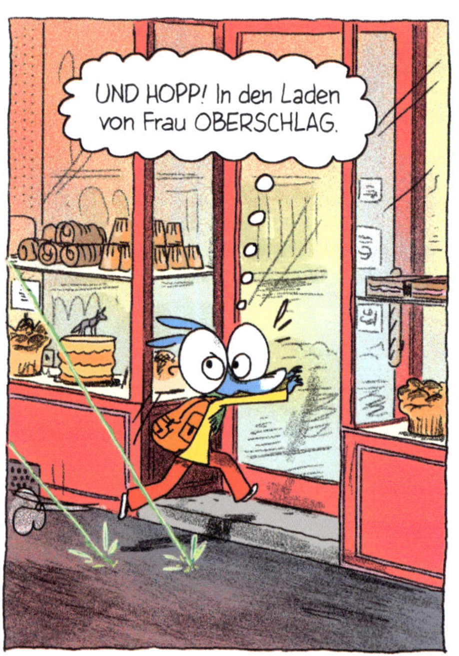
UND HOPP! In den Laden von Frau OBERSCHLAG.

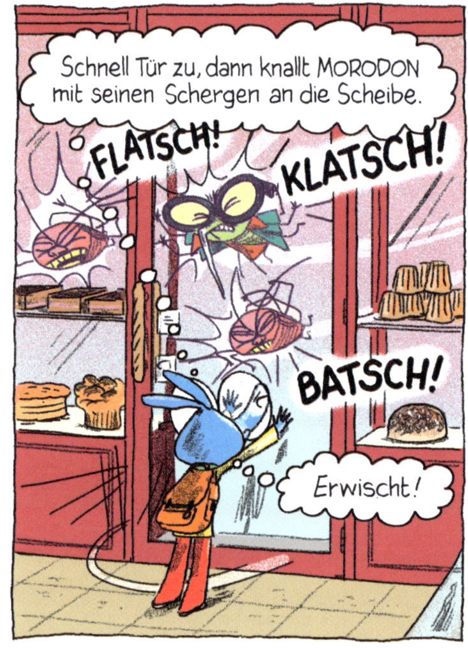
Schnell Tür zu, dann knallt MORODON mit seinen Schergen an die Scheibe.
FLATSCH!
KLATSCH!
BATSCH!
Erwischt!

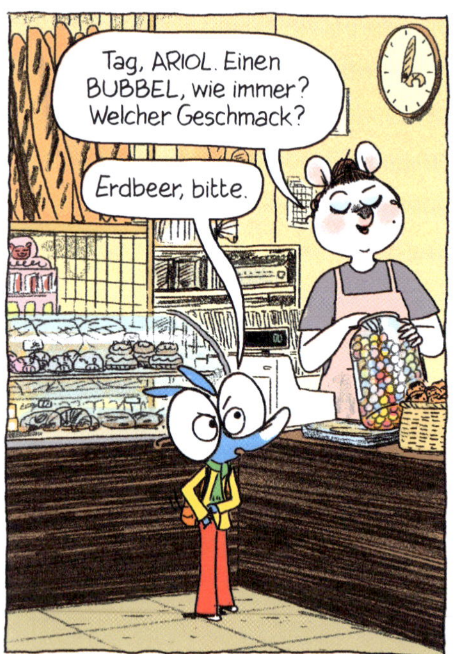
Tag, ARIOL. Einen BUBBEL, wie immer? Welcher Geschmack?
Erdbeer, bitte.

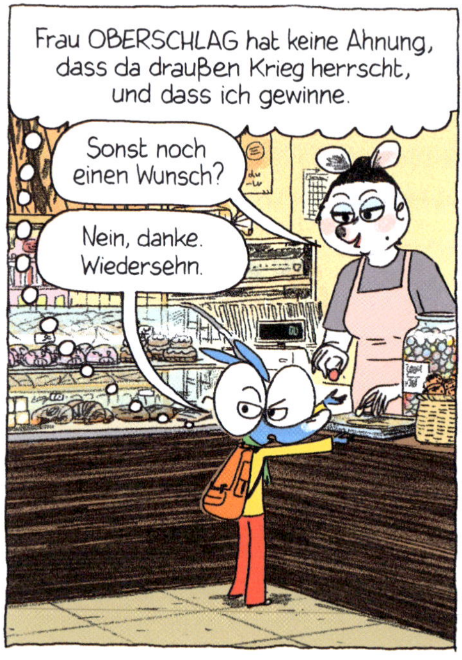
Frau OBERSCHLAG hat keine Ahnung, dass da draußen Krieg herrscht, und dass ich gewinne.
Sonst noch einen Wunsch?
Nein, danke. Wiedersehn.

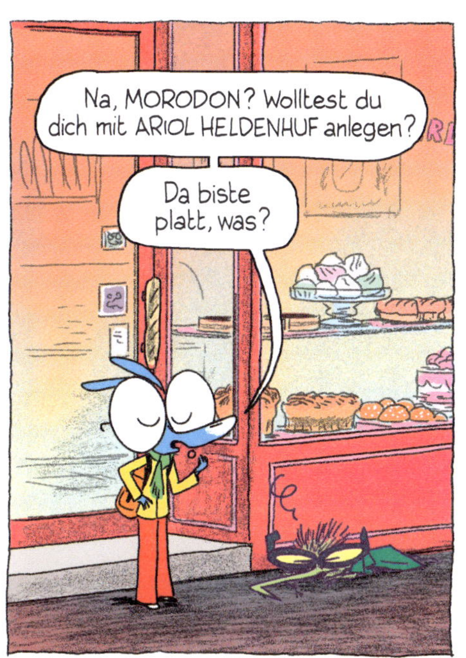
Na, MORODON? Wolltest du dich mit ARIOL HELDENHUF anlegen?
Da biste platt, was?

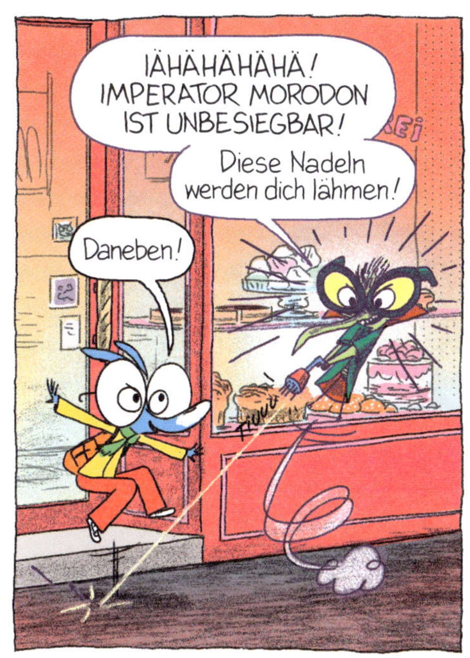
IÄHÄHÄHÄHÄ! IMPERATOR MORODON IST UNBESIEGBAR!
Diese Nadeln werden dich lähmen!
Daneben!

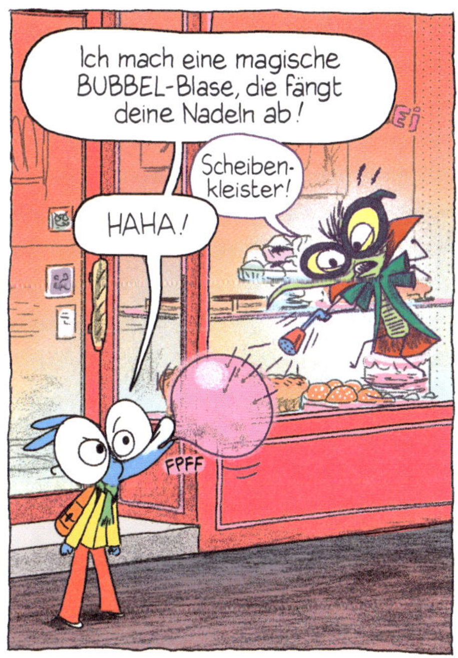
Ich mach eine magische BUBBEL-Blase, die fängt deine Nadeln ab!
Scheiben-kleister!
HAHA!
FPFF

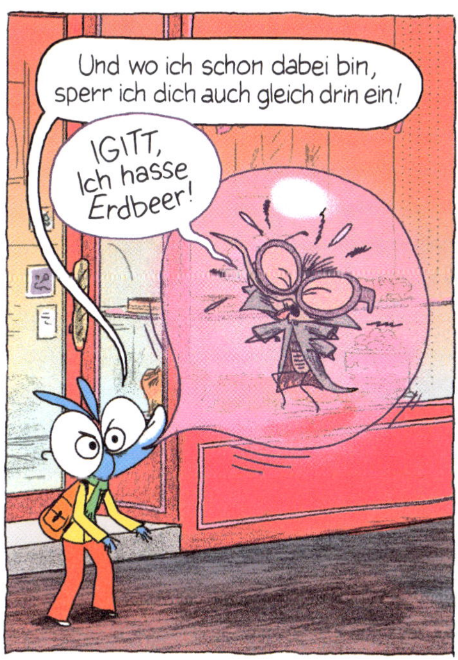
Und wo ich schon dabei bin, sperr ich dich auch gleich drin ein!
IGITT, Ich hasse Erdbeer!

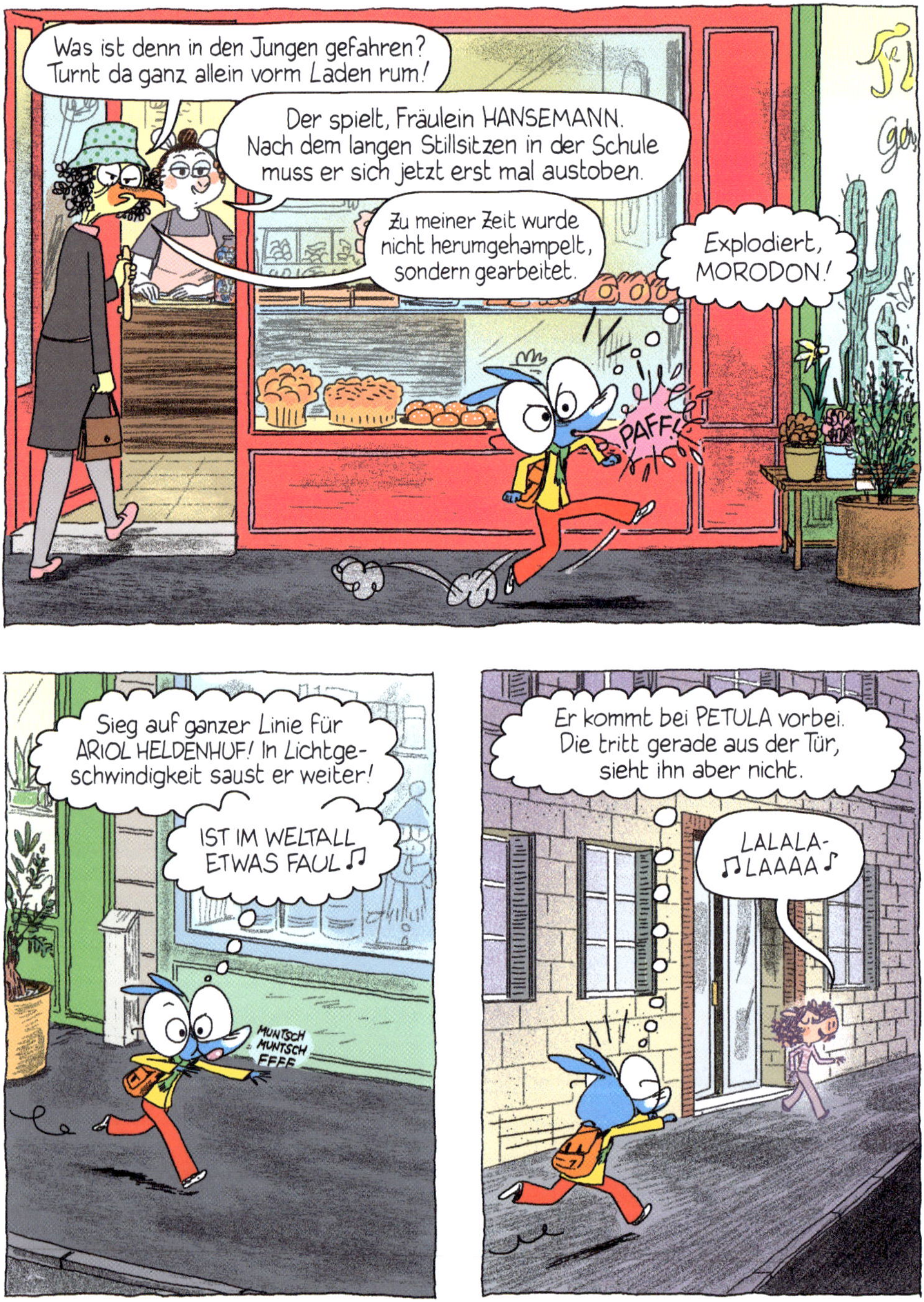

Was ist denn in den Jungen gefahren? Turnt da ganz allein vorm Laden rum!

Der spielt, Fräulein HANSEMANN. Nach dem langen Stillsitzen in der Schule muss er sich jetzt erst mal austoben.

Zu meiner Zeit wurde nicht herumgehampelt, sondern gearbeitet.

Explodiert, MORODON!

PAFF!

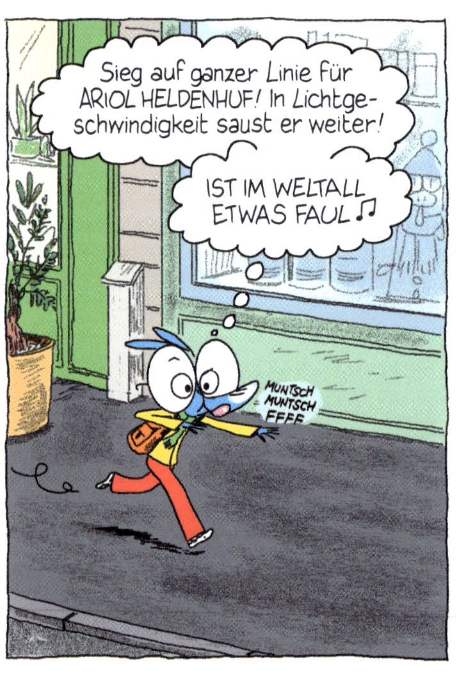

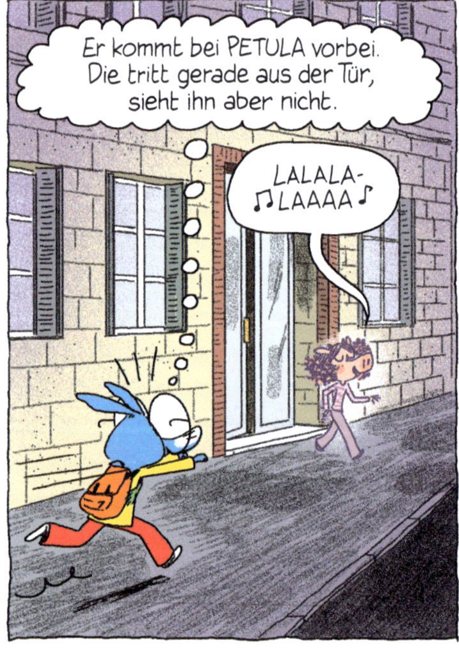

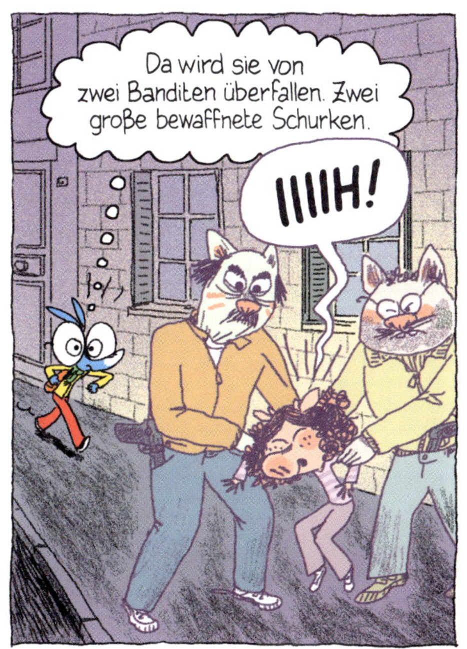
Da wird sie von zwei Banditen überfallen. Zwei große bewaffnete Schurken.
IIIIH!

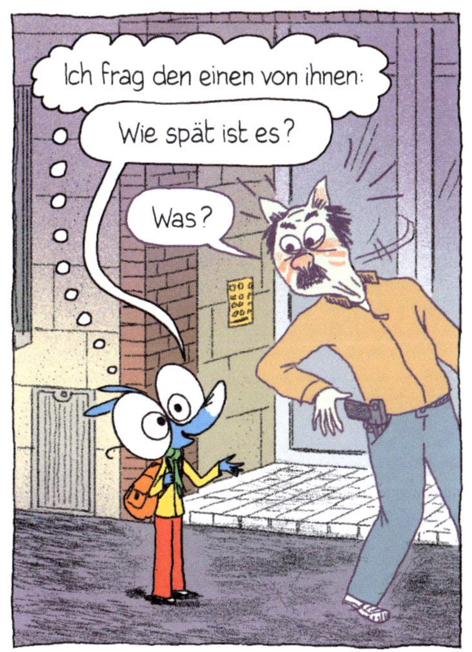
Ich frag den einen von ihnen:
Wie spät ist es?
Was?

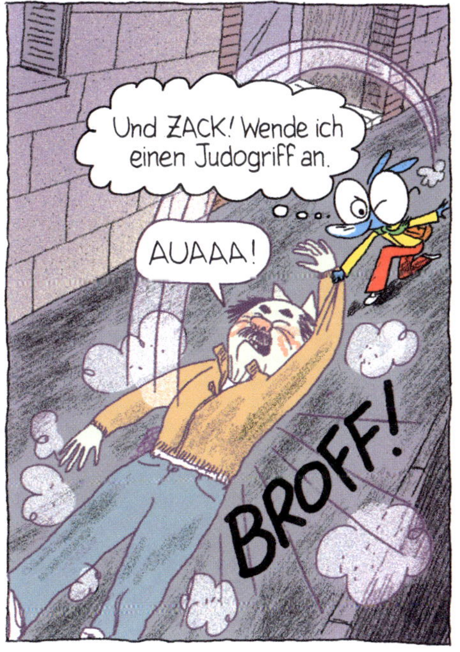
Und ZACK! Wende ich einen Judogriff an.
AUAAA!
BROFF!

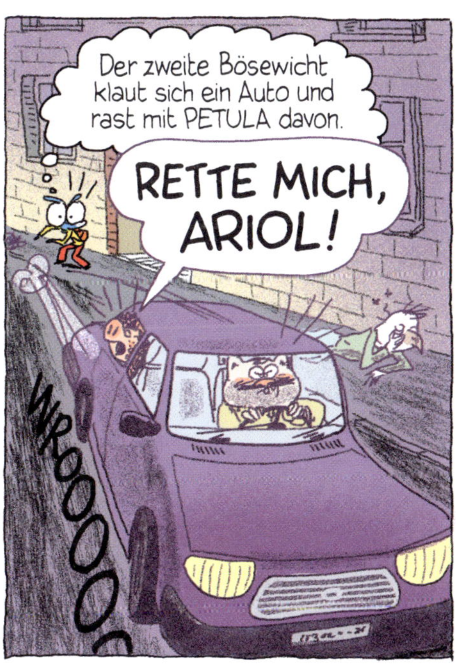
Der zweite Bösewicht klaut sich ein Auto und rast mit PETULA davon.
RETTE MICH, ARIOL!
WROOOOO

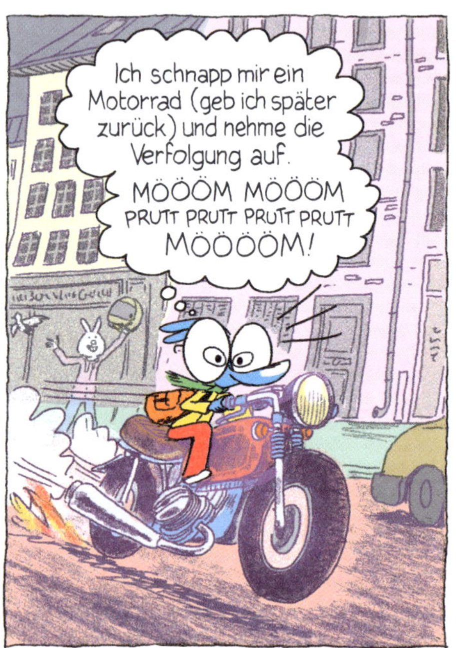
Ich schnapp mir ein Motorrad (geb ich später zurück) und nehme die Verfolgung auf.
MÖÖÖM MÖÖÖM PRUTT PRUTT PRUTT PRUTT MÖÖÖÖM!

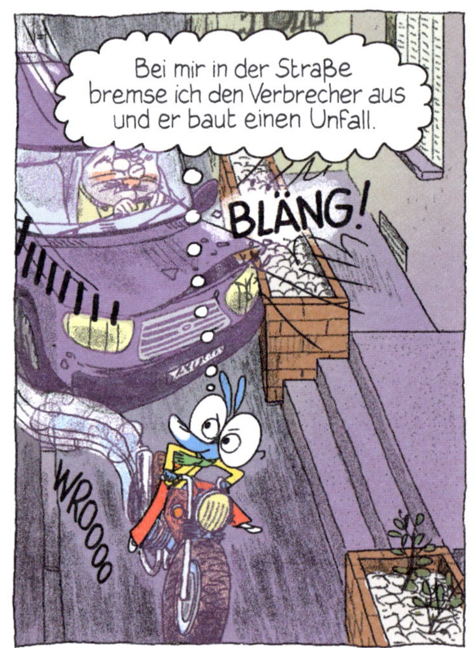
Bei mir in der Straße bremse ich den Verbrecher aus und er baut einen Unfall.
BLÄNG!
WROOOO

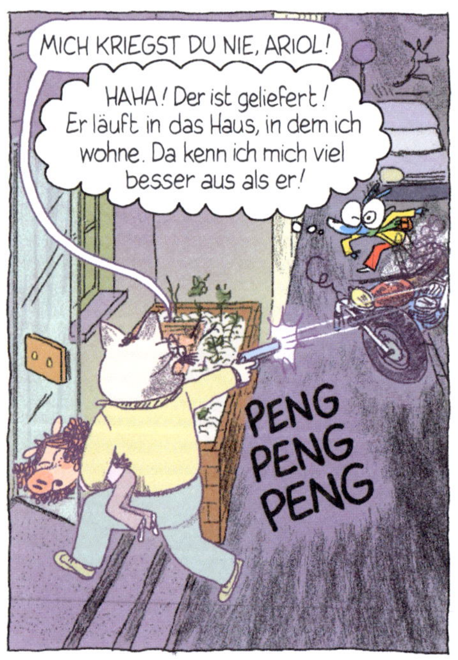
MICH KRIEGST DU NIE, ARIOL!
HAHA! Der ist geliefert! Er läuft in das Haus, in dem ich wohne. Da kenn ich mich viel besser aus als er!
PENG PENG PENG

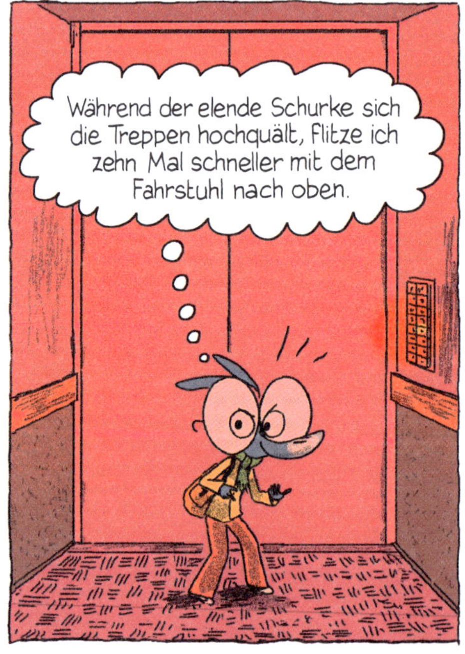
Während der elende Schurke sich die Treppen hochquält, flitze ich zehn Mal schneller mit dem Fahrstuhl nach oben.

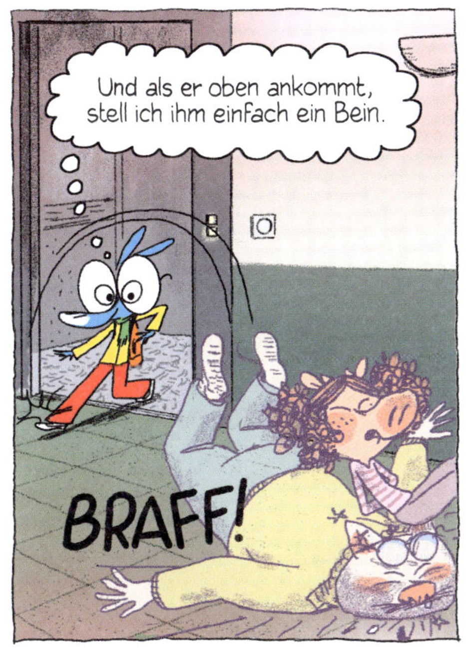
Und als er oben ankommt, stell ich ihm einfach ein Bein.
BRAFF!

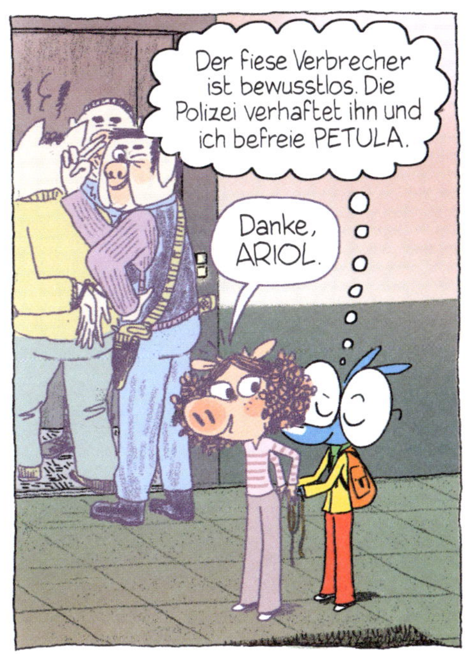
Der fiese Verbrecher ist bewusstlos. Die Polizei verhaftet ihn und ich befreie PETULA.
Danke, ARIOL.

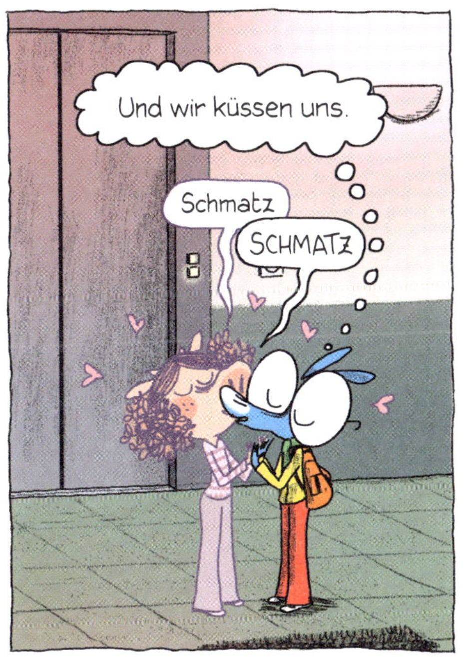
Und wir küssen uns.
Schmatz
SCHMATZ

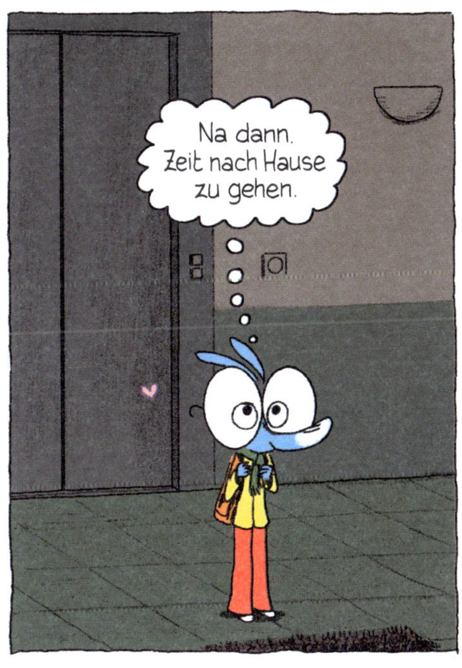
Na dann. Zeit nach Hause zu gehen.

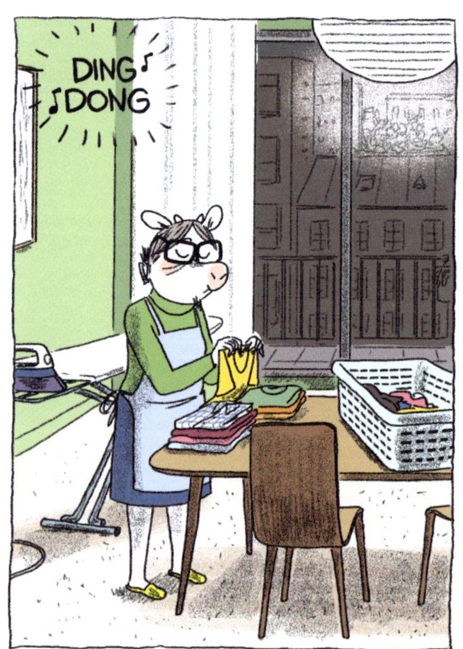

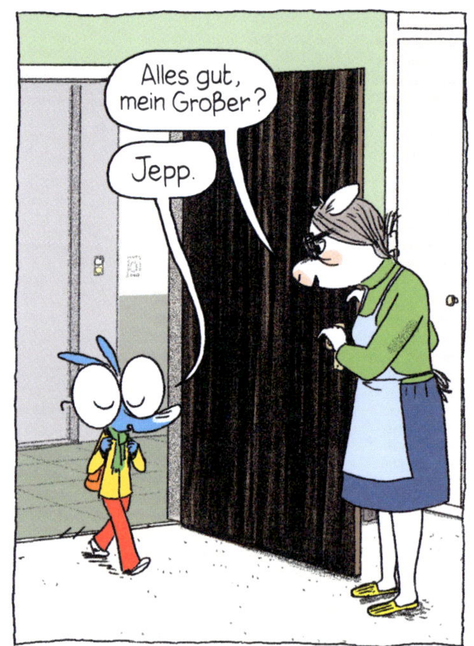

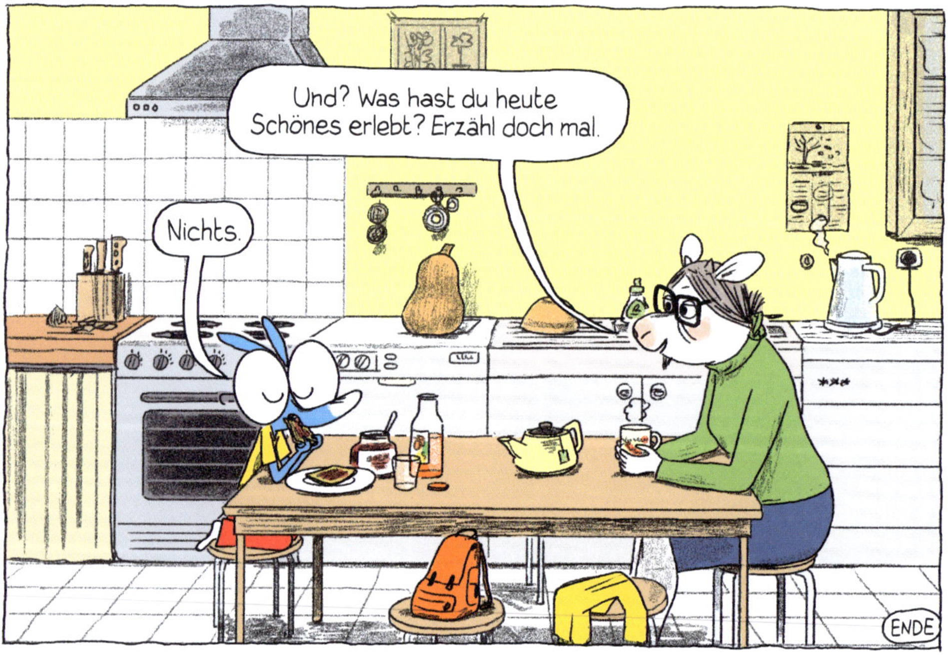

Und? Was hast du heute Schönes erlebt? Erzähl doch mal.

Nichts.

ENDE

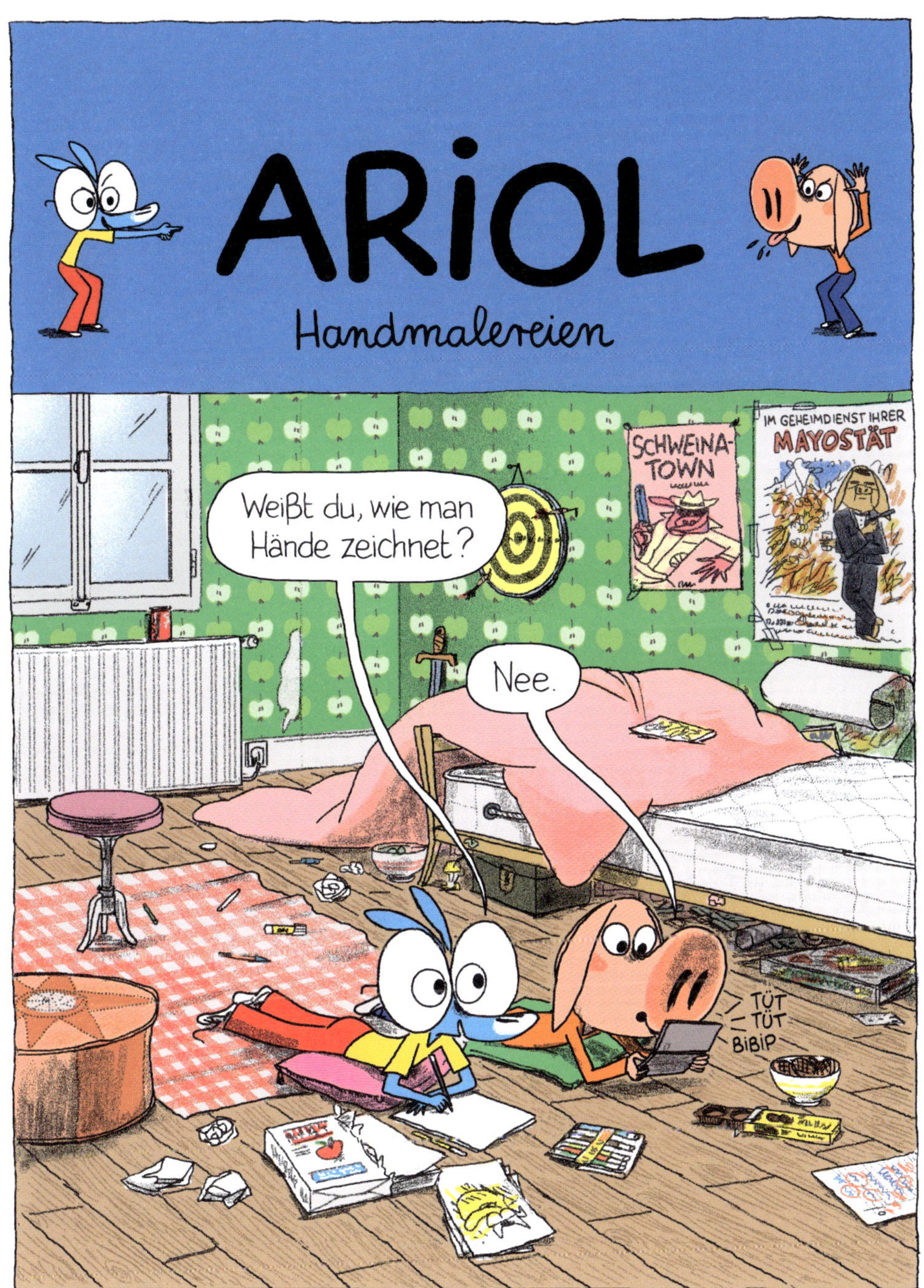
ARiOL
Handmalereien
SCHWEINA-TOWN
IM GEHEIMDIENST IHRER
MAYOSTÄT
Weißt du, wie man Hände zeichnet?
Nee.
TÜT TÜT BIBIP

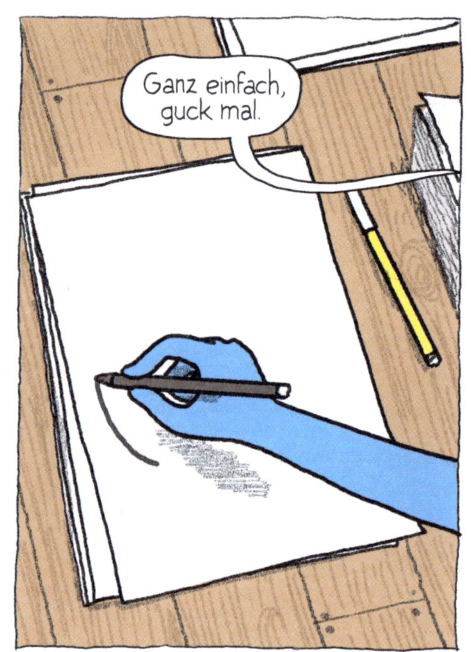
Ganz einfach, guck mal.
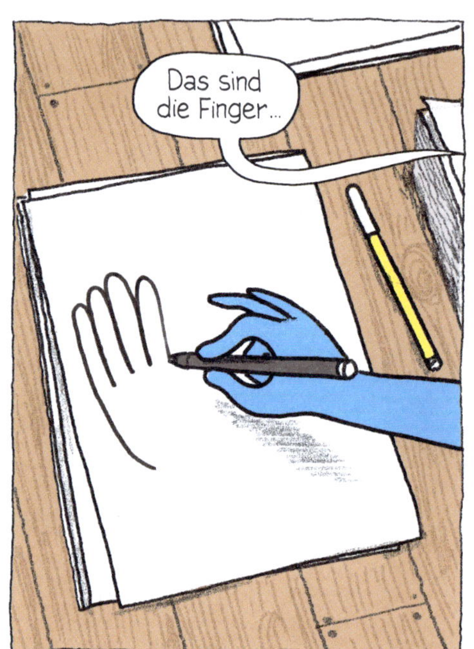
Das sind die Finger...
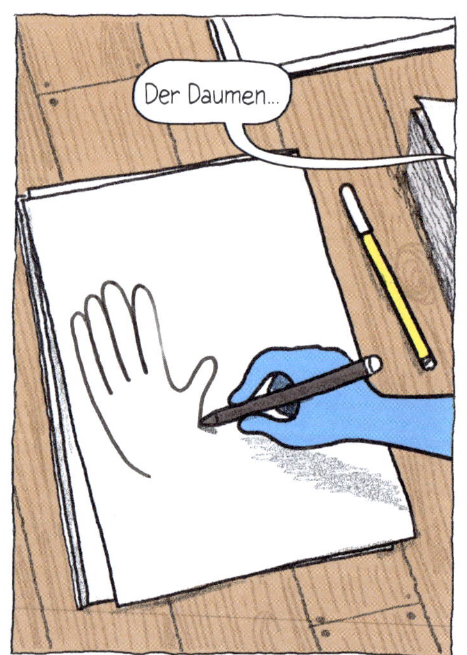
Der Daumen...
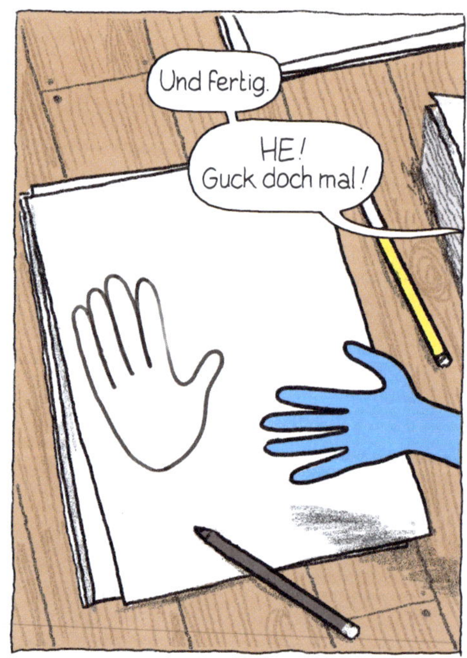
Und fertig.
HE! Guck doch mal!

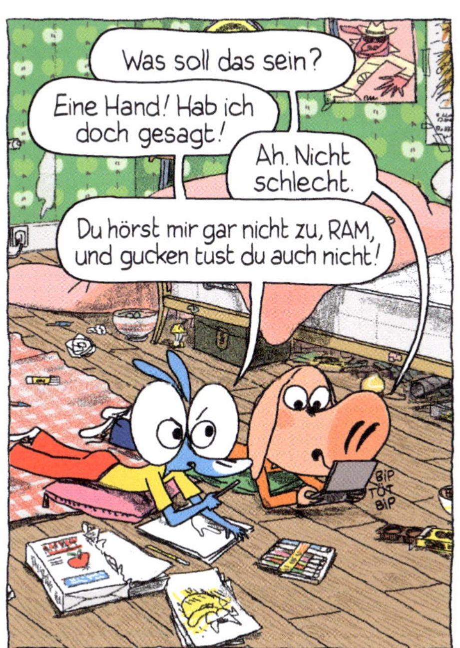
Was soll das sein?
Eine Hand! Hab ich doch gesagt!
Ah. Nicht schlecht.
Du hörst mir gar nicht zu, RAM, und gucken tust du auch nicht!
BIP TÖT BIP

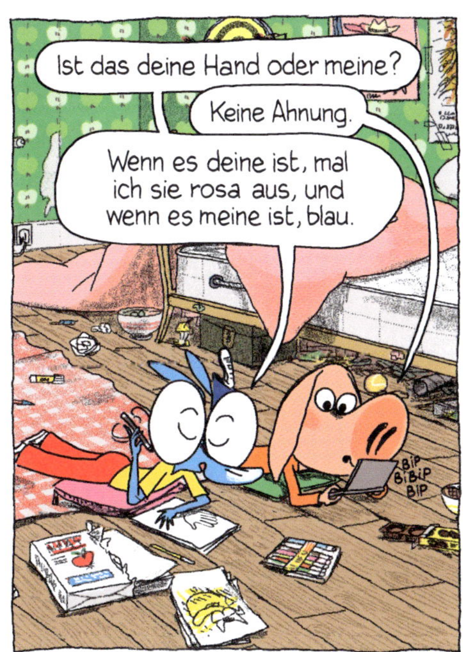
Ist das deine Hand oder meine?
Keine Ahnung.
Wenn es deine ist, mal ich sie rosa aus, und wenn es meine ist, blau.
BIP BIBIP BIP

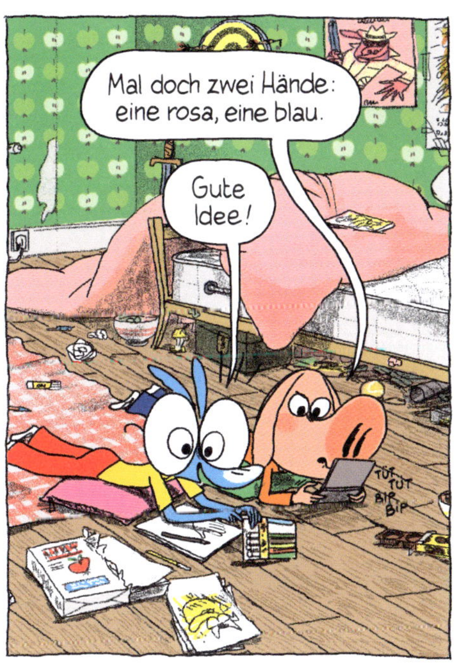
Mal doch zwei Hände: eine rosa, eine blau.
Gute Idee!
TÜT TUT BIP BIP

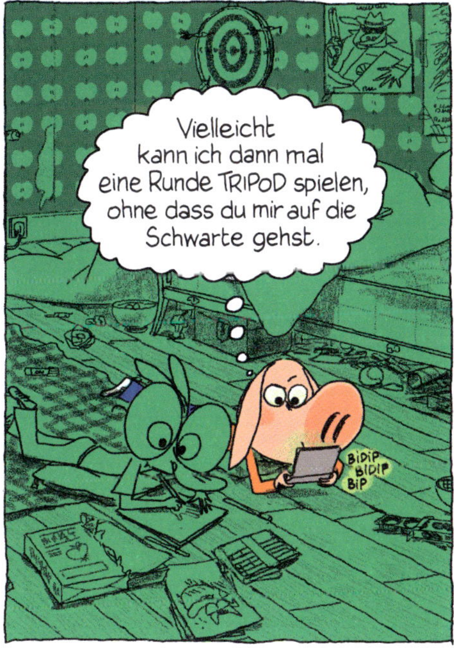
Vielleicht kann ich dann mal eine Runde TRIPOD spielen, ohne dass du mir auf die Schwarte gehst.
BIDIP BIDIP BIP

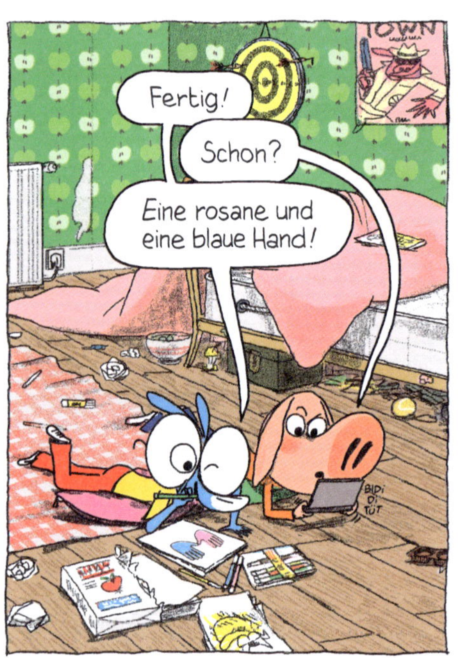
TOWN
Fertig!
Schon?
Eine rosane und eine blaue Hand!
BIDI DI TÜT

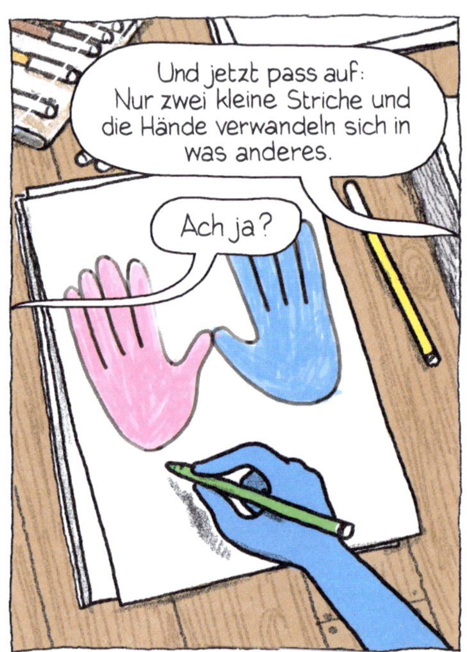
Und jetzt pass auf:
Nur zwei kleine Striche und die Hände verwandeln sich in was anderes.
Ach ja?

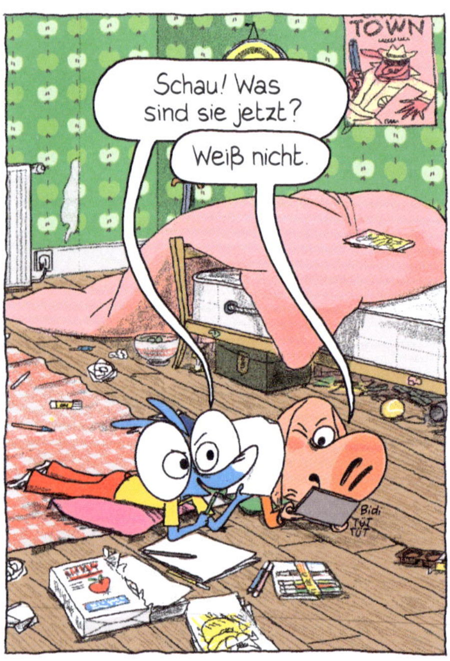
TOWN
Schau! Was sind sie jetzt?
Weiß nicht.
Bidi TÜT TÜT

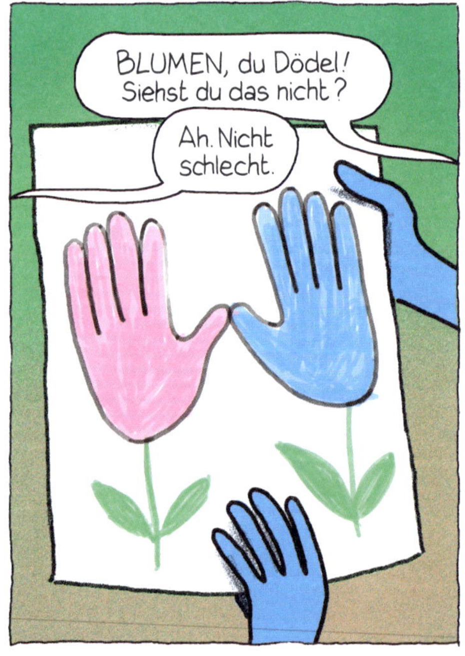
BLUMEN, du Dödel! Siehst du das nicht?
Ah. Nicht schlecht.

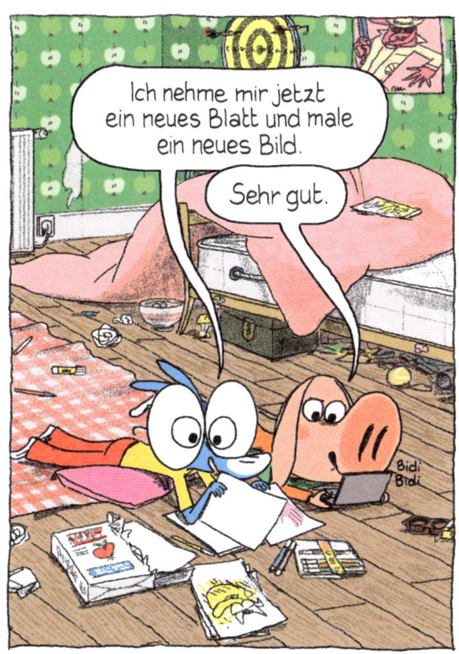
Ich nehme mir jetzt ein neues Blatt und male ein neues Bild.
Sehr gut.
Bidi Bidi

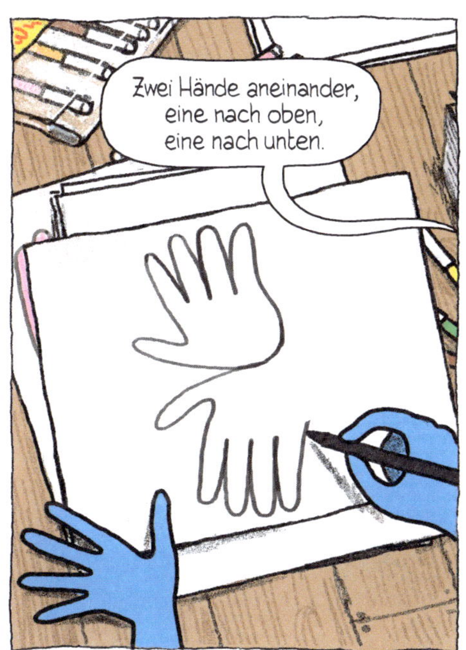
Zwei Hände aneinander, eine nach oben, eine nach unten.

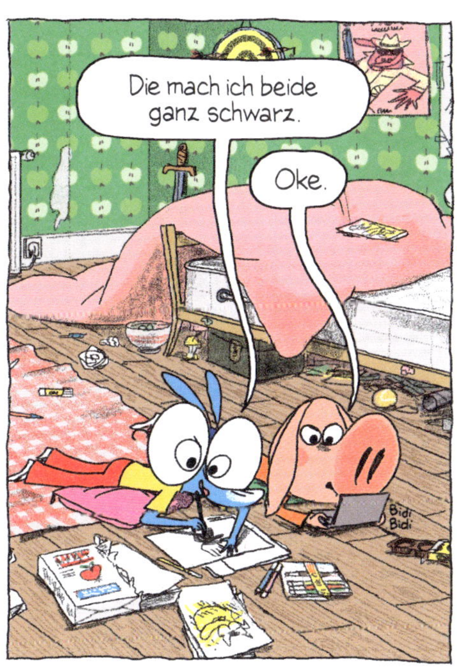
Die mach ich beide ganz schwarz.
Oke.
Bidi Bidi

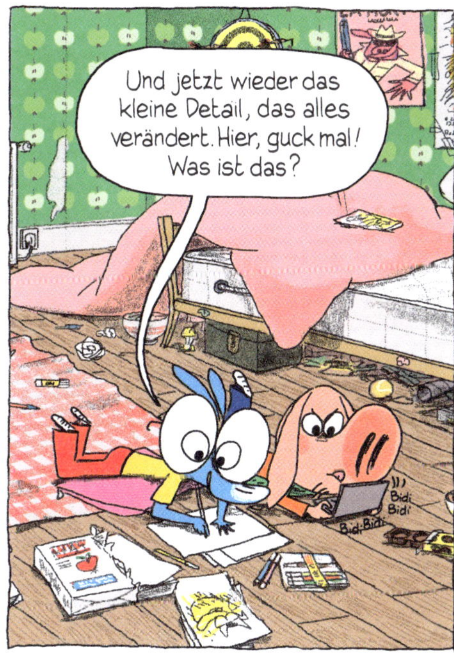
Und jetzt wieder das kleine Detail, das alles verändert. Hier, guck mal! Was ist das?
Bidi Bidi
Bidi Bidi

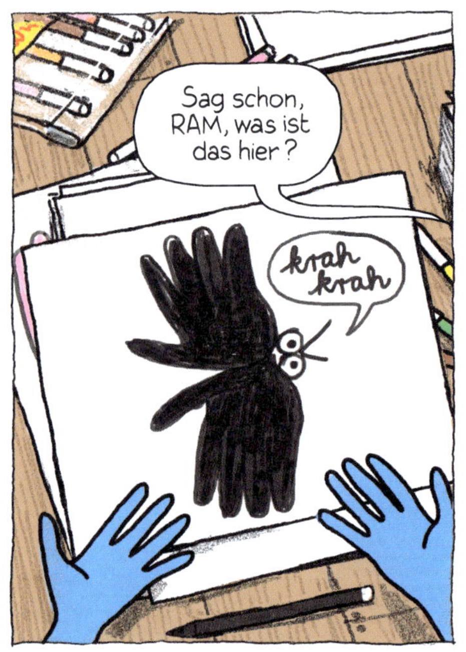
Sag schon, RAM, was ist das hier?
krah krah

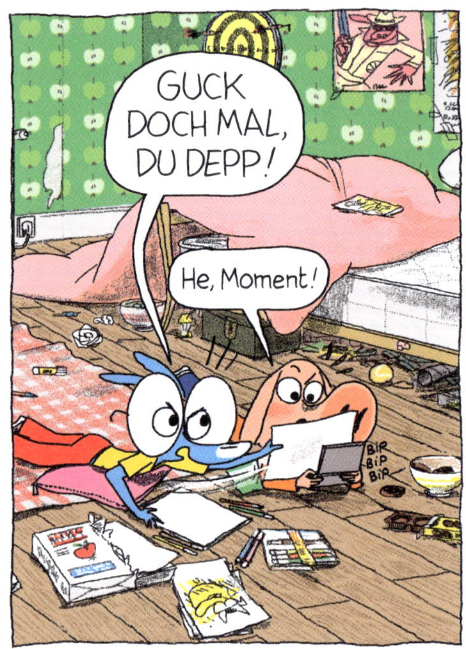
GUCK DOCH MAL, DU DEPP!
He, Moment!
BIP BIP BIP

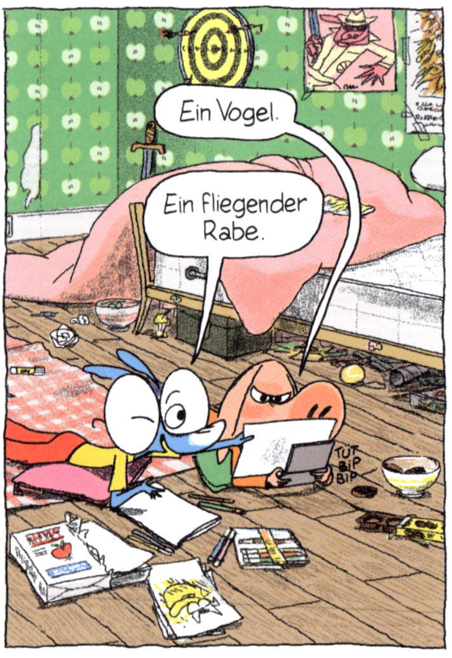
Ein Vogel.
Ein fliegender Rabe.
TÜT BIP BIP

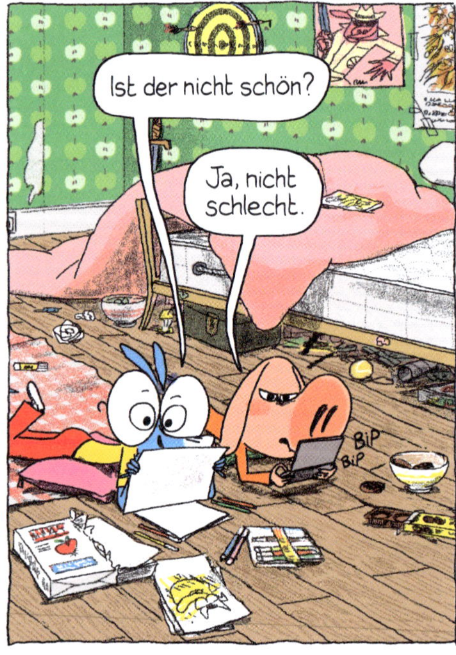
Ist der nicht schön?
Ja, nicht schlecht.
BIP BIP

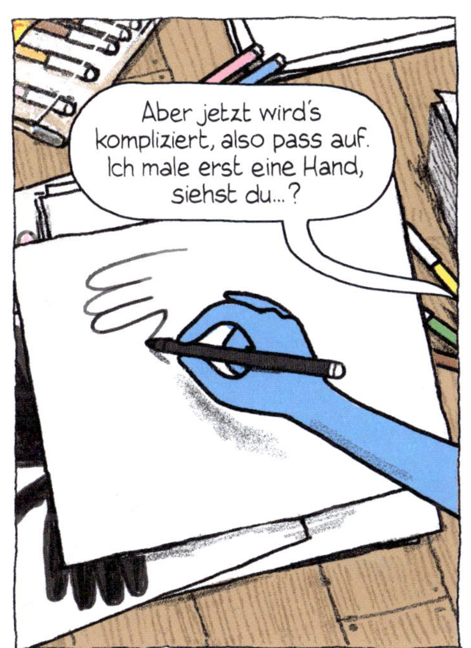
Aber jetzt wird's kompliziert, also pass auf. Ich male erst eine Hand, siehst du...?

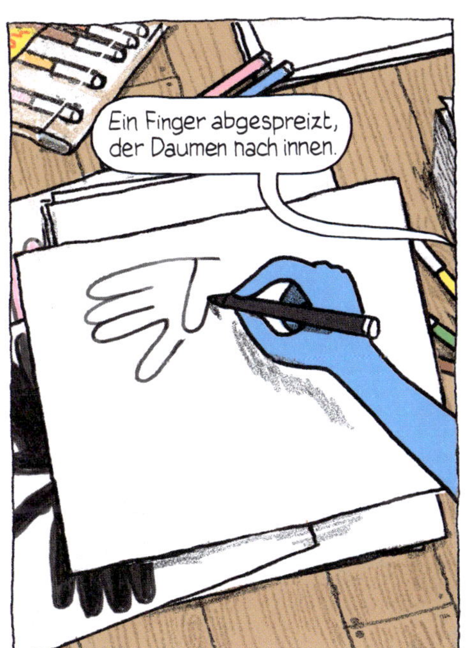
Ein Finger abgespreizt, der Daumen nach innen.

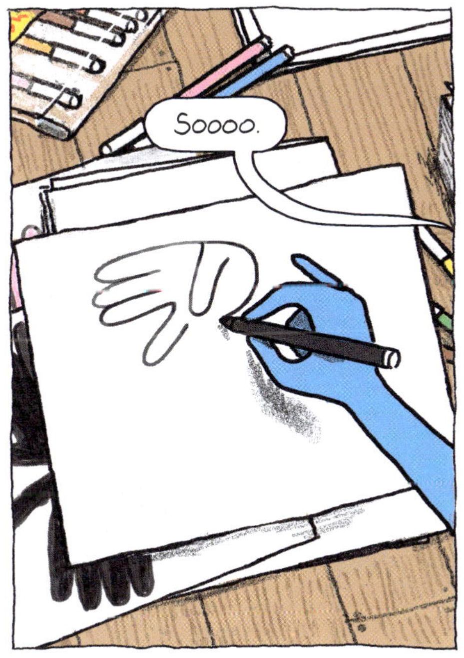
Soooo.

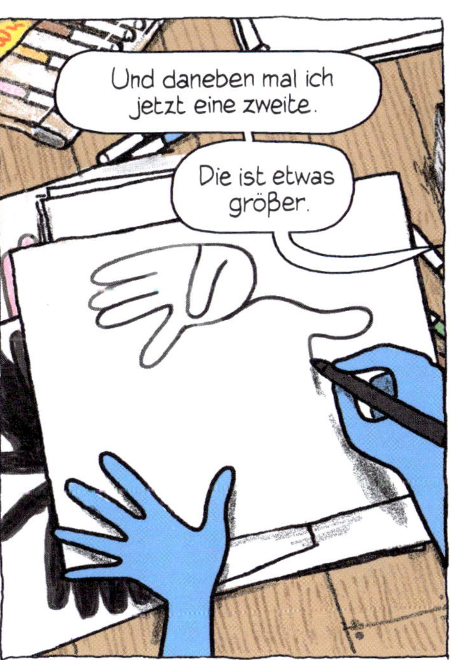
Und daneben mal ich jetzt eine zweite.
Die ist etwas größer.

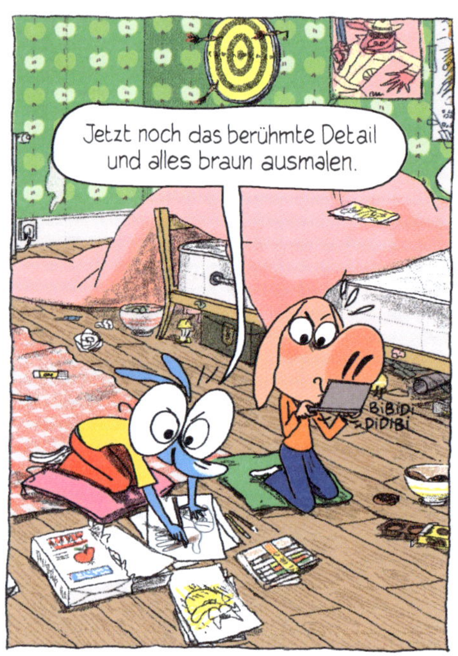
Jetzt noch das berühmte Detail und alles braun ausmalen.
BIBIDI DIDIBI

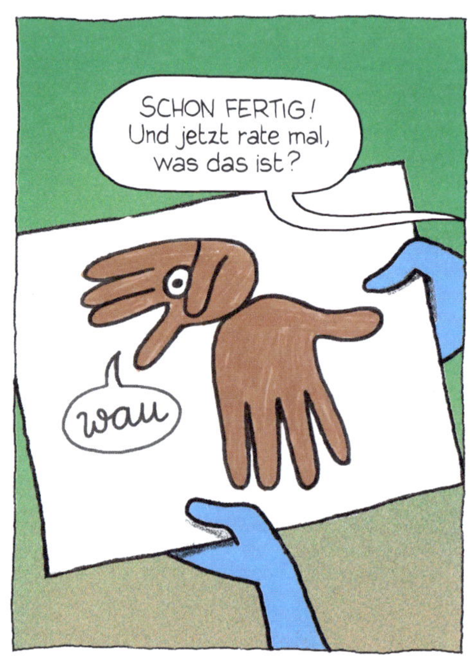
SCHON FERTIG! Und jetzt rate mal, was das ist?
wau

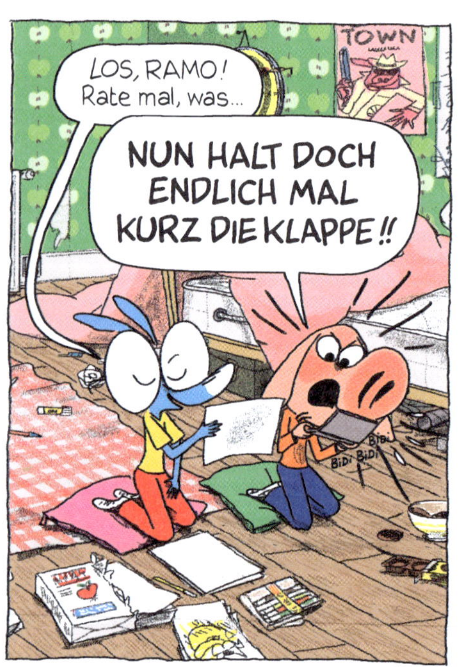
LOS, RAMO! Rate mal, was...
NUN HALT DOCH ENDLICH MAL KURZ DIE KLAPPE!!
BIDI BIDI BIDI

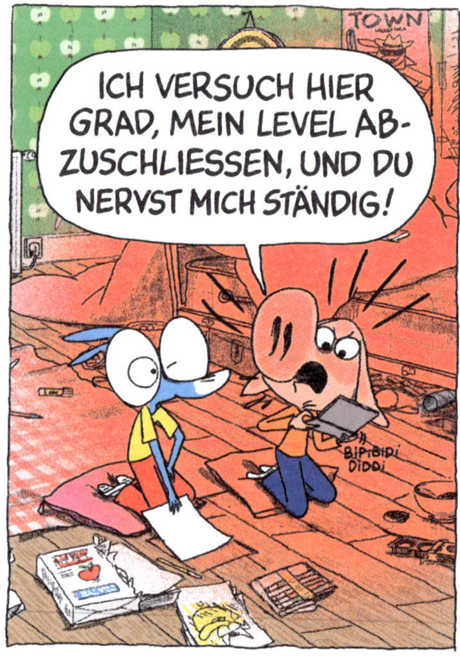
ICH VERSUCH HIER GRAD, MEIN LEVEL AB-ZUSCHLIESSEN, UND DU NERVST MICH STÄNDIG!
BIPIBIDI DIDDI

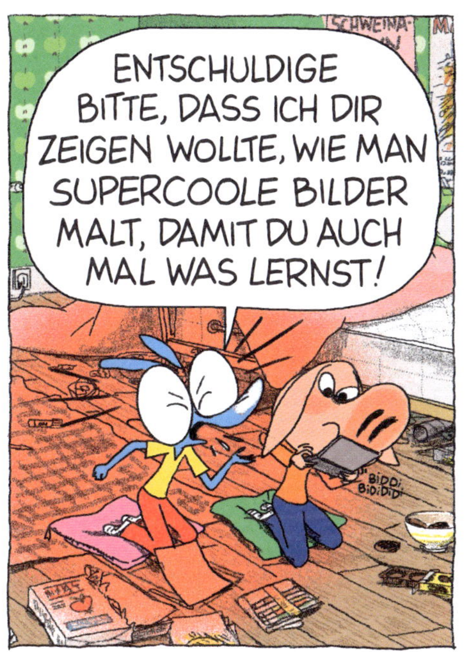

ENTSCHULDIGE BITTE, DASS ICH DIR ZEIGEN WOLLTE, WIE MAN SUPERCOOLE BILDER MALT, DAMIT DU AUCH MAL WAS LERNST!
BIDDI BIDIDIDI

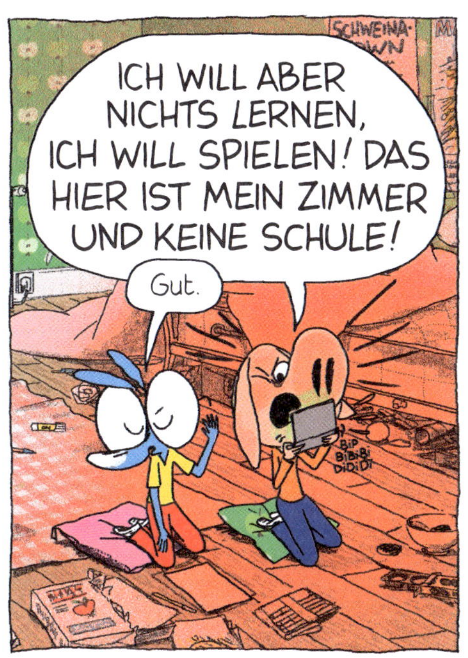

ICH WILL ABER NICHTS LERNEN, ICH WILL SPIELEN! DAS HIER IST MEIN ZIMMER UND KEINE SCHULE!
Gut.
BIP BIBIBI DIDIDI

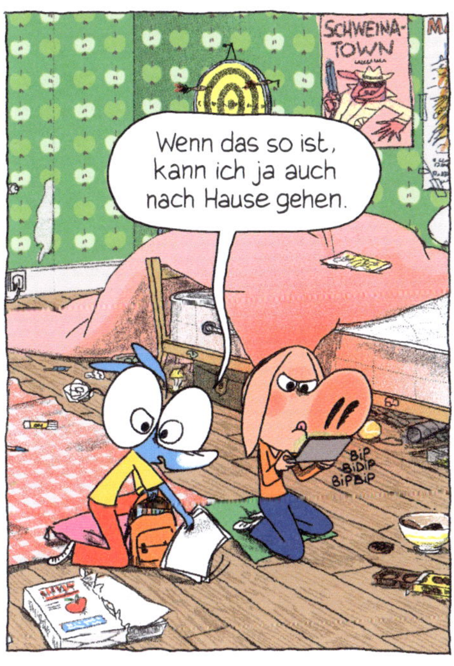

SCHWEINA-TOWN
Wenn das so ist, kann ich ja auch nach Hause gehen.
BIP BIDIP BIPBIP

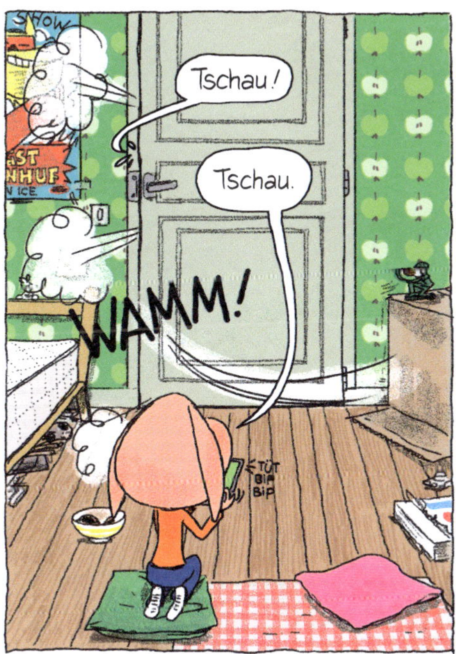

Tschau!
Tschau.
WAMM!
TÜT BIP BIP

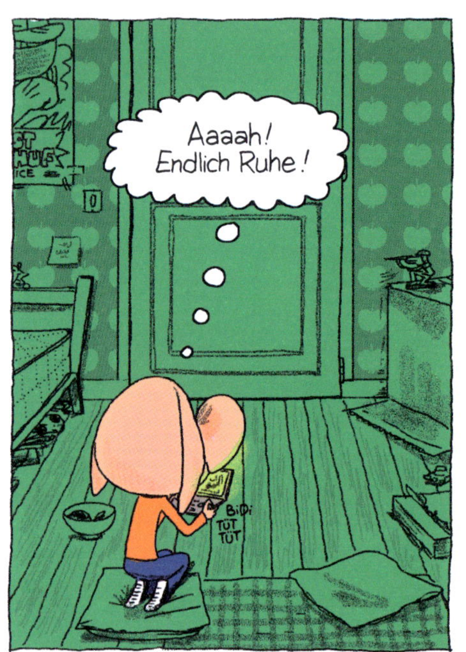

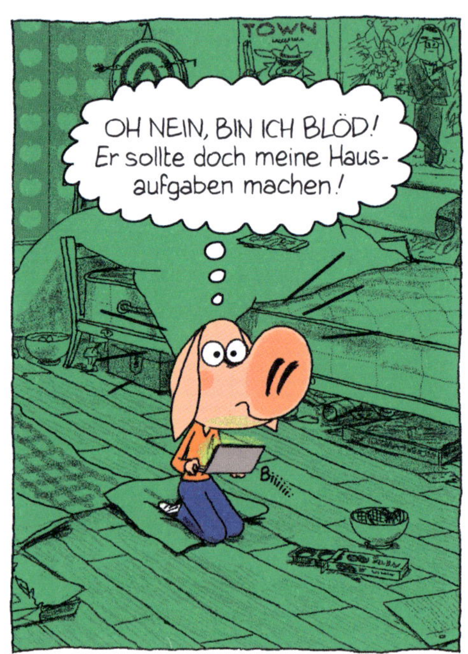

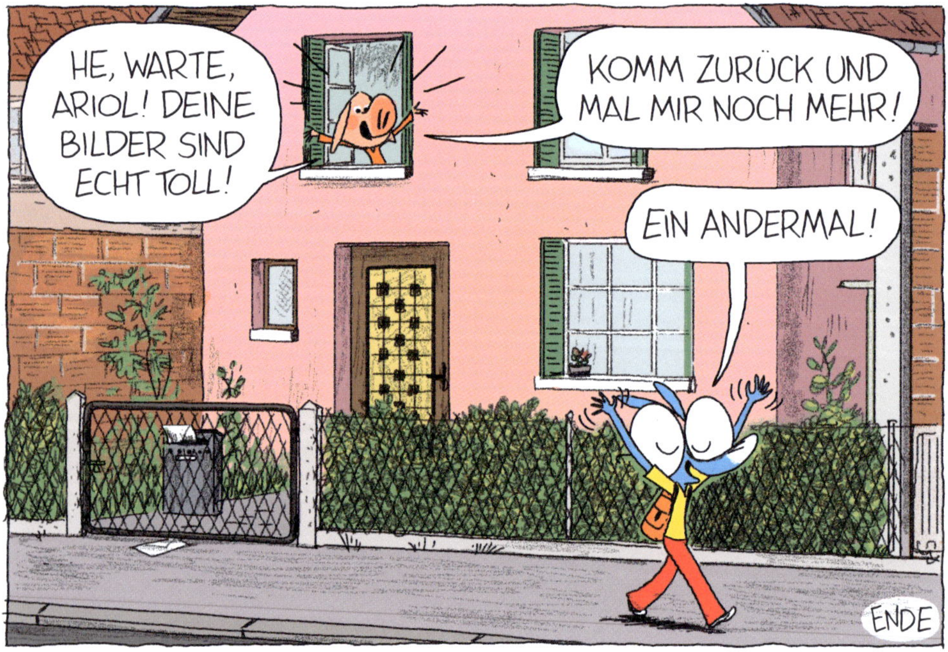

HE, WARTE, ARIOL! DEINE BILDER SIND ECHT TOLL!

KOMM ZURÜCK UND MAL MIR NOCH MEHR!

EIN ANDERMAL!

ENDE

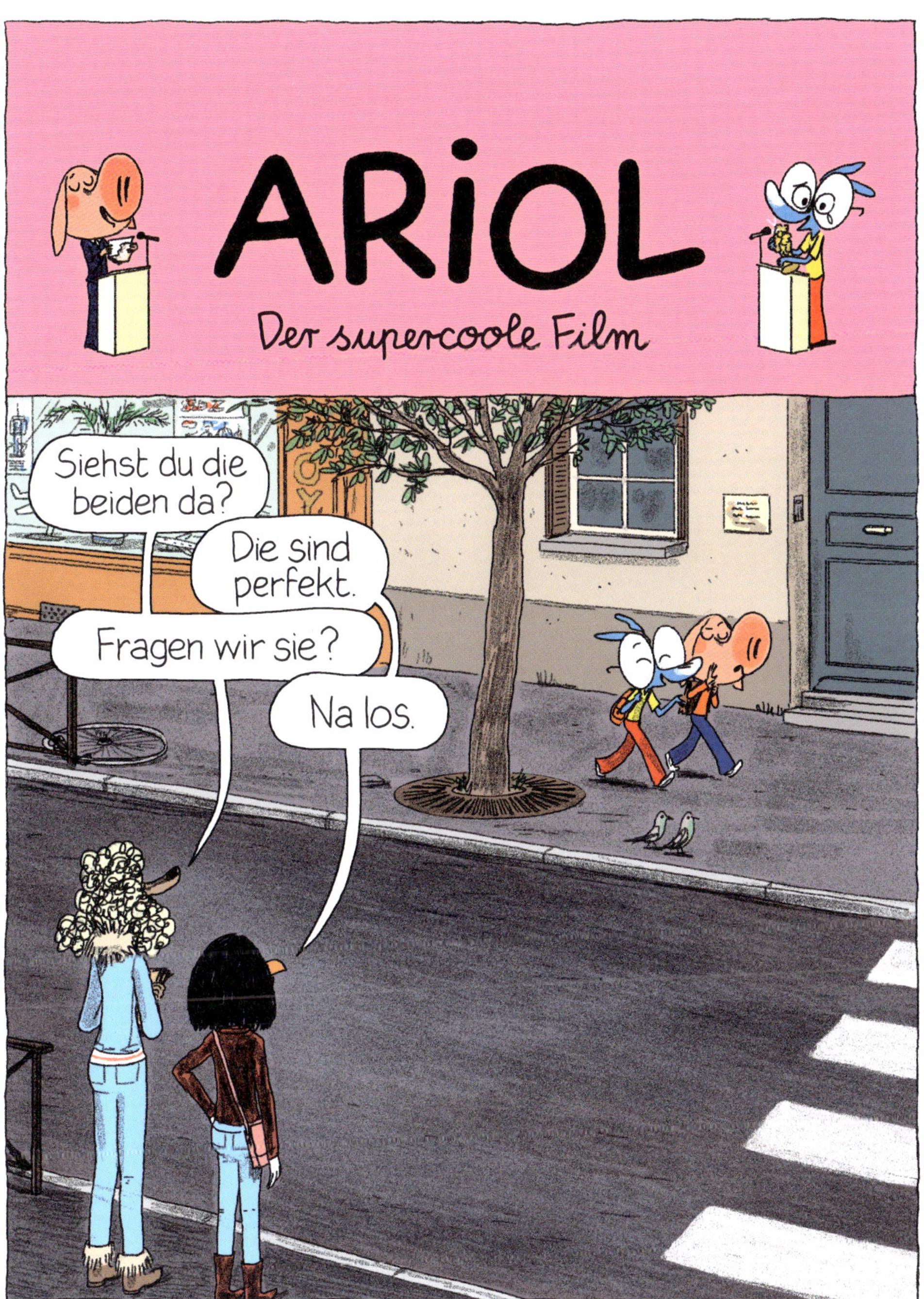
ARIOL
Der supercoole Film
Siehst du die beiden da?
Die sind perfekt.
Fragen wir sie?
Na los.

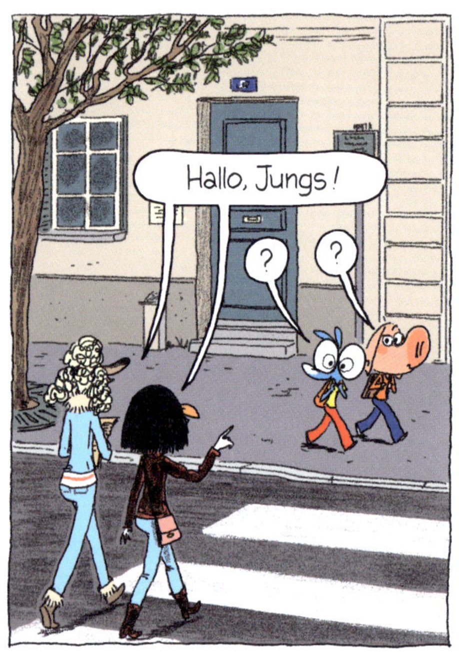
Hallo, Jungs!
?
?

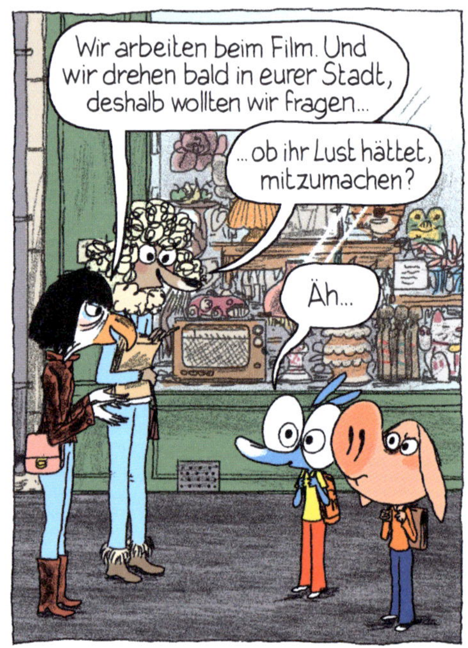
Wir arbeiten beim Film. Und wir drehen bald in eurer Stadt, deshalb wollten wir fragen...
...ob ihr Lust hättet, mitzumachen?
Äh...

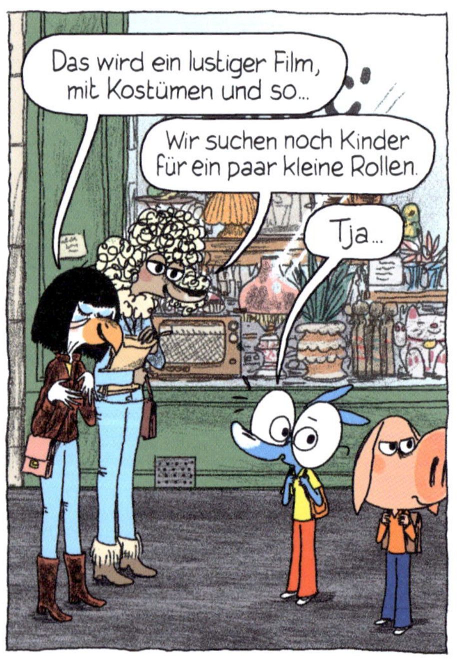
Das wird ein lustiger Film, mit Kostümen und so...
Wir suchen noch Kinder für ein paar kleine Rollen.
Tja...

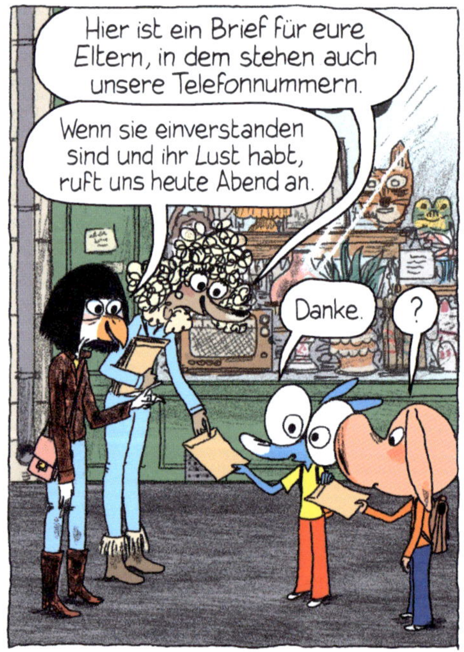
Hier ist ein Brief für eure Eltern, in dem stehen auch unsere Telefonnummern.
Wenn sie einverstanden sind und ihr Lust habt, ruft uns heute Abend an.
Danke.
?

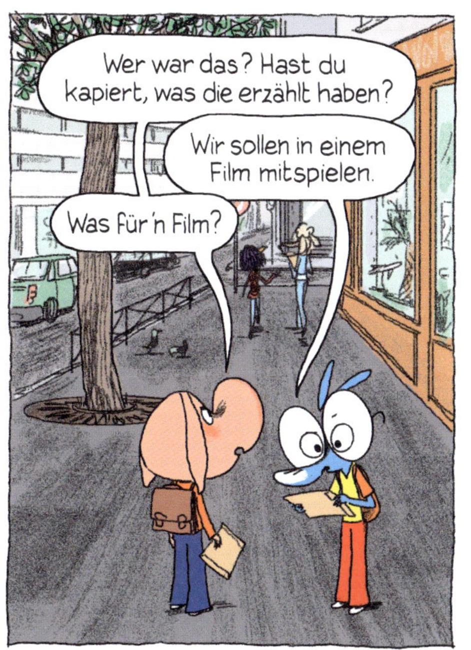
Wer war das? Hast du kapiert, was die erzählt haben?
Wir sollen in einem Film mitspielen.
Was für'n Film?

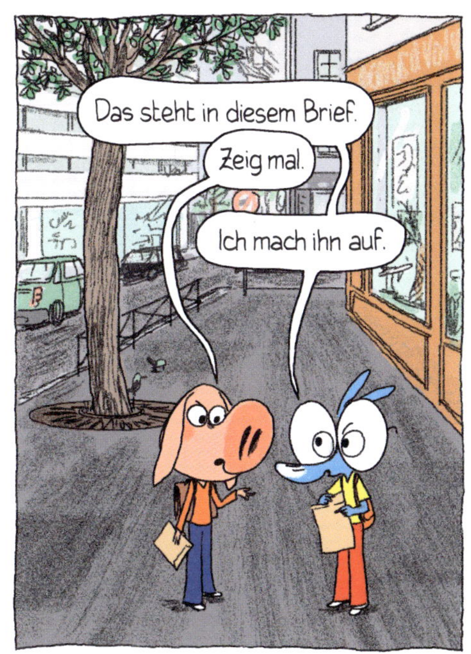
Das steht in diesem Brief.
Zeig mal.
Ich mach ihn auf.

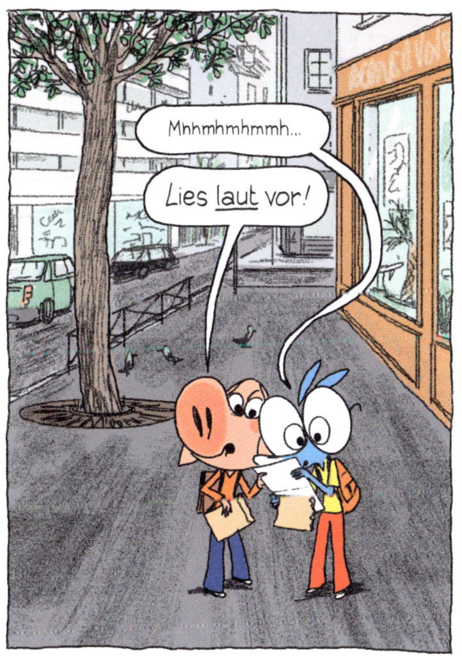
Mhhmhmhmmh...
Lies laut vor!

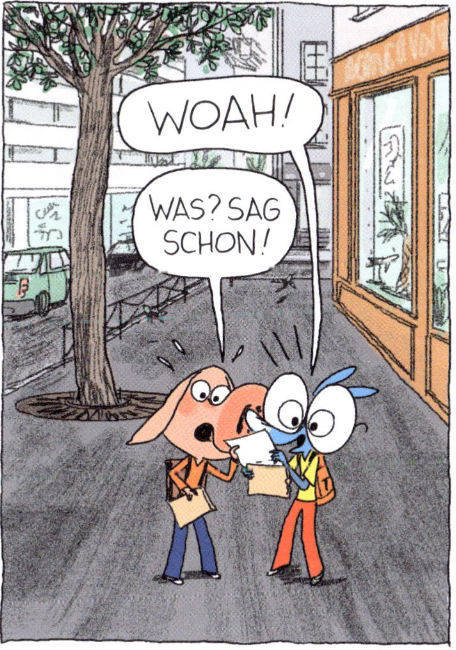
WOAH!
WAS? SAG SCHON!

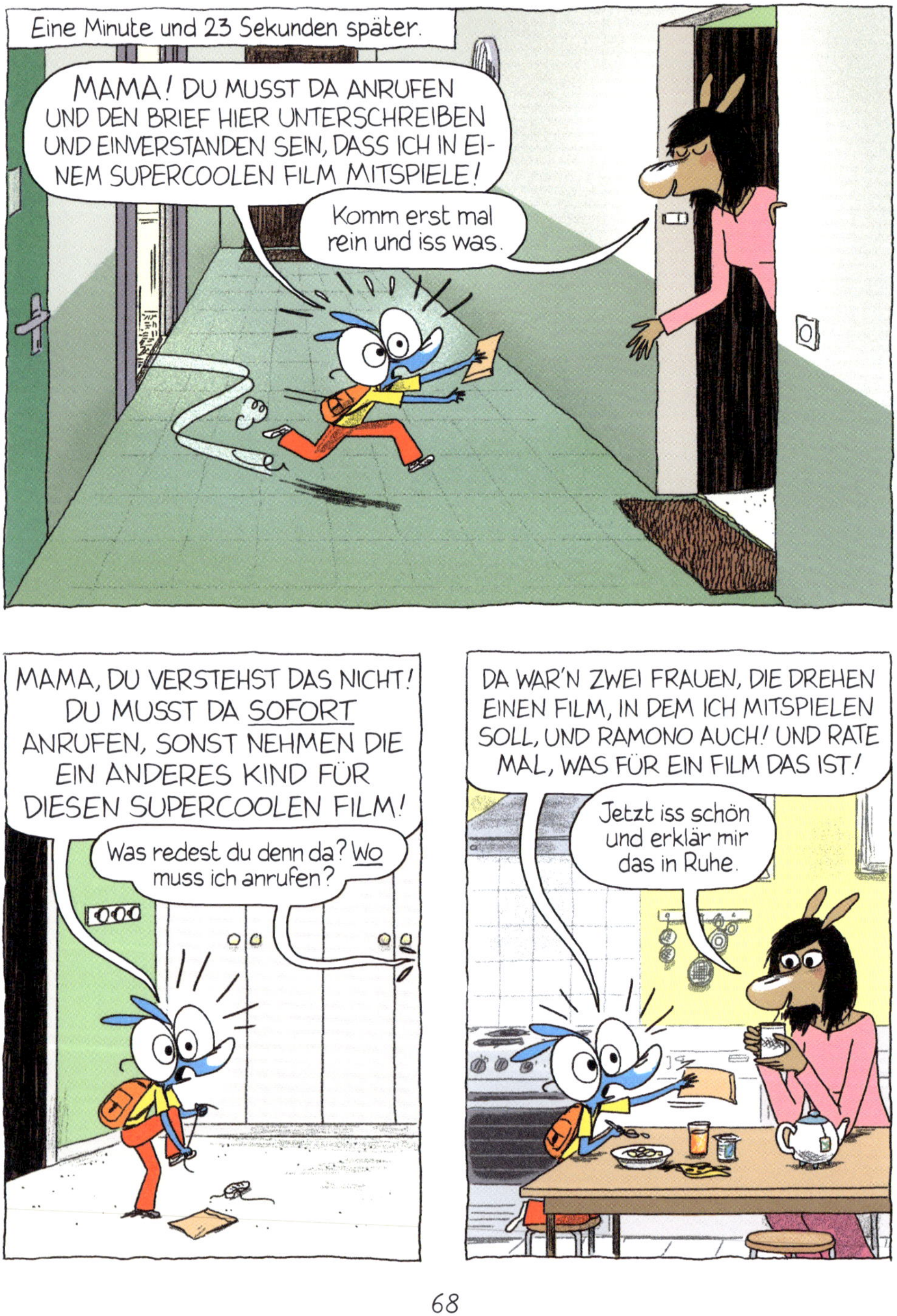

Eine Minute und 23 Sekunden später.

MAMA! DU MUSST DA ANRUFEN UND DEN BRIEF HIER UNTERSCHREIBEN UND EINVERSTANDEN SEIN, DASS ICH IN EI-NEM SUPERCOOLEN FILM MITSPIELE!

Komm erst mal rein und iss was.

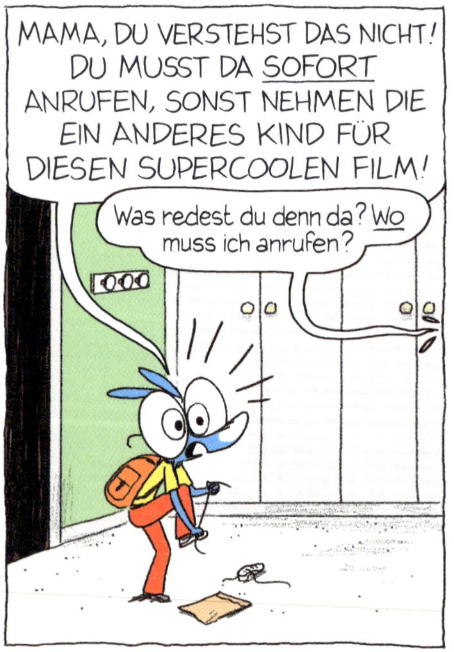

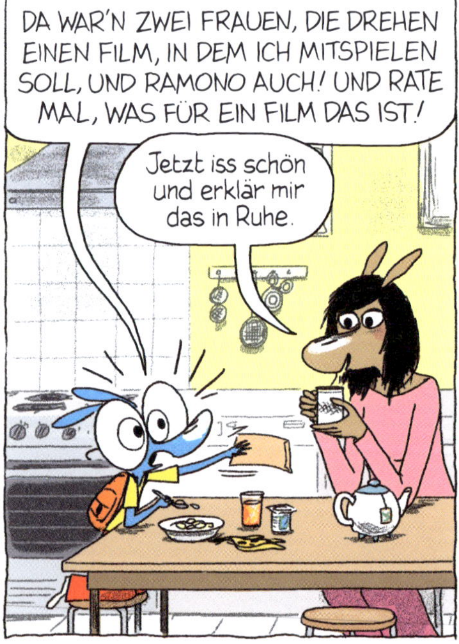

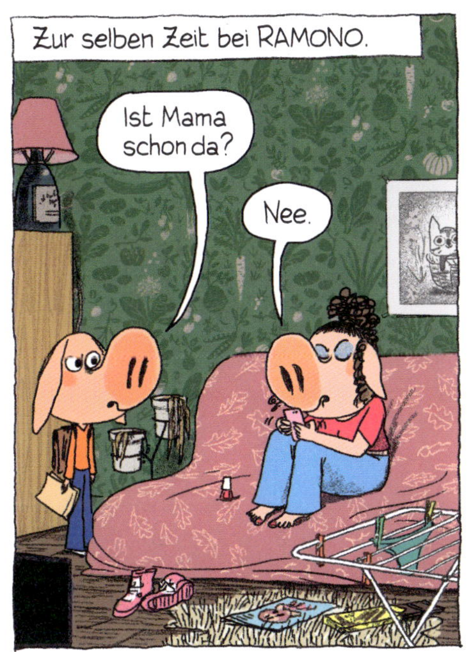
Zur selben Zeit bei RAMONO.
Ist Mama schon da?
Nee.

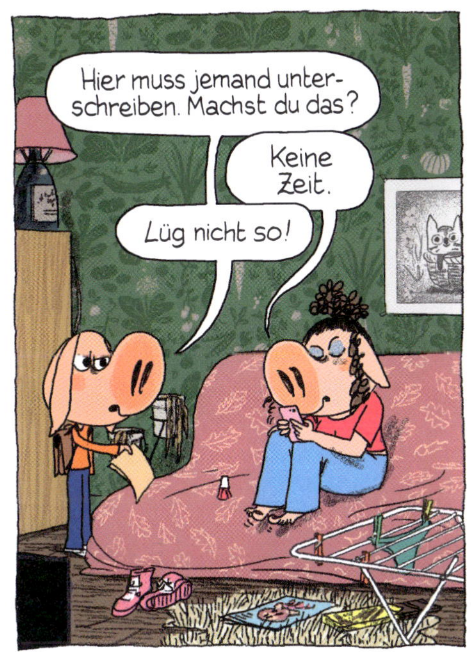
Hier muss jemand unterschreiben. Machst du das?
Keine Zeit.
Lüg nicht so!

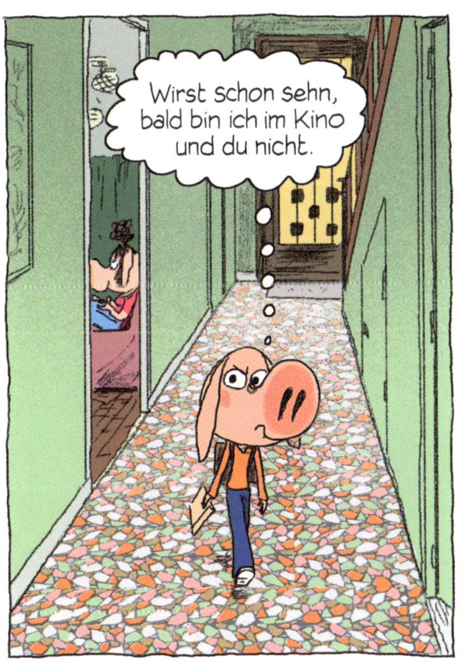
Wirst schon sehn, bald bin ich im Kino und du nicht.

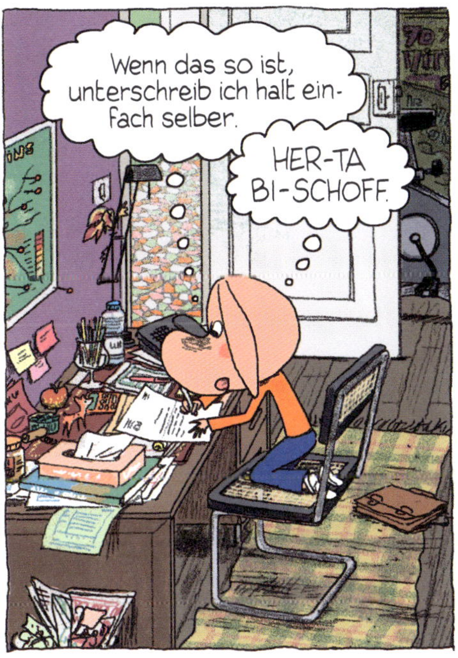
Wenn das so ist, unterschreib ich halt einfach selber.
HER-TA BI-SCHOFF.

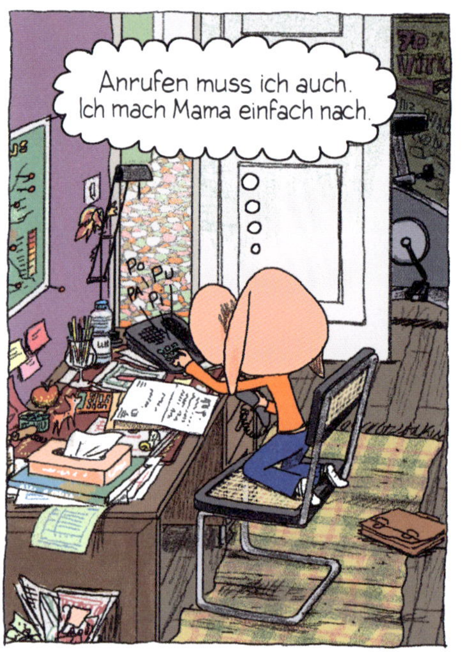
Anrufen muss ich auch. Ich mach Mama einfach nach.
PO PA PU PI

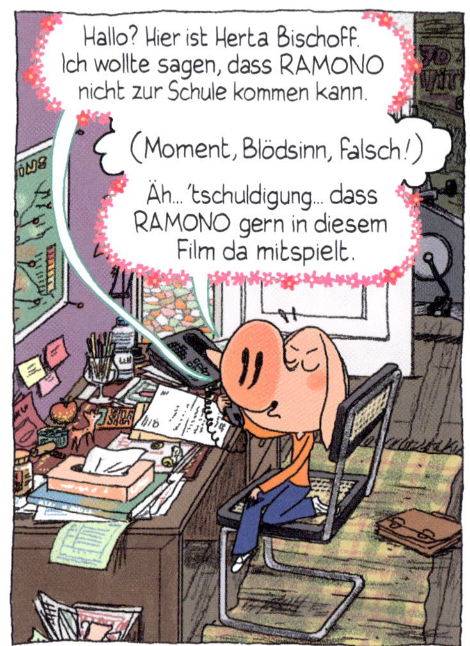
Hallo? Hier ist Herta Bischoff. Ich wollte sagen, dass RAMONO nicht zur Schule kommen kann.
(Moment, Blödsinn, falsch!)
Äh… 'tschuldigung… dass RAMONO gern in diesem Film da mitspielt.

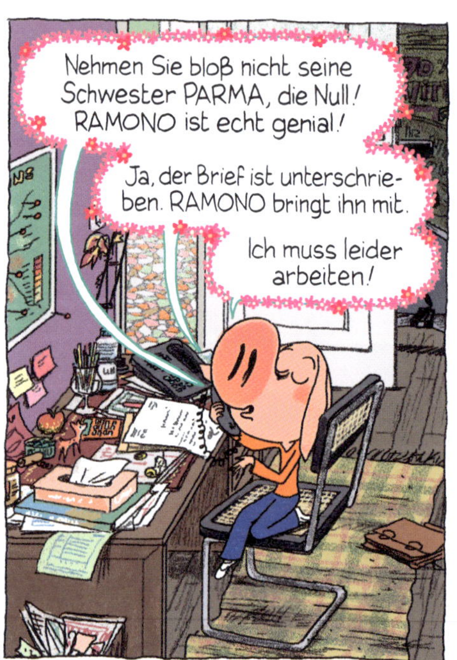
Nehmen Sie bloß nicht seine Schwester PARMA, die Null! RAMONO ist echt genial!
Ja, der Brief ist unterschrieben. RAMONO bringt ihn mit.
Ich muss leider arbeiten!

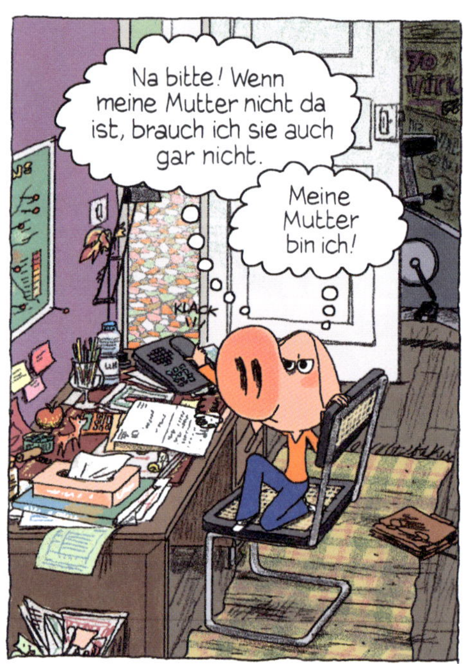
Na bitte! Wenn meine Mutter nicht da ist, brauch ich sie auch gar nicht.
Meine Mutter bin ich!
KLACK

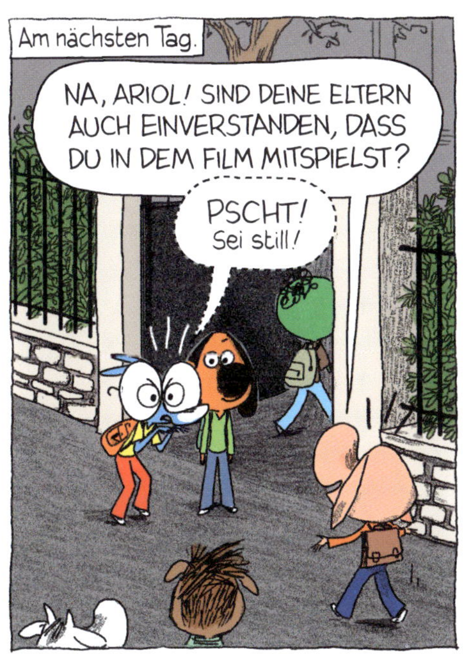
Am nächsten Tag.
NA, ARIOL! SIND DEINE ELTERN AUCH EINVERSTANDEN, DASS DU IN DEM FILM MITSPIELST?
PSCHT! Sei still!

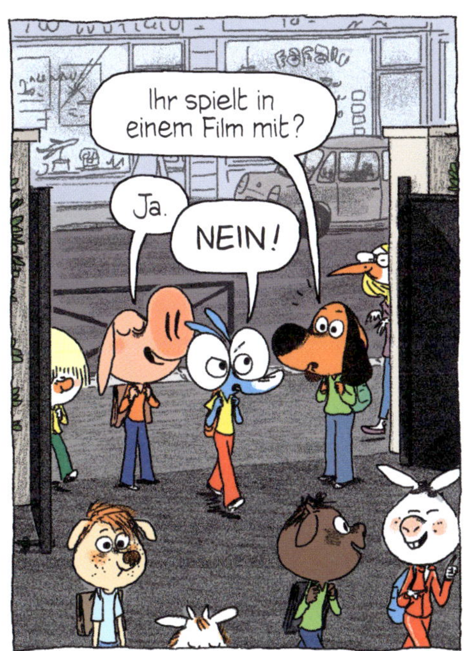
Ihr spielt in einem Film mit?
Ja.
NEIN!

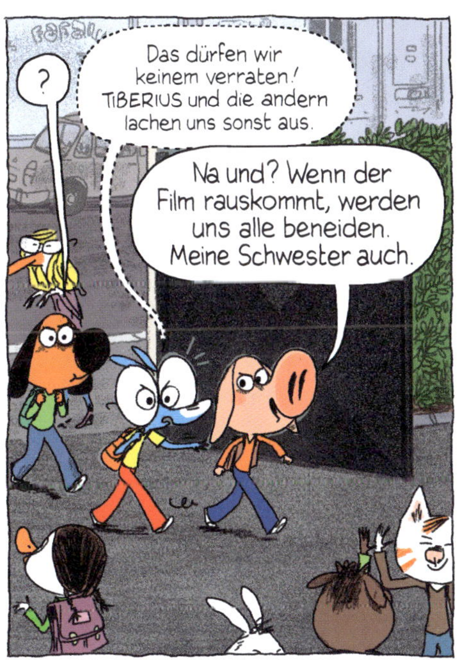
?
Das dürfen wir keinem verraten! TIBERIUS und die andern lachen uns sonst aus.
Na und? Wenn der Film rauskommt, werden uns alle beneiden. Meine Schwester auch.

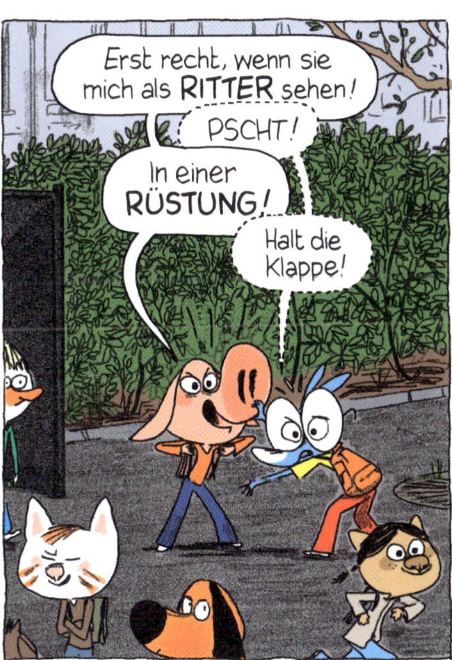
Erst recht, wenn sie mich als RITTER sehen!
PSCHT!
In einer RÜSTUNG!
Halt die Klappe!

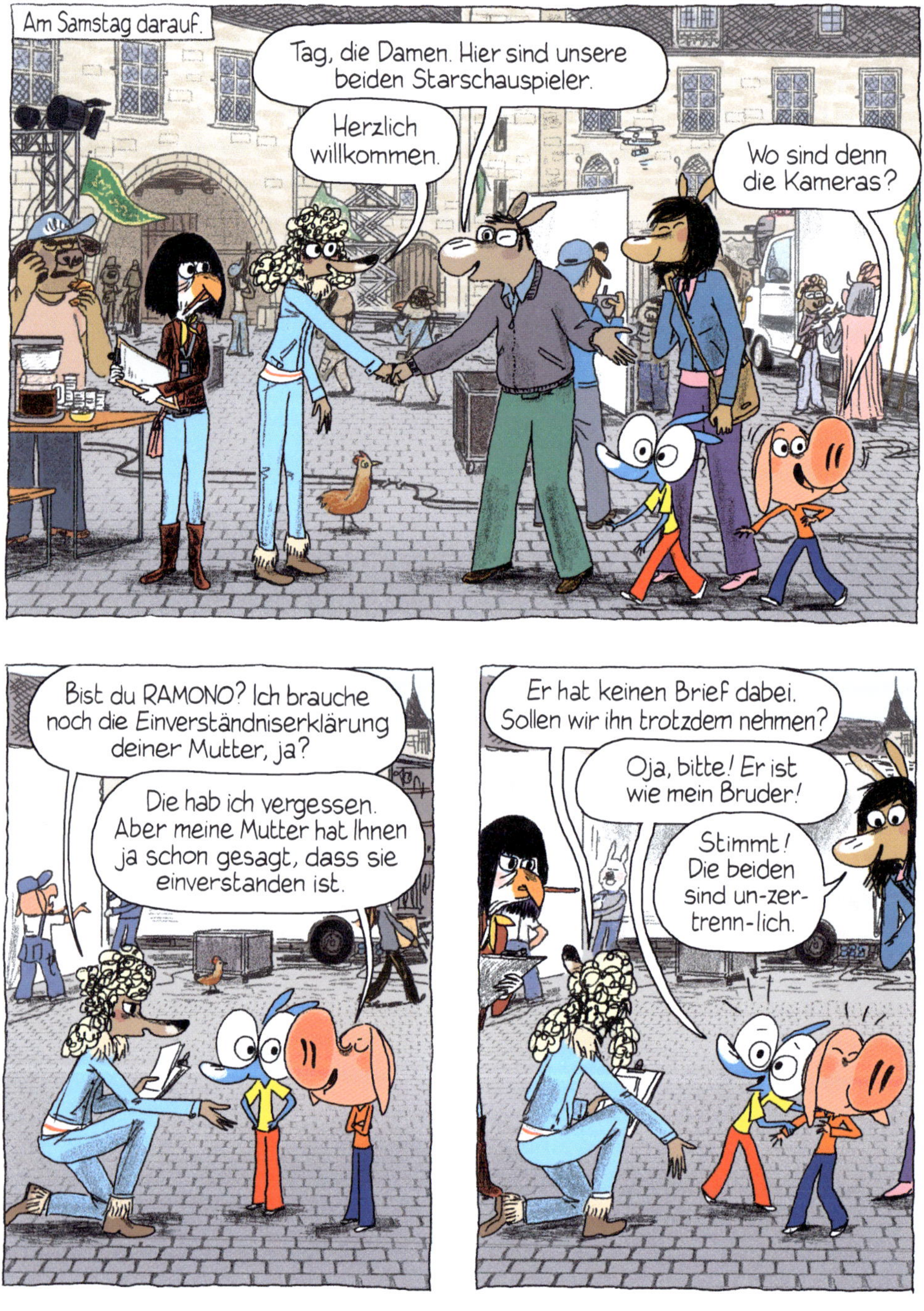

Am Samstag darauf.

Tag, die Damen. Hier sind unsere beiden Starschauspieler.

Herzlich willkommen.

Wo sind denn die Kameras?

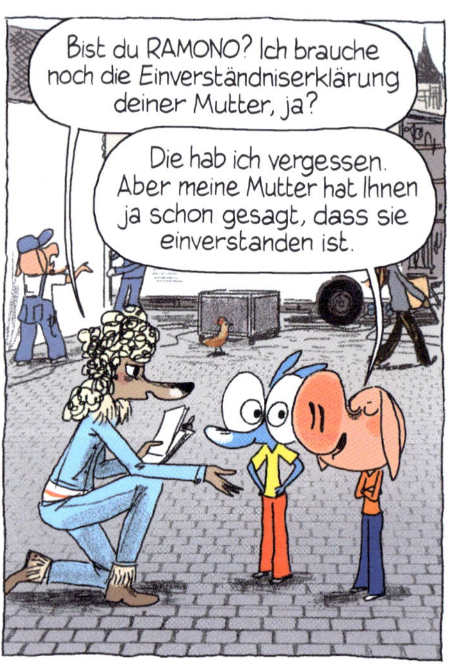

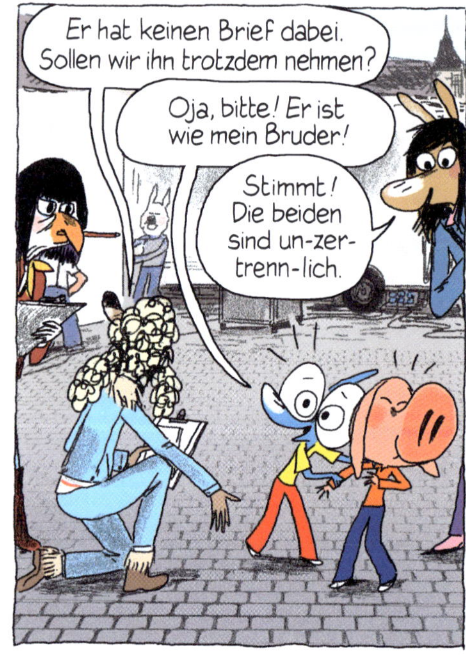

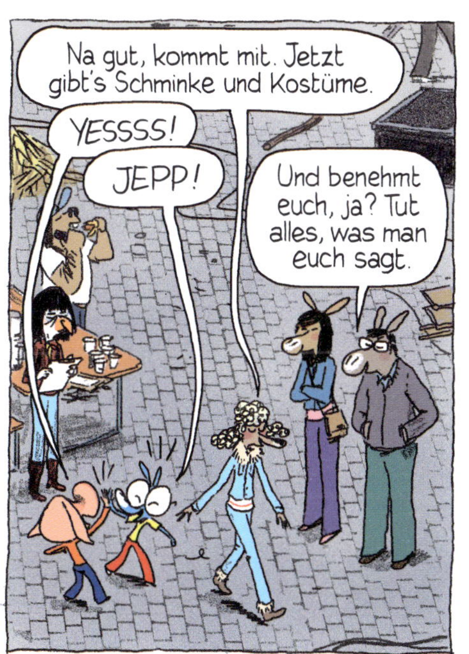
Na gut, kommt mit. Jetzt gibt's Schminke und Kostüme.
YESSSS!
JEPP!
Und benehmt euch, ja? Tut alles, was man euch sagt.

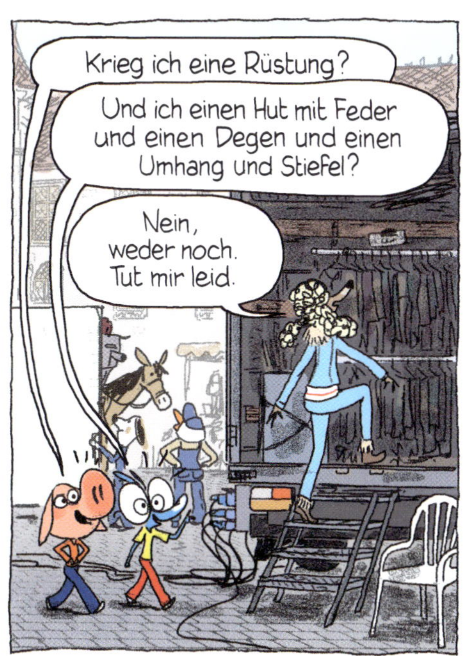
Krieg ich eine Rüstung?
Und ich einen Hut mit Feder und einen Degen und einen Umhang und Stiefel?
Nein, weder noch. Tut mir leid.

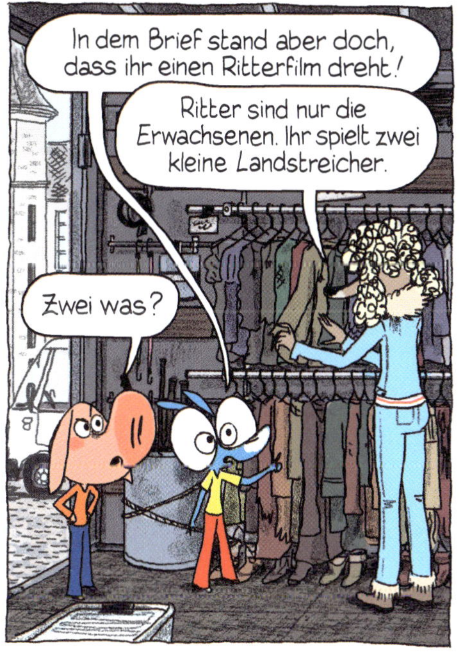
In dem Brief stand aber doch, dass ihr einen Ritterfilm dreht!
Ritter sind nur die Erwachsenen. Ihr spielt zwei kleine Landstreicher.
Zwei was?

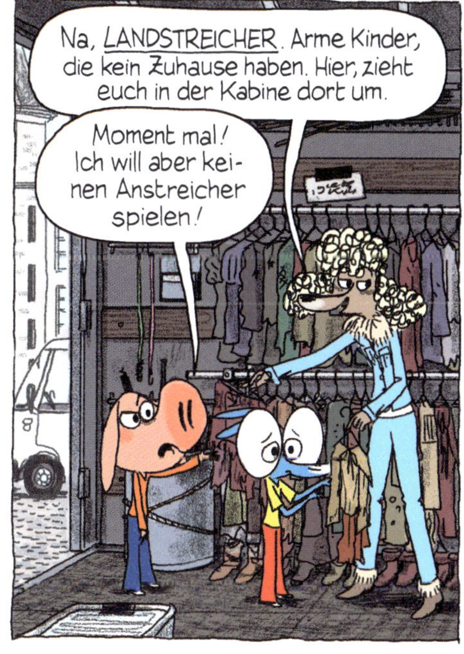
Na, LANDSTREICHER. Arme Kinder, die kein Zuhause haben. Hier, zieht euch in der Kabine dort um.
Moment mal! Ich will aber keinen Anstreicher spielen!

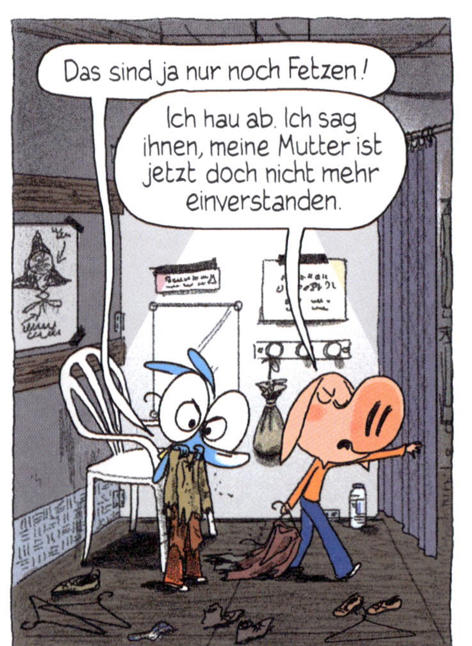
Das sind ja nur noch Fetzen!
Ich hau ab. Ich sag ihnen, meine Mutter ist jetzt doch nicht mehr einverstanden.

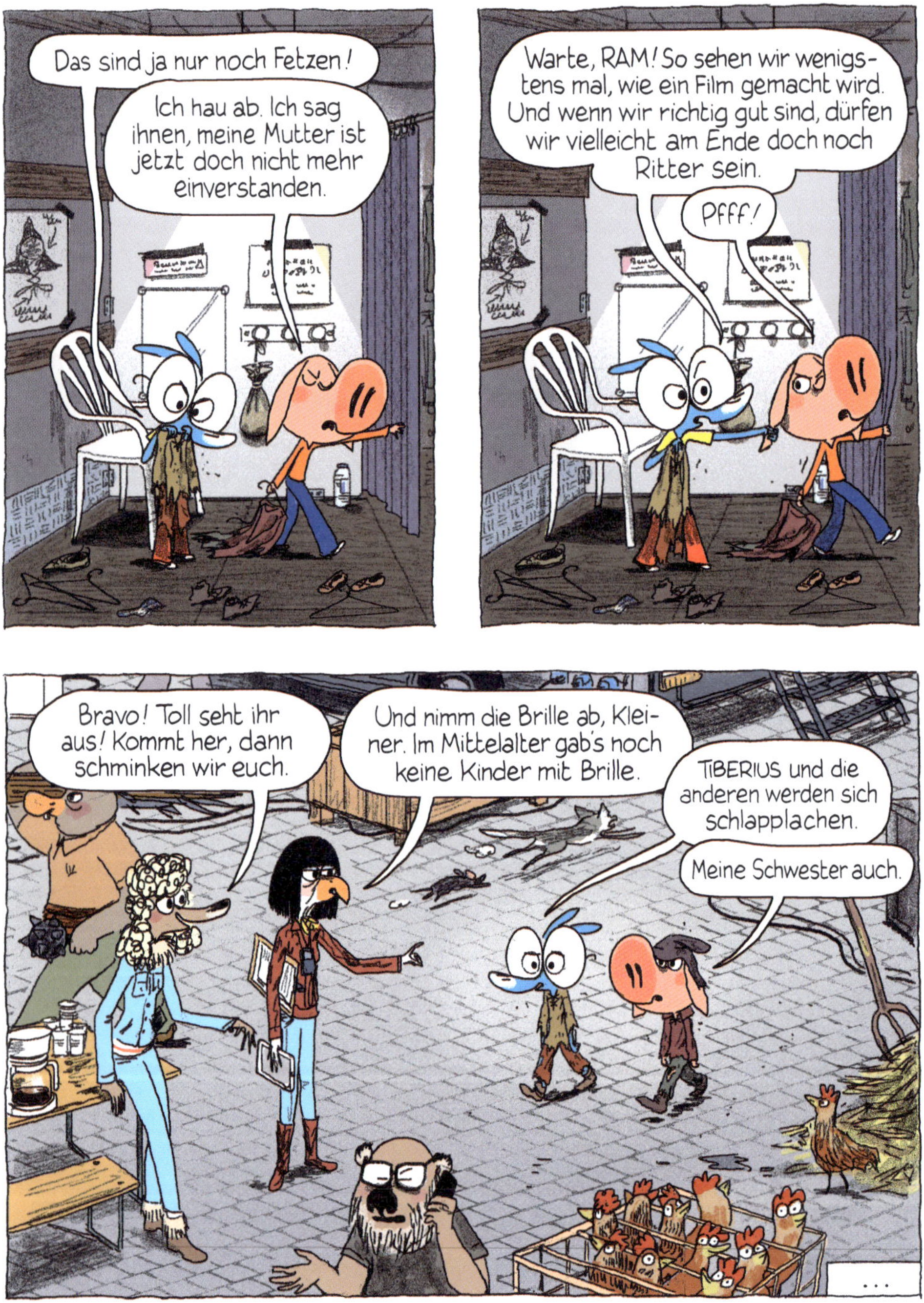

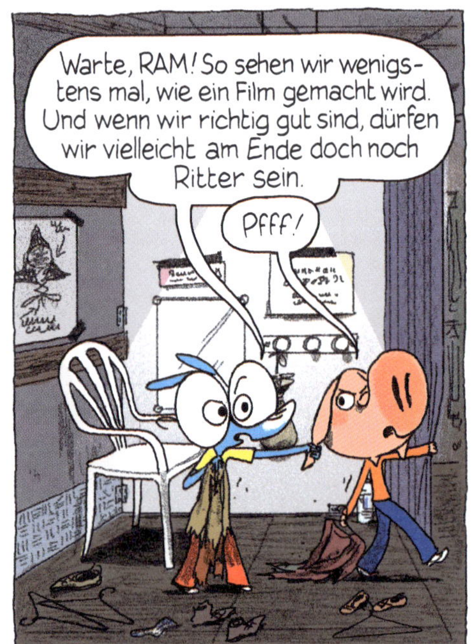
Warte, RAM! So sehen wir wenigstens mal, wie ein Film gemacht wird. Und wenn wir richtig gut sind, dürfen wir vielleicht am Ende doch noch Ritter sein.
Pfff!

Bravo! Toll seht ihr aus! Kommt her, dann schminken wir euch.
Und nimm die Brille ab, Kleiner. Im Mittelalter gab's noch keine Kinder mit Brille.
TIBERIUS und die anderen werden sich schlapplachen.
Meine Schwester auch.
...

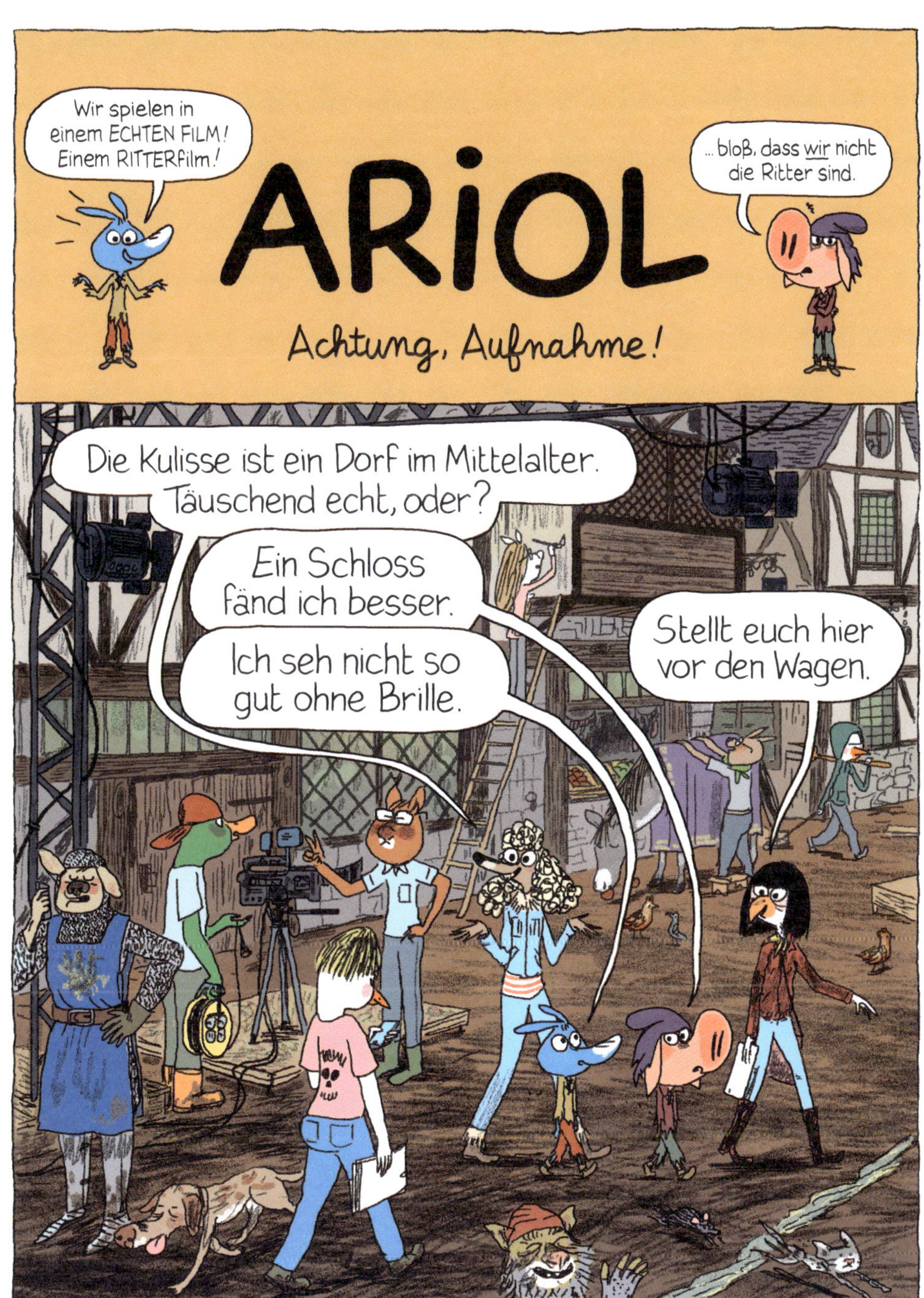
Wir spielen in einem ECHTEN FILM! Einem RITTERfilm!
ARiOL
...bloß, dass wir nicht die Ritter sind.
Achtung, Aufnahme!
Die Kulisse ist ein Dorf im Mittelalter. Täuschend echt, oder?
Ein Schloss fänd ich besser.
Ich seh nicht so gut ohne Brille.
Stellt euch hier vor den Wagen.

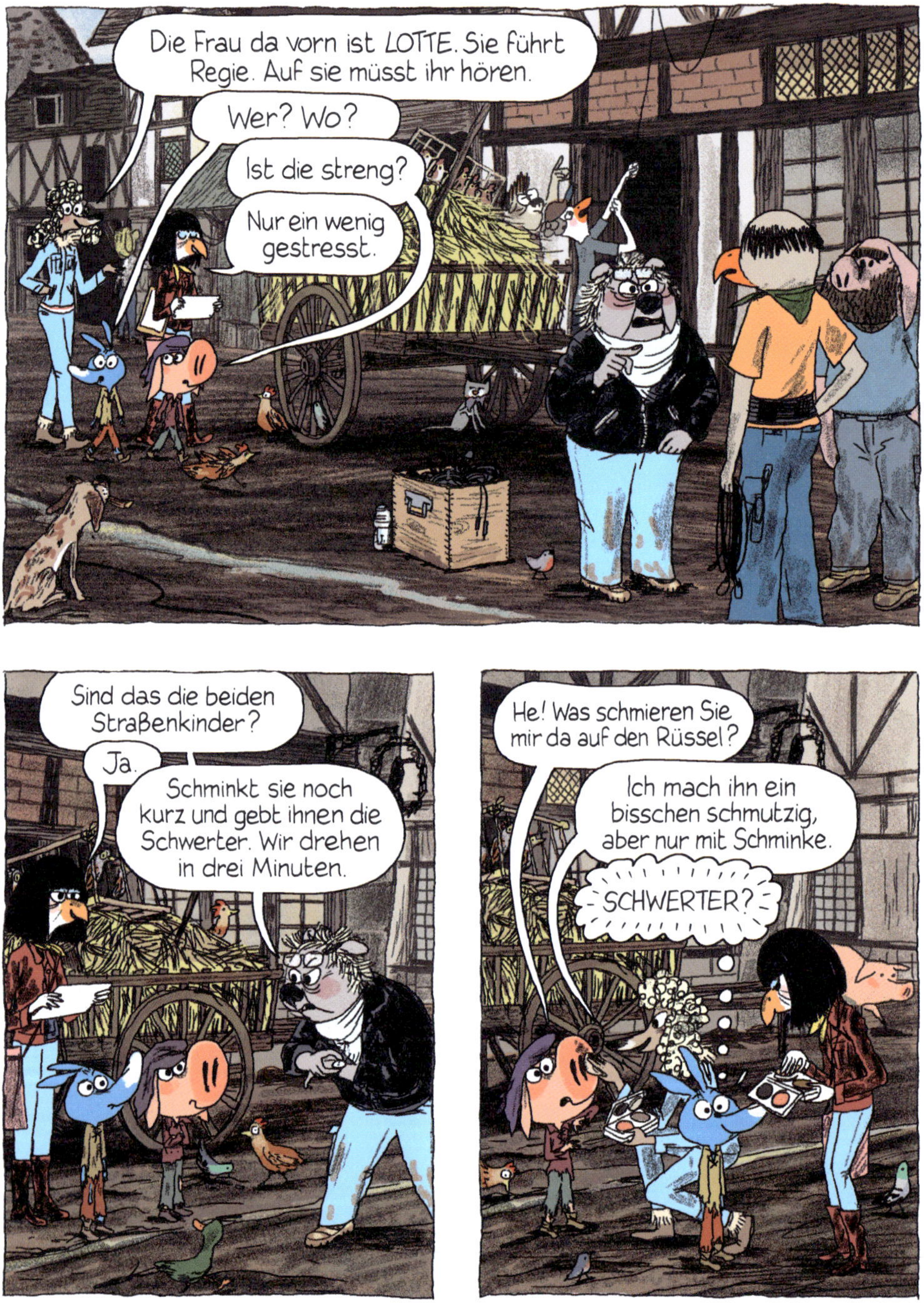

Die Frau da vorn ist LOTTE. Sie führt Regie. Auf sie müsst ihr hören.

Wer? Wo?

Ist die streng?

Nur ein wenig gestresst.

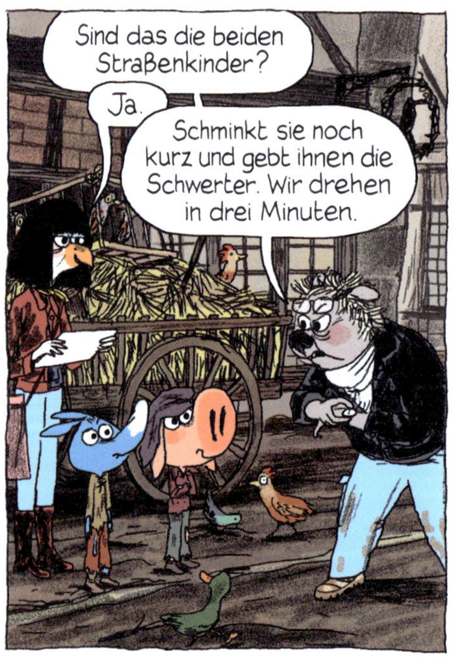

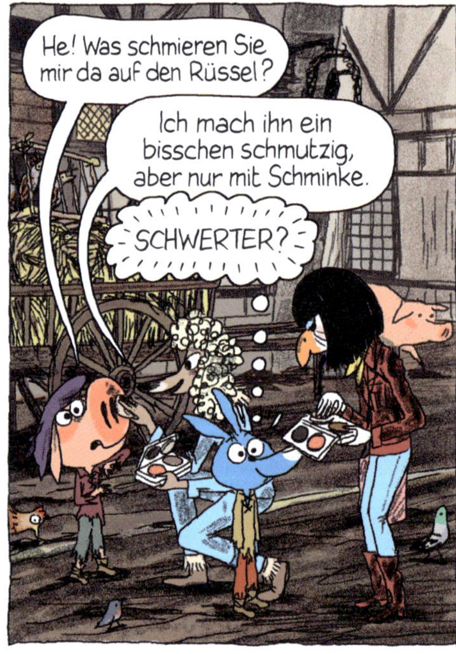

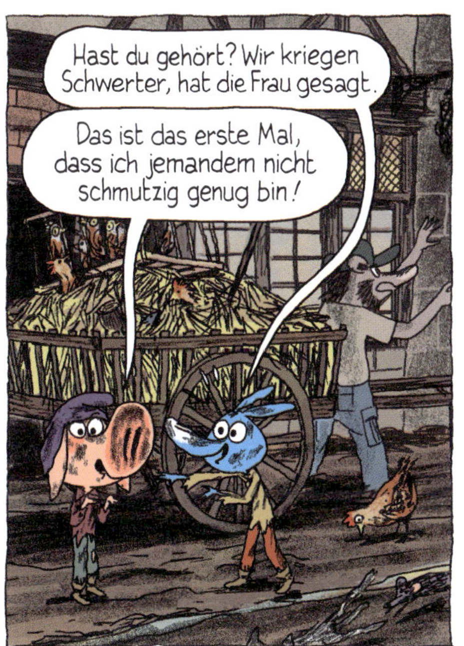
Hast du gehört? Wir kriegen Schwerter, hat die Frau gesagt.
Das ist das erste Mal, dass ich jemandem nicht schmutzig genug bin!

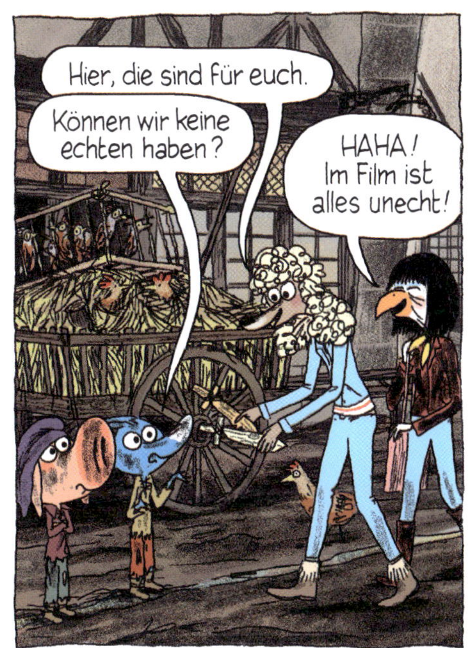
Hier, die sind für euch.
Können wir keine echten haben?
HAHA! Im Film ist alles unecht!

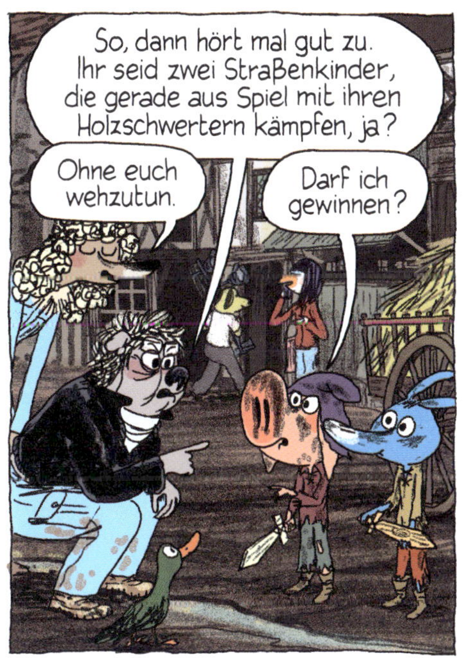
So, dann hört mal gut zu. Ihr seid zwei Straßenkinder, die gerade aus Spiel mit ihren Holzschwertern kämpfen, ja?
Ohne euch wehzutun.
Darf ich gewinnen?

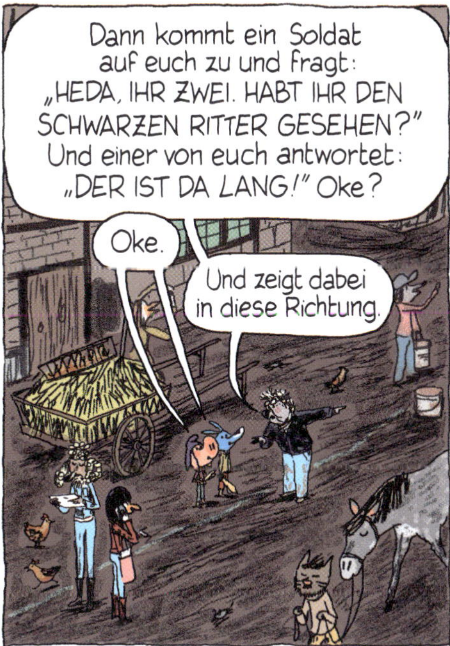
Dann kommt ein Soldat auf euch zu und fragt: „HEDA, IHR ZWEI. HABT IHR DEN SCHWARZEN RITTER GESEHEN?" Und einer von euch antwortet: „DER IST DA LANG!" Oke?
Oke.
Und zeigt dabei in diese Richtung.

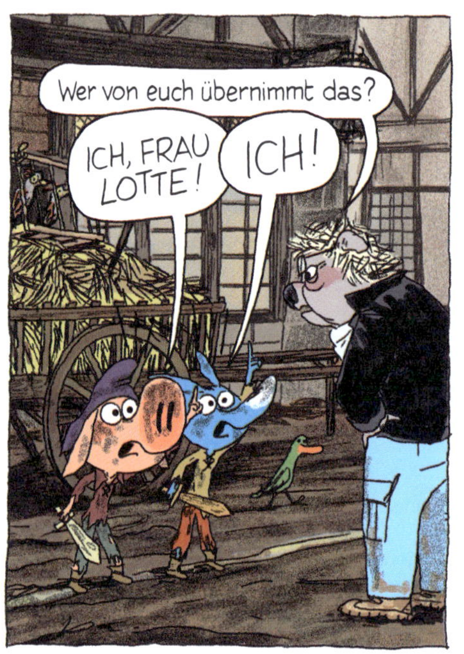
Wer von euch übernimmt das?
ICH, FRAU LOTTE!
ICH!

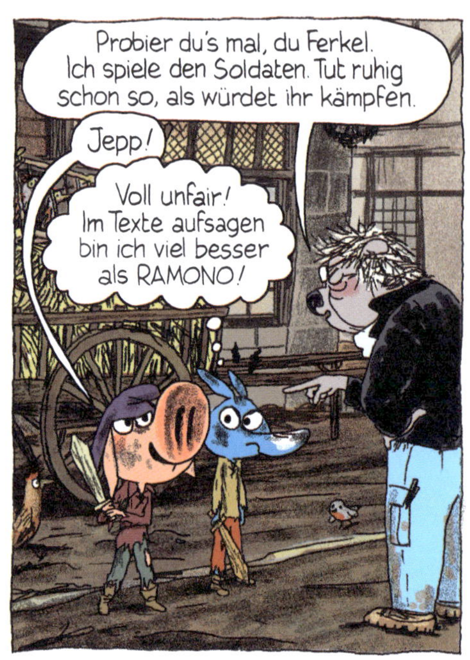
Probier du's mal, du Ferkel. Ich spiele den Soldaten. Tut ruhig schon so, als würdet ihr kämpfen.
Jepp!
Voll unfair! Im Texte aufsagen bin ich viel besser als RAMONO!

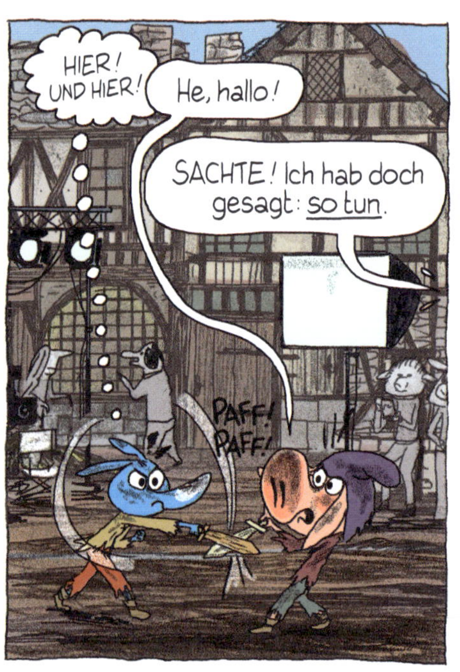
HIER! UND HIER!
He, hallo!
SACHTE! Ich hab doch gesagt: so tun.
PAFF! PAFF!

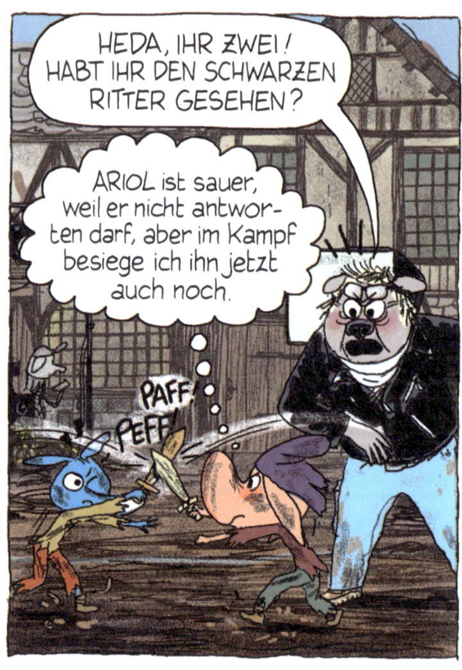
HEDA, IHR ZWEI! HABT IHR DEN SCHWARZEN RITTER GESEHEN?
ARIOL ist sauer, weil er nicht antworten darf, aber im Kampf besiege ich ihn jetzt auch noch.
PAFF!
PEFF!

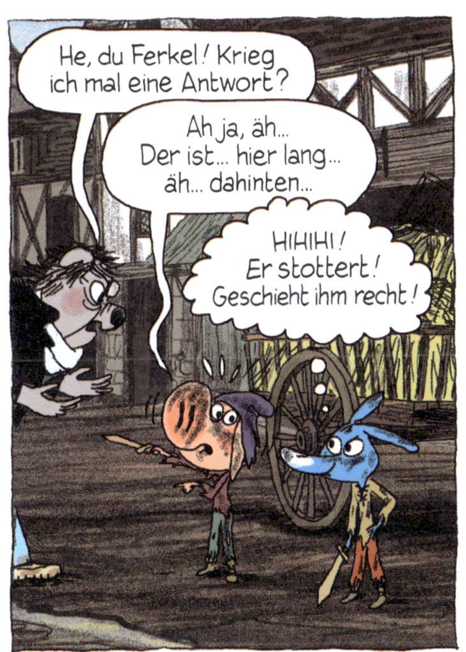
He, du Ferkel! Krieg ich mal eine Antwort?
Ah ja, äh... Der ist... hier lang... äh... dahinten...
HIHIHI! Er stottert! Geschieht ihm recht!

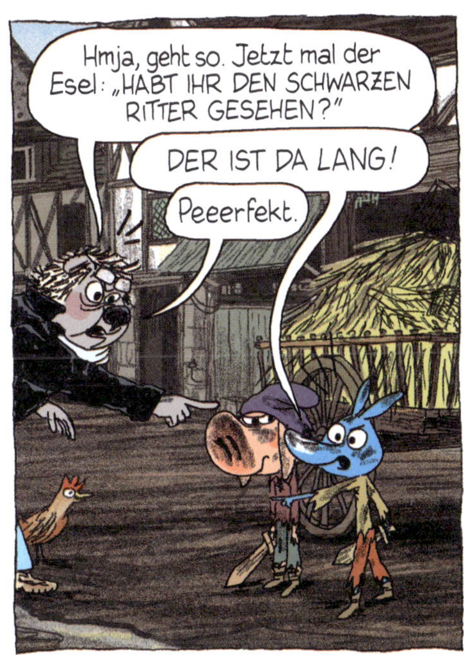
Hmja, geht so. Jetzt mal der Esel: „HABT IHR DEN SCHWARZEN RITTER GESEHEN?"
DER IST DA LANG!
Peeerfekt.

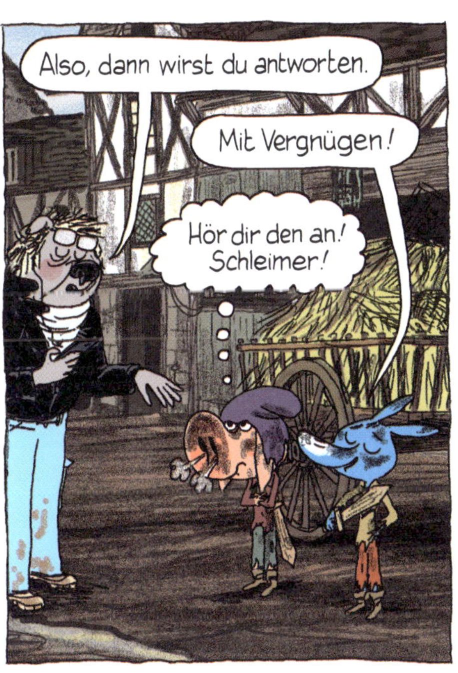
Also, dann wirst du antworten.
Mit Vergnügen!
Hör dir den an! Schleimer!

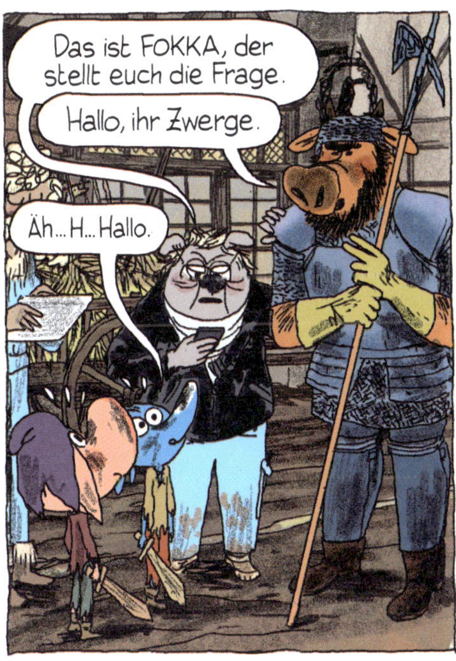
Das ist FOKKA, der stellt euch die Frage.
Hallo, ihr Zwerge.
Äh... H... Hallo.

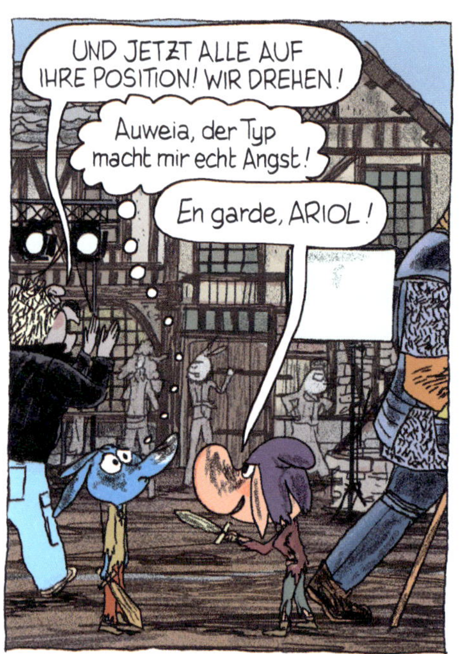
UND JETZT ALLE AUF IHRE POSITION! WIR DREHEN!
Auweia, der Typ macht mir echt Angst!
En garde, ARIOL!

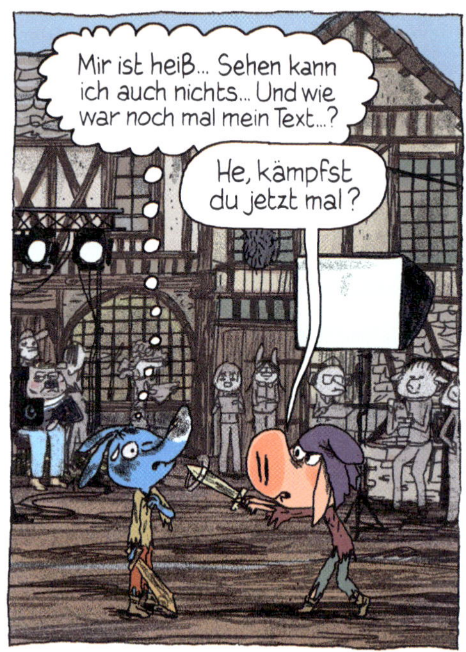
Mir ist heiß... Sehen kann ich auch nichts... Und wie war noch mal mein Text...?
He, kämpfst du jetzt mal?

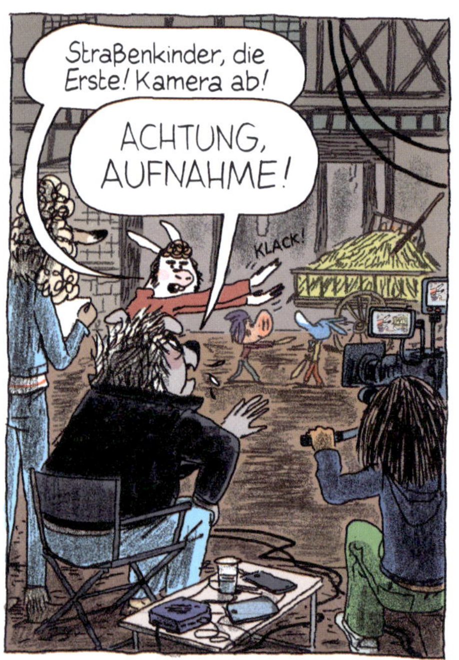
Straßenkinder, die Erste! Kamera ab!
ACHTUNG, AUFNAHME!
KLACK!

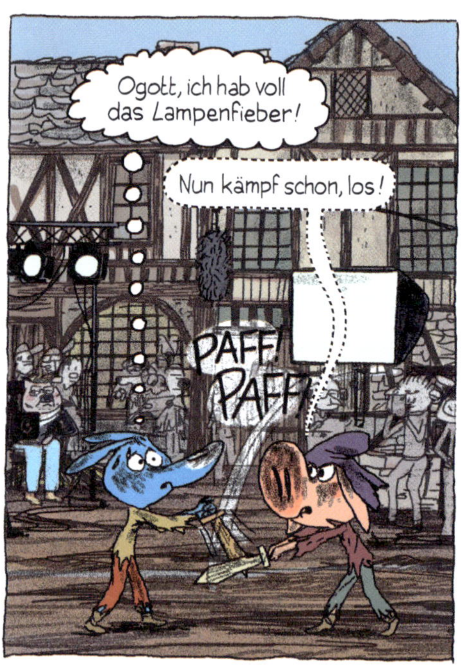
Ogott, ich hab voll das Lampenfieber!
Nun kämpf schon, los!
PAFF! PAFF!

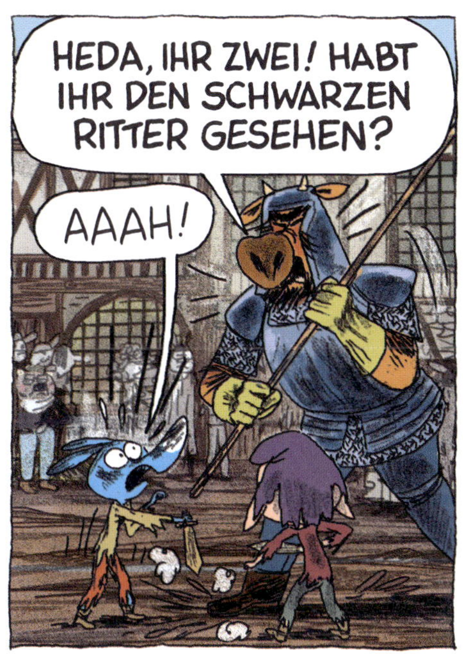
HEDA, IHR ZWEI! HABT IHR DEN SCHWARZEN RITTER GESEHEN?
AAAH!

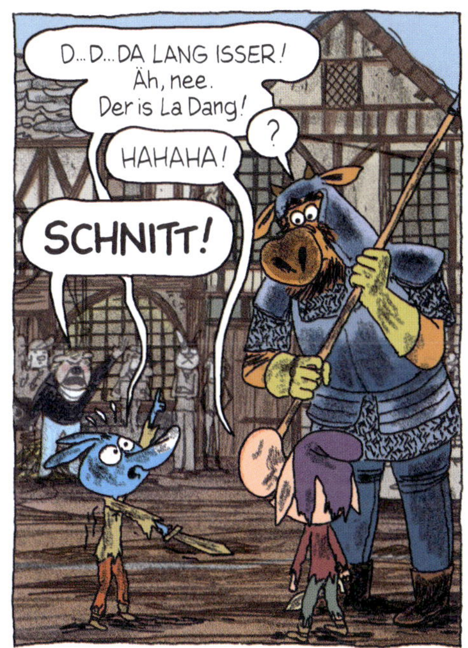
D... D... DA LANG ISSER! Äh, nee. Der is La Dang!
?
HAHAHA!
SCHNITT!

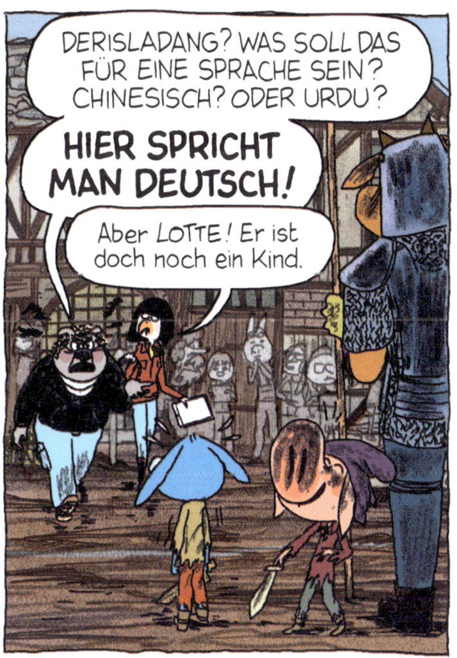
DERISLADANG? WAS SOLL DAS FÜR EINE SPRACHE SEIN? CHINESISCH? ODER URDU?
HIER SPRICHT MAN DEUTSCH!
Aber LOTTE! Er ist doch noch ein Kind.

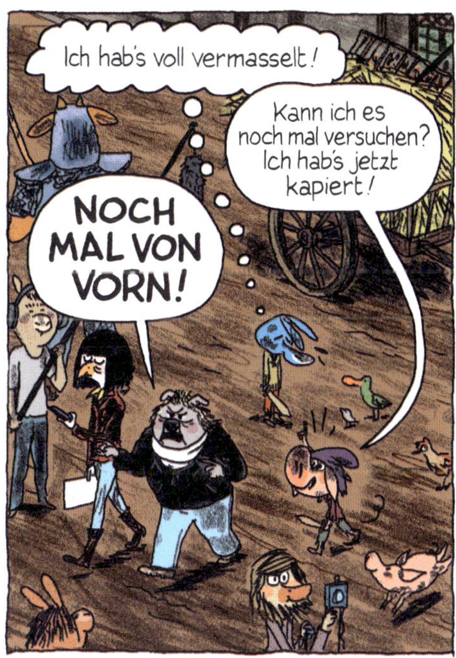
Ich hab's voll vermasselt!
Kann ich es noch mal versuchen? Ich hab's jetzt kapiert!
NOCH MAL VON VORN!

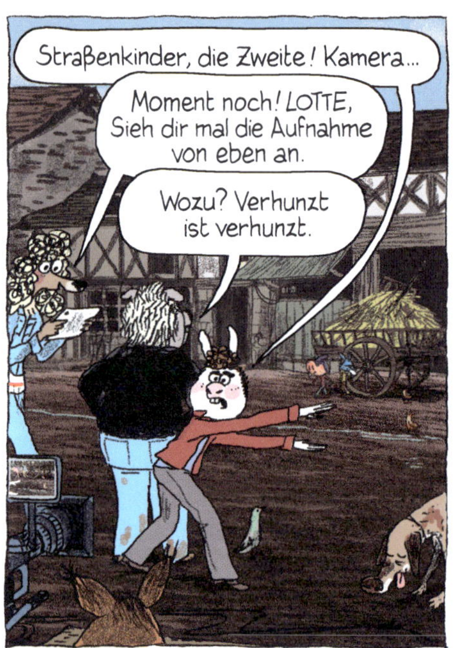
Straßenkinder, die Zweite! Kamera...
Moment noch! LOTTE, Sieh dir mal die Aufnahme von eben an.
Wozu? Verhunzt ist verhunzt.

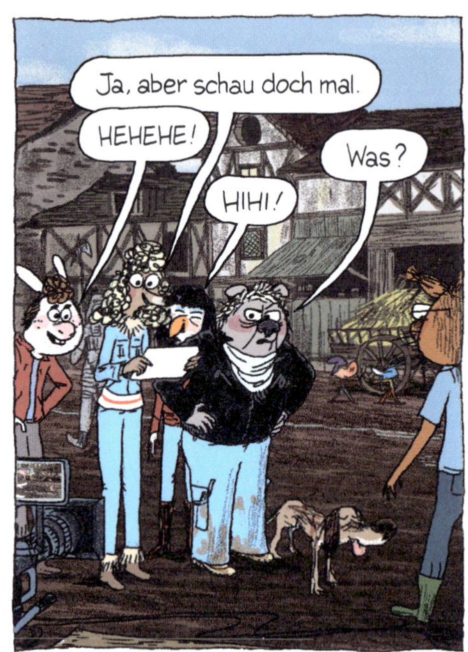
Ja, aber schau doch mal.
HEHEHE!
HIHI!
Was?

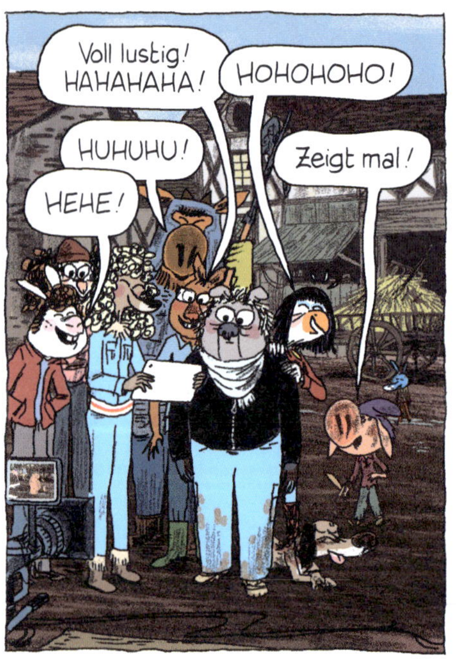
Voll lustig! HAHAHAHA!
HOHOHOHO!
HUHUHU!
HEHE!
Zeigt mal!

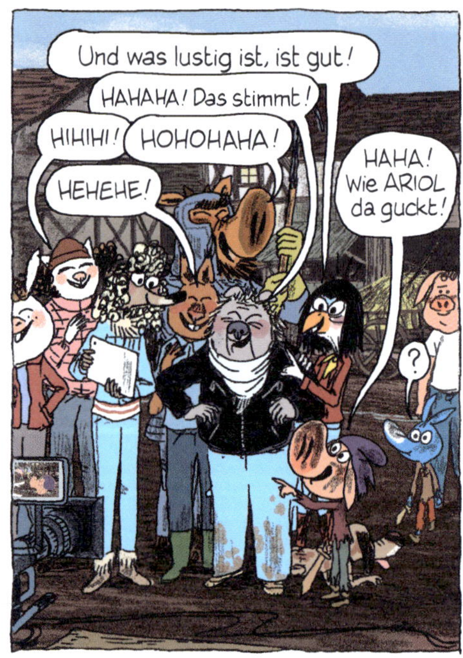
Und was lustig ist, ist gut!
HAHAHA! Das stimmt!
HIHIHI!
HOHOHAHA!
HEHEHE!
HAHA! Wie ARIOL da guckt!
?

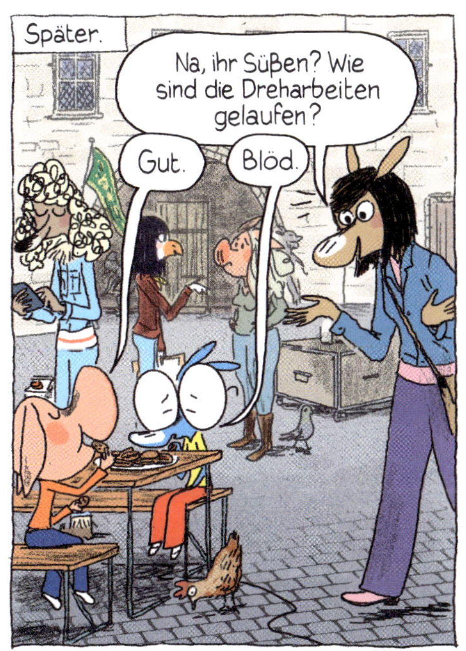
Später.
Na, ihr Süßen? Wie sind die Dreharbeiten gelaufen?
Gut.
Blöd.

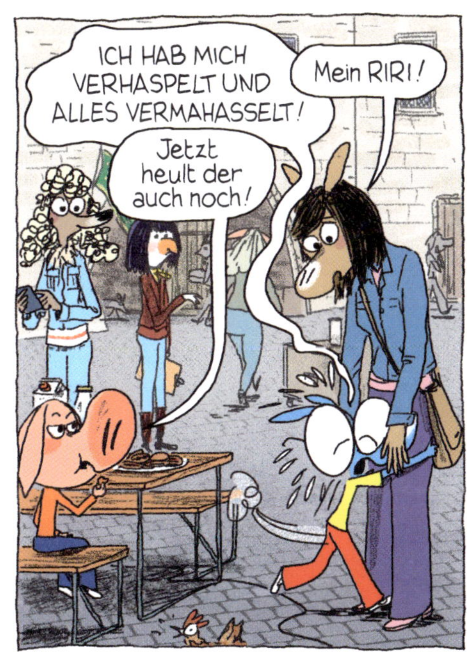
ICH HAB MICH VERHASPELT UND ALLES VERMAHASSELT!
Mein RIRI!
Jetzt heult der auch noch!

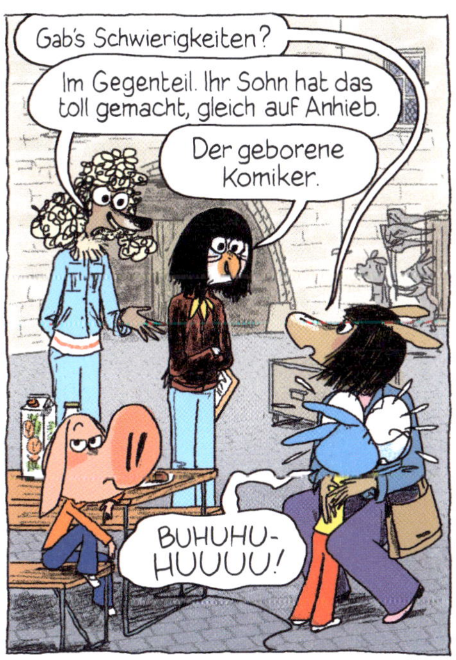
Gab's Schwierigkeiten?
Im Gegenteil. Ihr Sohn hat das toll gemacht, gleich auf Anhieb.
Der geborene Komiker.
BUHUHU-HUUUU!

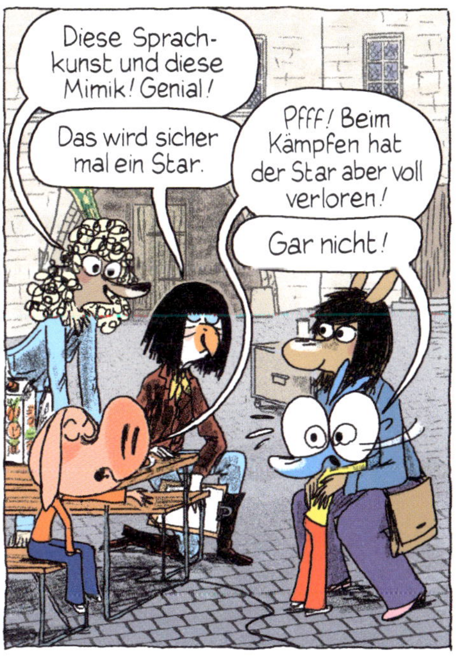
Diese Sprach-kunst und diese Mimik! Genial!
Das wird sicher mal ein Star.
Pfff! Beim Kämpfen hat der Star aber voll verloren!
Gar nicht!

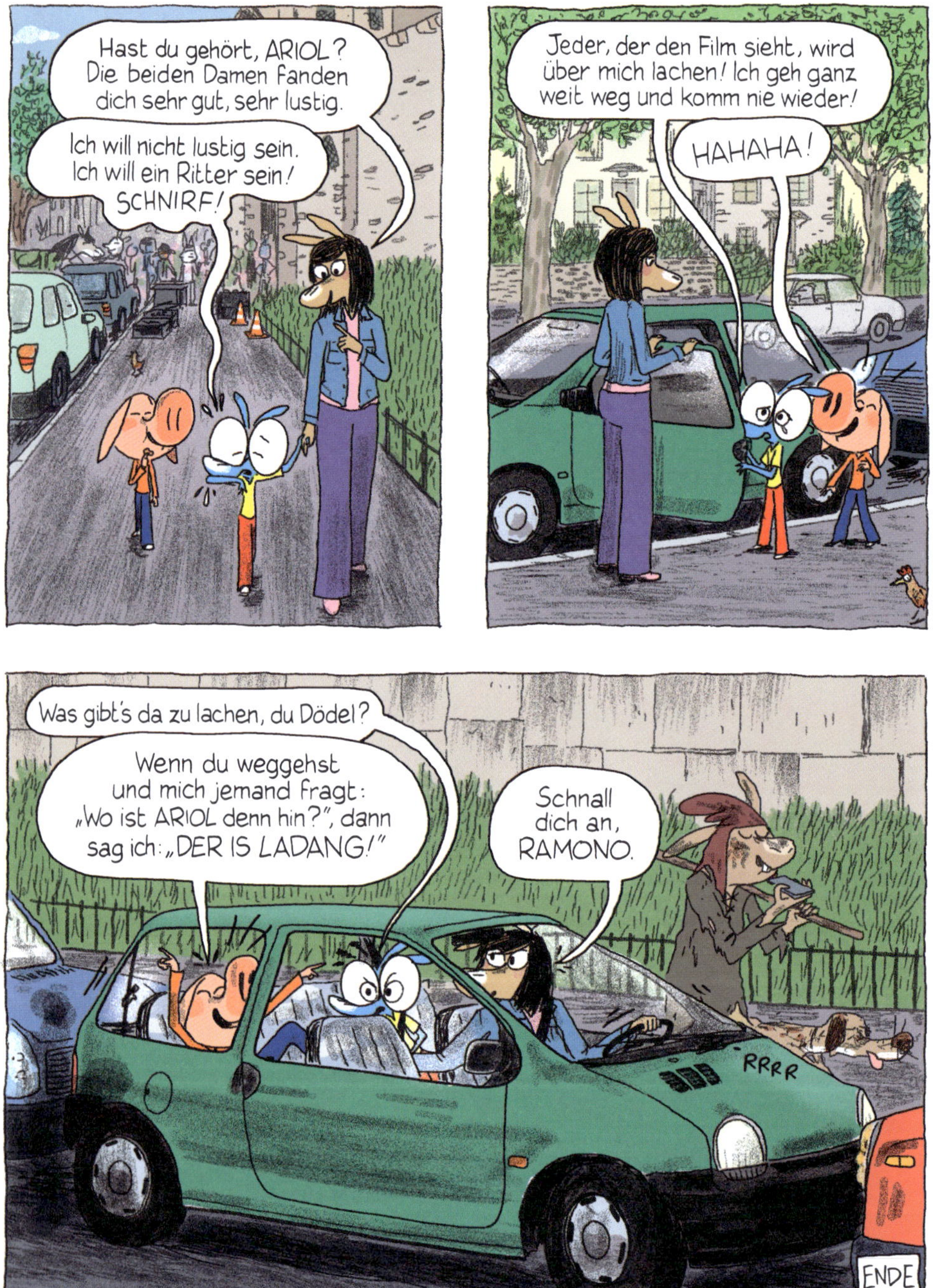

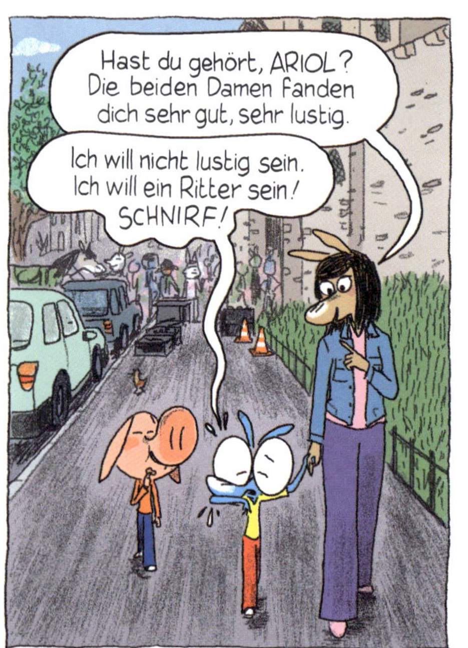

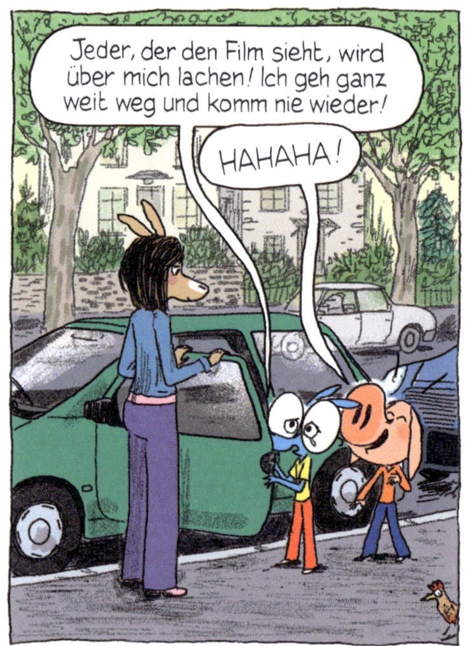

Was gibt's da zu lachen, du Dödel?

Wenn du weggehst und mich jemand fragt: „Wo ist ARIOL denn hin?", dann sag ich: „DER IS LADANG!"

Schnall dich an, RAMONO.

RRRR

ENDE

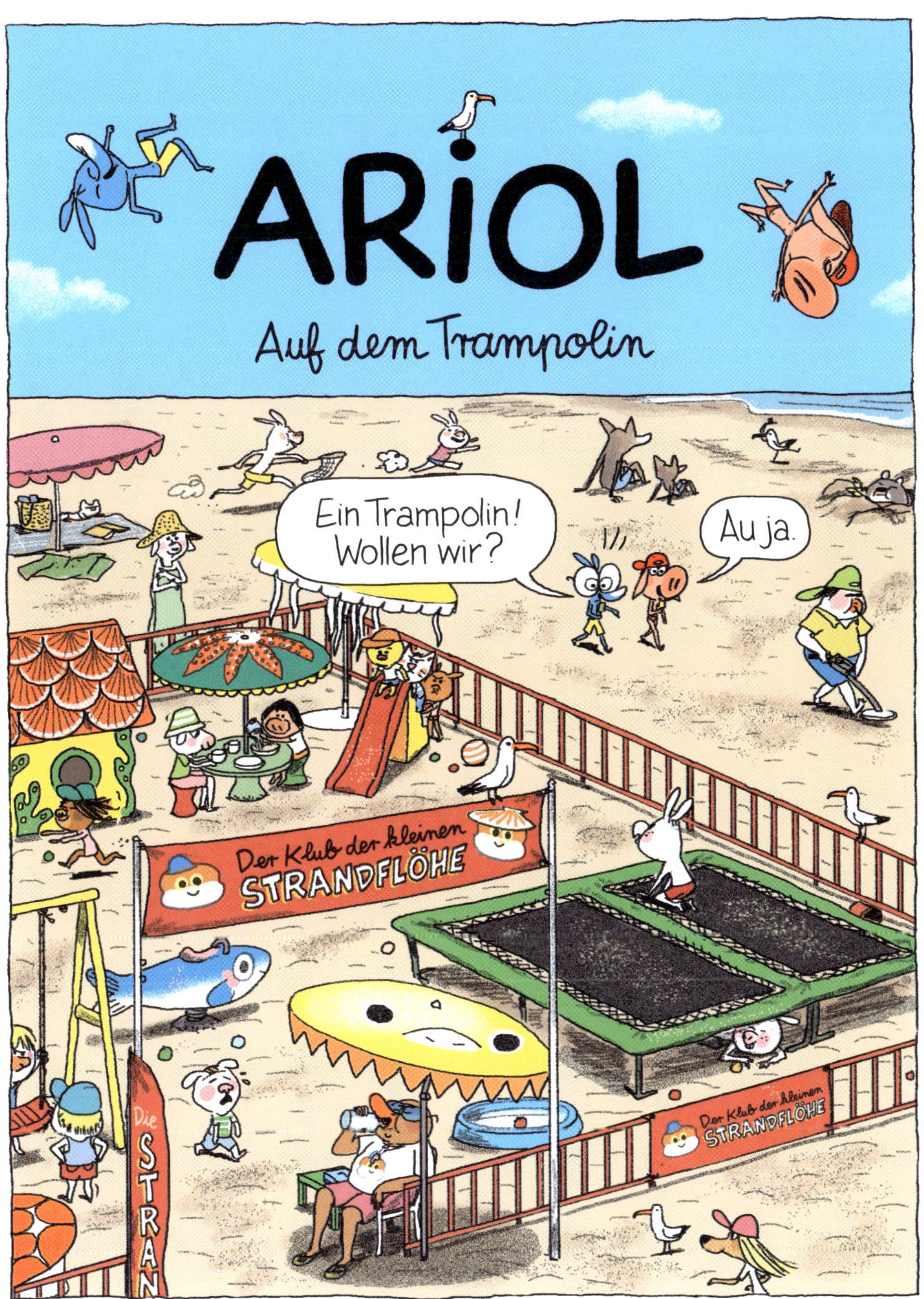
ARIOL
Auf dem Trampolin
Ein Trampolin! Wollen wir?
Au ja.
Der Klub der kleinen STRANDFLÖHE
Der Klub der kleinen STRANDFLÖHE
Die STRAN

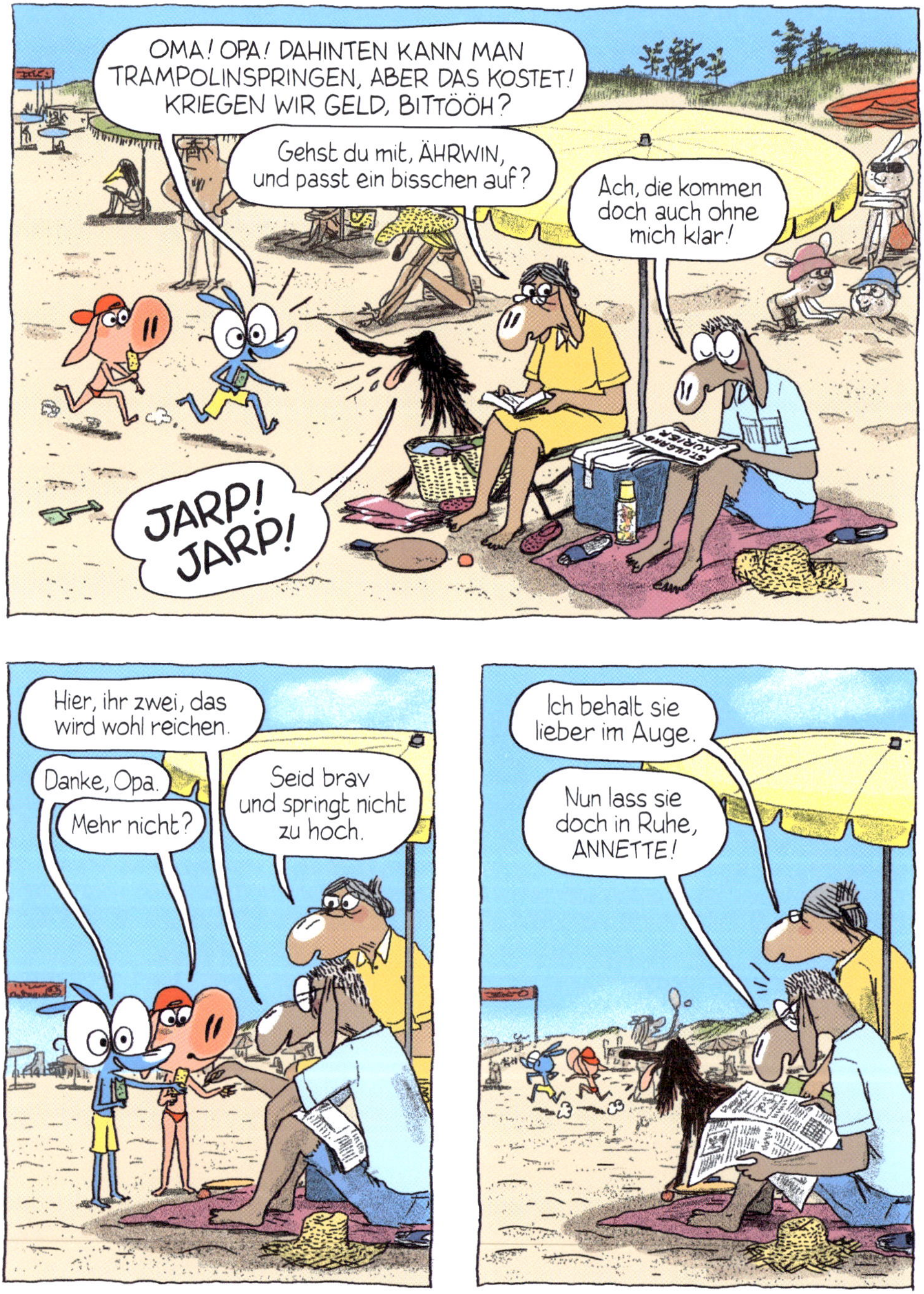

OMA! OPA! DAHINTEN KANN MAN TRAMPOLINSPRINGEN, ABER DAS KOSTET! KRIEGEN WIR GELD, BITTÖÖH?
Gehst du mit, ÄHRWIN, und passt ein bisschen auf?
Ach, die kommen doch auch ohne mich klar!
JARP! JARP!

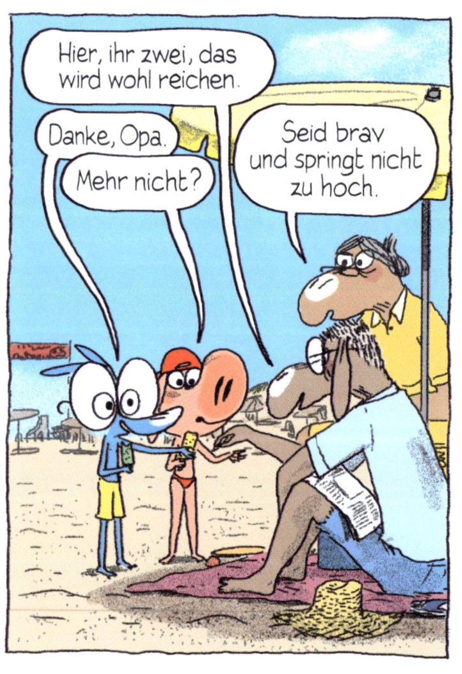

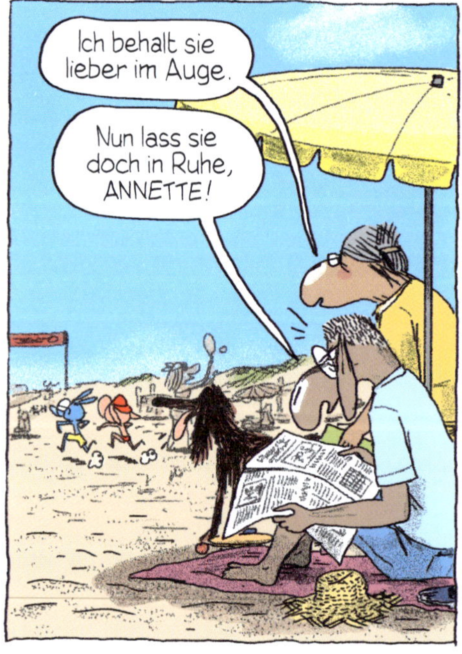

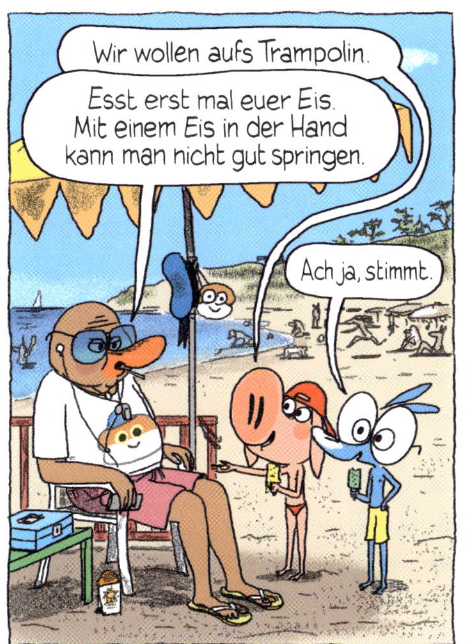
Wir wollen aufs Trampolin.
Esst erst mal euer Eis. Mit einem Eis in der Hand kann man nicht gut springen.
Ach ja, stimmt.

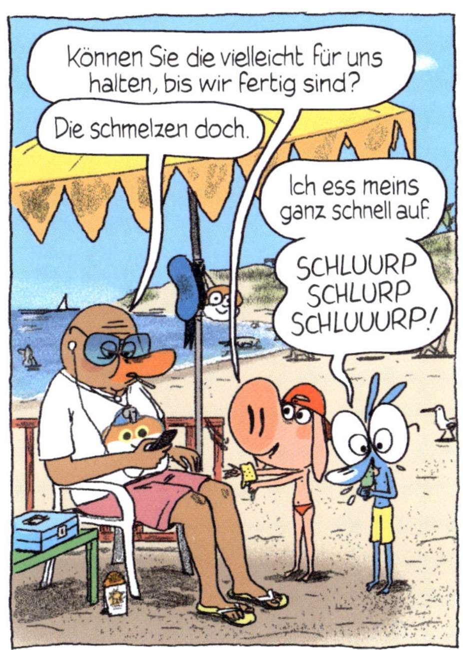
Können Sie die vielleicht für uns halten, bis wir fertig sind?
Die schmelzen doch.
Ich ess meins ganz schnell auf.
SCHLUURP SCHLURP SCHLUUURP!

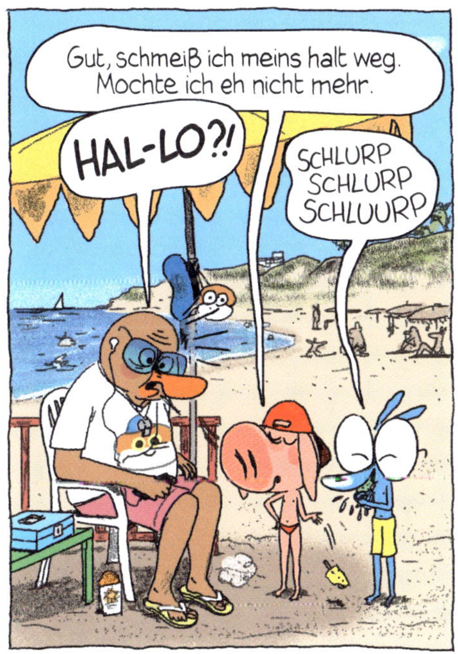
Gut, schmeiß ich meins halt weg. Mochte ich eh nicht mehr.
HAL-LO?!
SCHLURP SCHLURP SCHLUURP

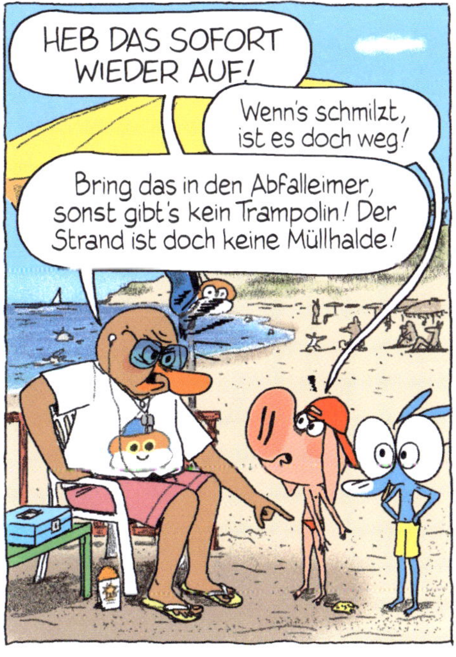
HEB DAS SOFORT WIEDER AUF!
Wenn's schmilzt, ist es doch weg!
Bring das in den Abfalleimer, sonst gibt's kein Trampolin! Der Strand ist doch keine Müllhalde!

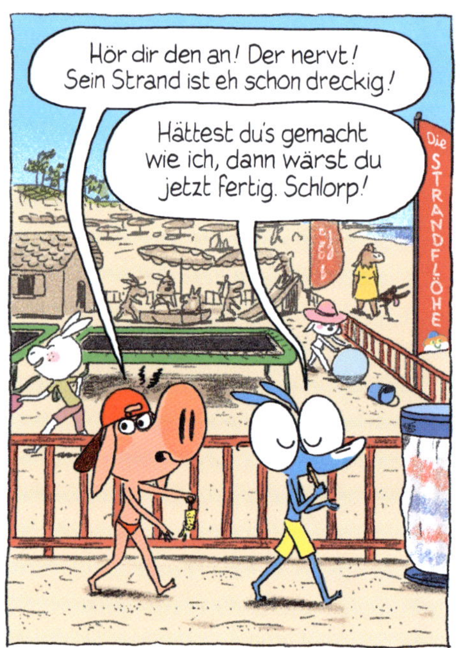
Hör dir den an! Der nervt!
Sein Strand ist eh schon dreckig!
Hättest du's gemacht wie ich, dann wärst du jetzt fertig. Schlorp!
Die STRANDFLÖHE

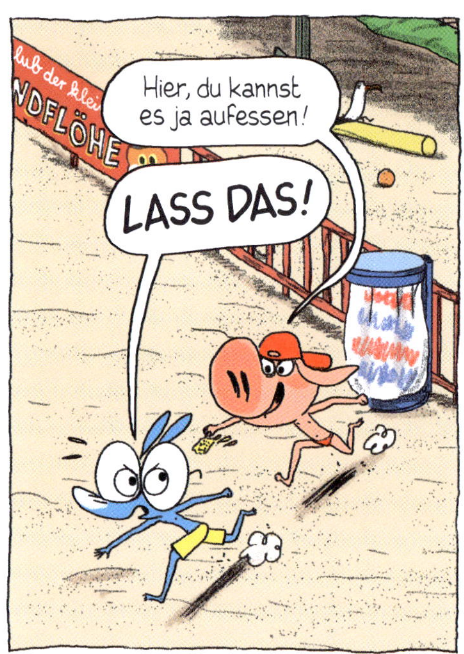
Hier, du kannst es ja aufessen!
LASS DAS!

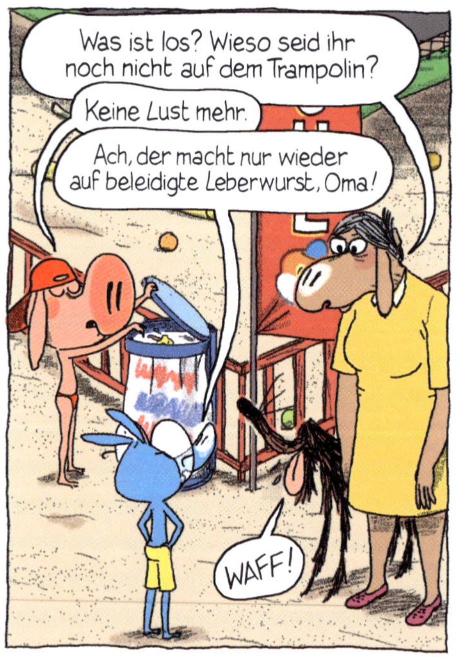
Was ist los? Wieso seid ihr noch nicht auf dem Trampolin?
Keine Lust mehr.
Ach, der macht nur wieder auf beleidigte Leberwurst, Oma!
WAFF!

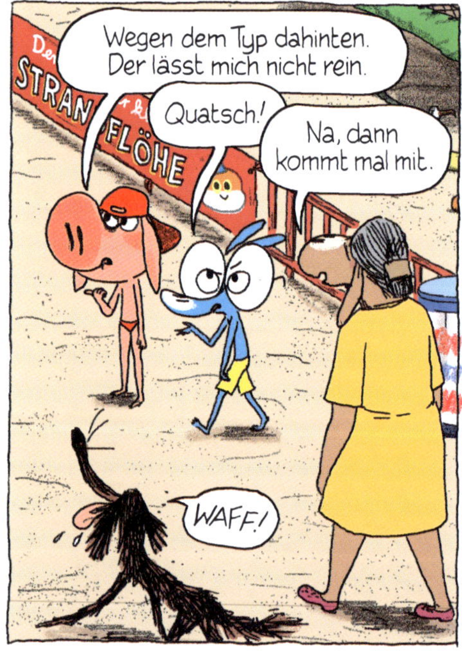
Wegen dem Typ dahinten. Der lässt mich nicht rein.
Quatsch!
Na, dann kommt mal mit.
WAFF!
STRANDFLÖHE

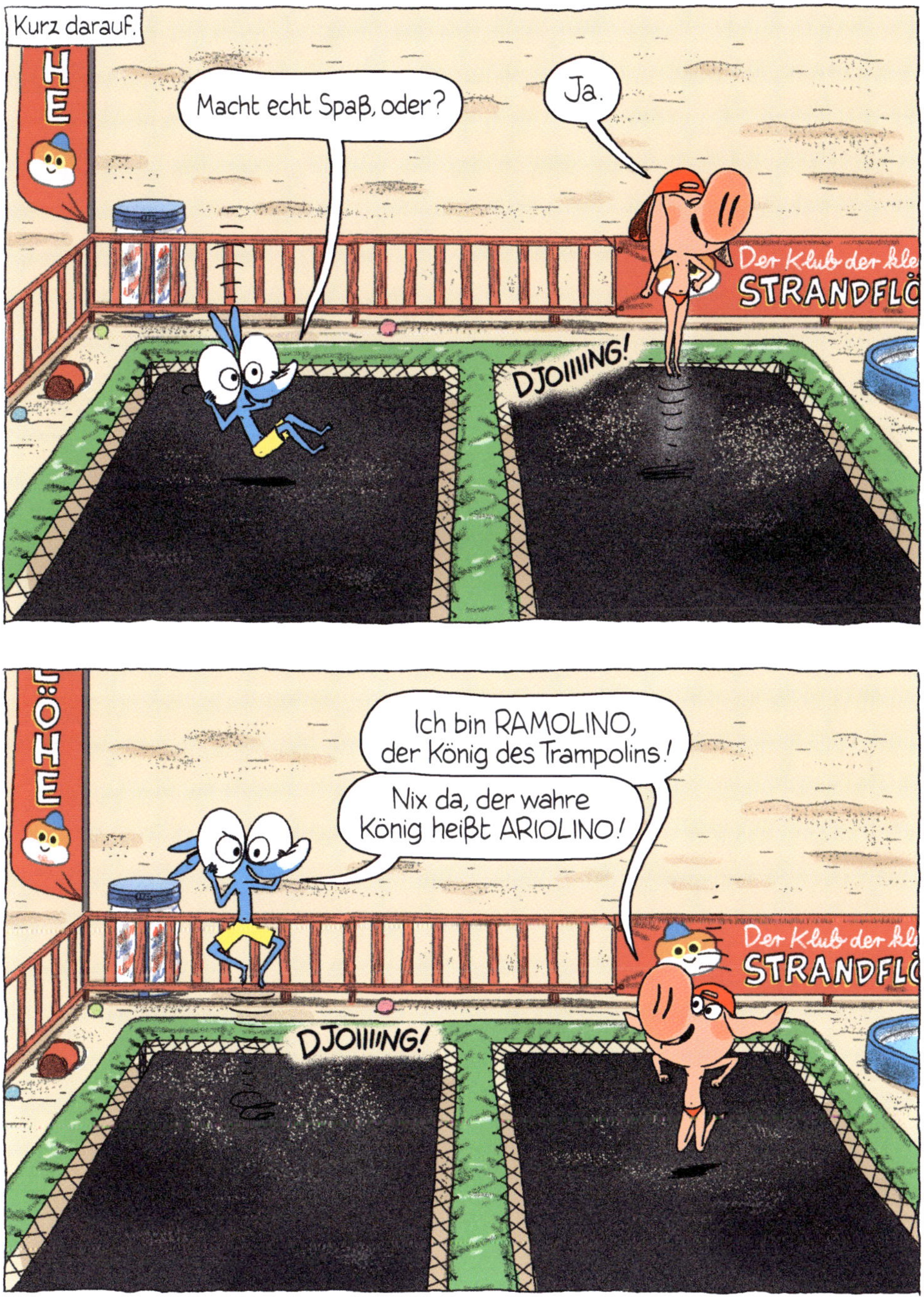

Kurz darauf.

Macht echt Spaß, oder?

Ja.

DJOIIIING!

Ich bin RAMOLINO, der König des Trampolins!

Nix da, der wahre König heißt ARIOLINO!

DJOIIIING!

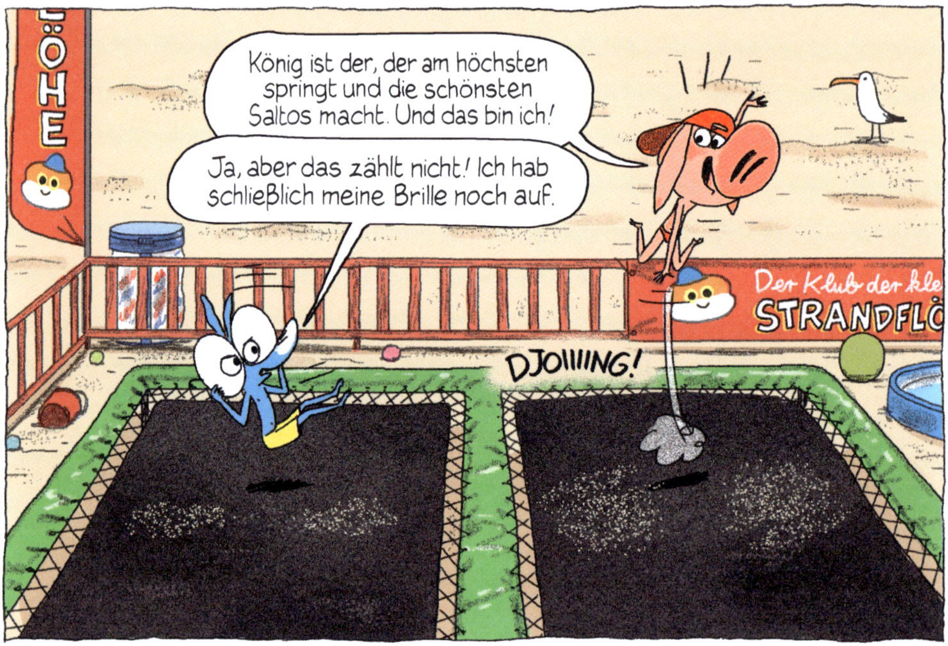

König ist der, der am höchsten springt und die schönsten Saltos macht. Und das bin ich!

Ja, aber das zählt nicht! Ich hab schließlich meine Brille noch auf.

DJOIIIING!

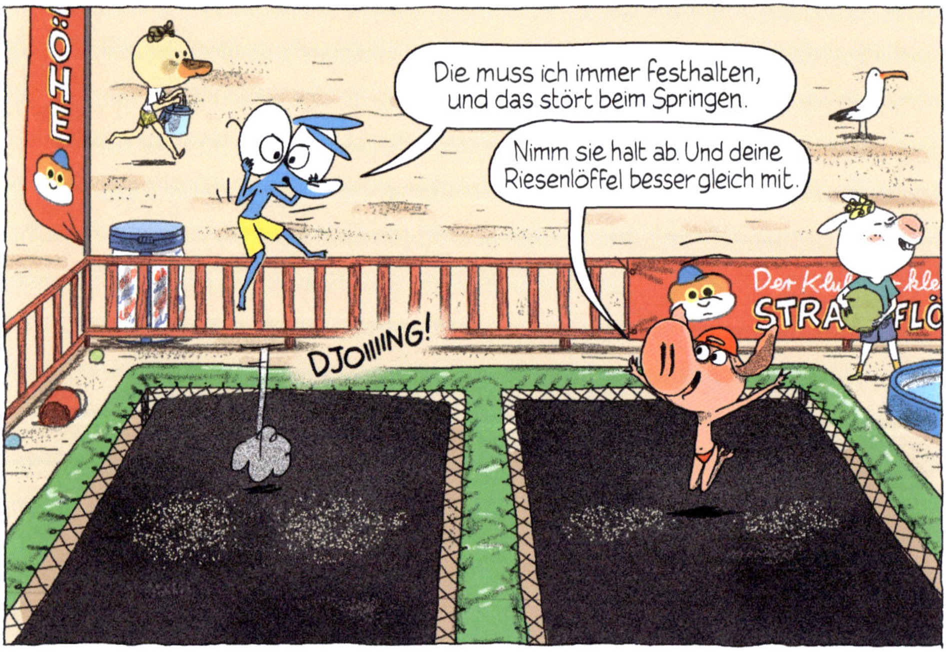

Die muss ich immer festhalten, und das stört beim Springen.

Nimm sie halt ab. Und deine Riesenlöffel besser gleich mit.

DJOIIIING!

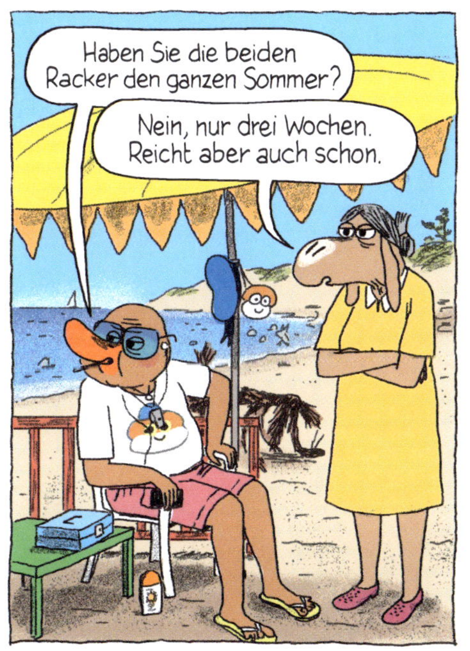
Haben Sie die beiden Racker den ganzen Sommer?
Nein, nur drei Wochen. Reicht aber auch schon.

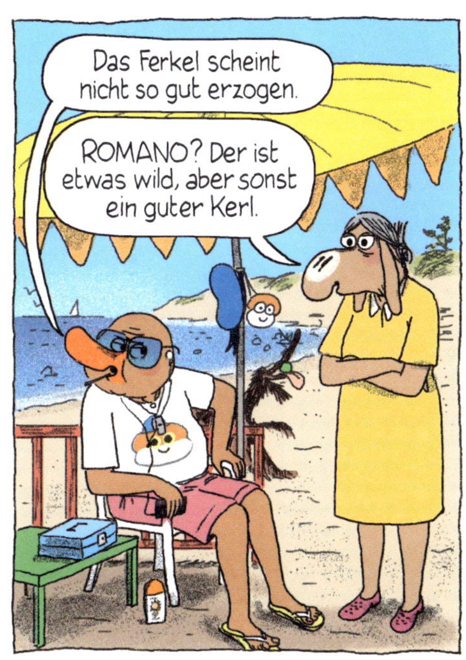
Das Ferkel scheint nicht so gut erzogen.
ROMANO? Der ist etwas wild, aber sonst ein guter Kerl.

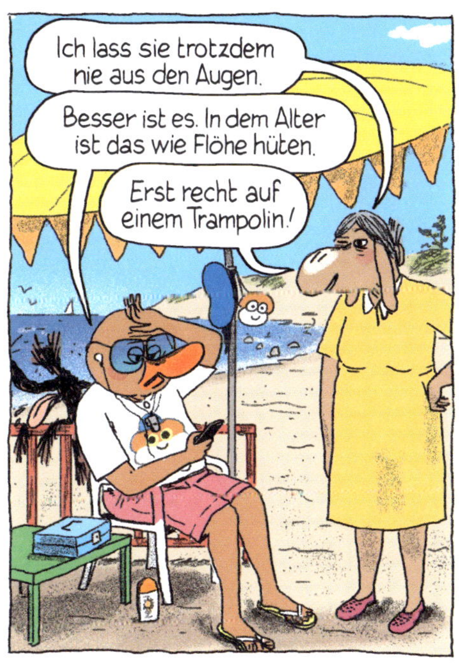
Ich lass sie trotzdem nie aus den Augen.
Besser ist es. In dem Alter ist das wie Flöhe hüten.
Erst recht auf einem Trampolin!

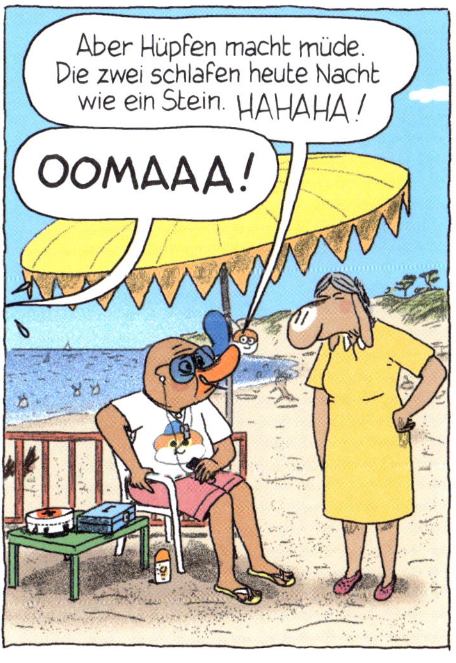
Aber Hüpfen macht müde. Die zwei schlafen heute Nacht wie ein Stein. HAHAHA!
OOMAAA!

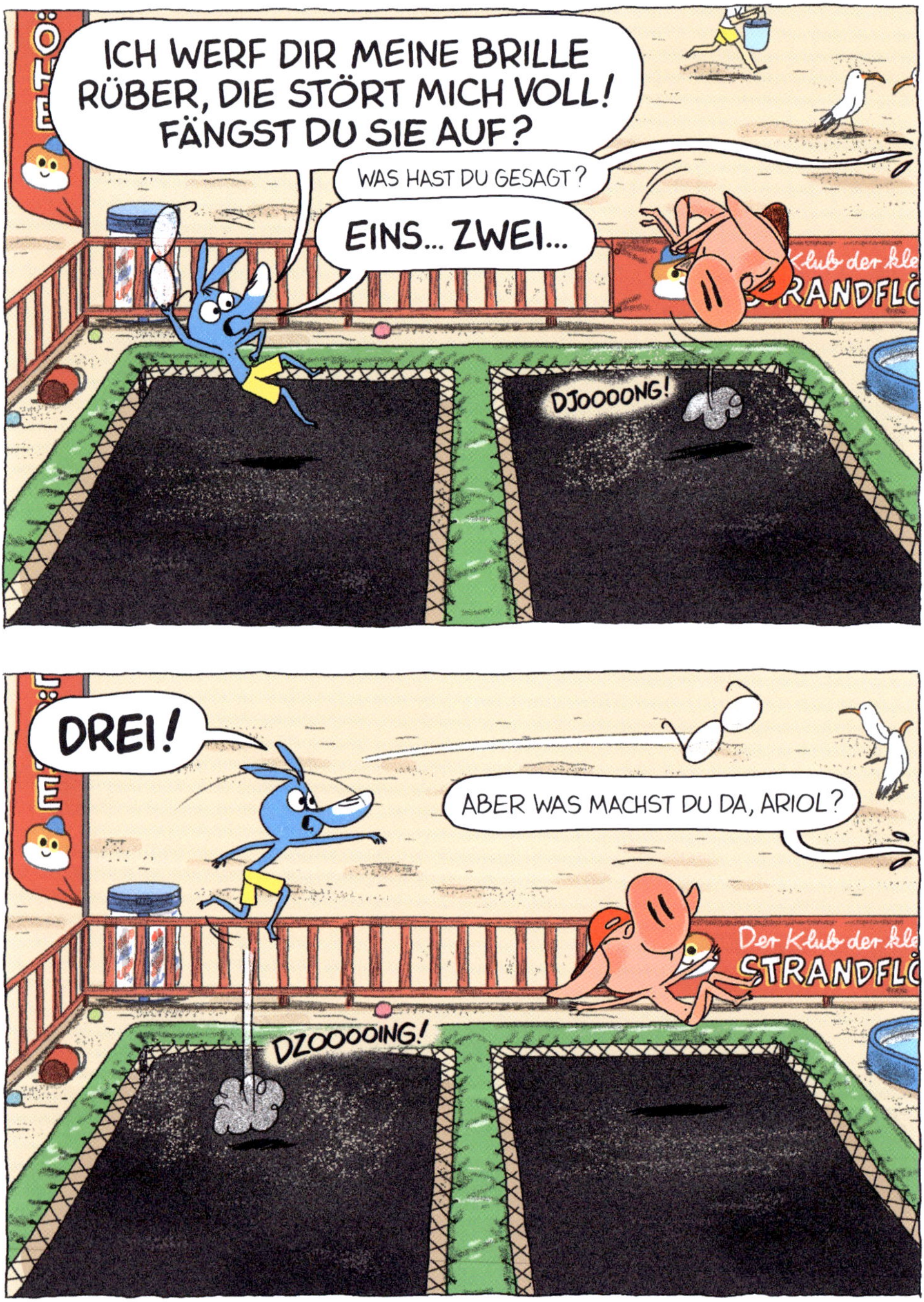

ICH WERF DIR MEINE BRILLE RÜBER, DIE STÖRT MICH VOLL! FÄNGST DU SIE AUF?

WAS HAST DU GESAGT?

EINS... ZWEI...

DJOOOONG!

DREI!

ABER WAS MACHST DU DA, ARIOL?

DZOOOOING!

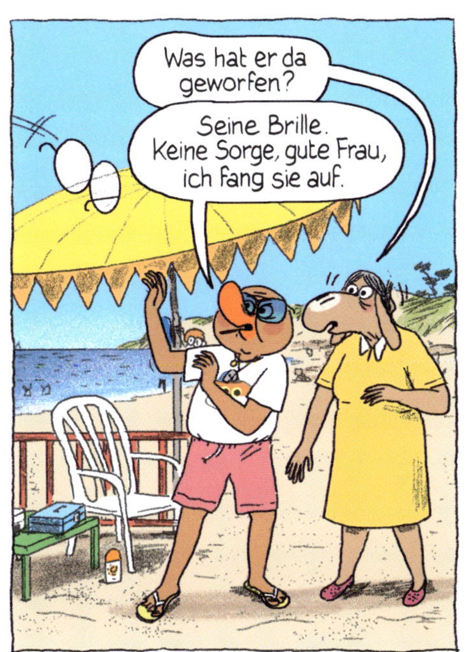
Was hat er da geworfen?
Seine Brille. Keine Sorge, gute Frau, ich fang sie auf.

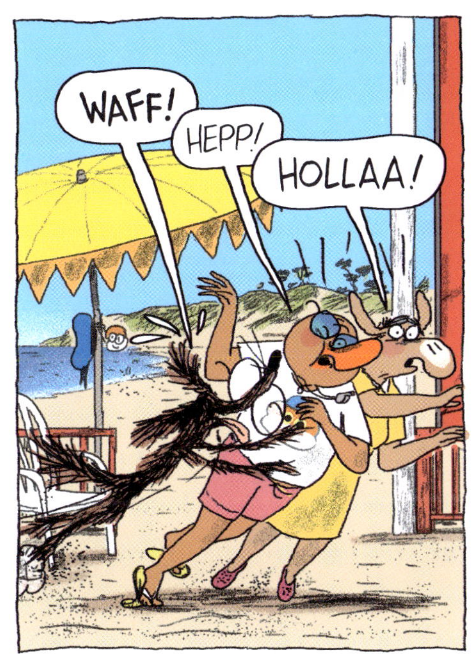
WAFF!
HEPP!
HOLLAA!

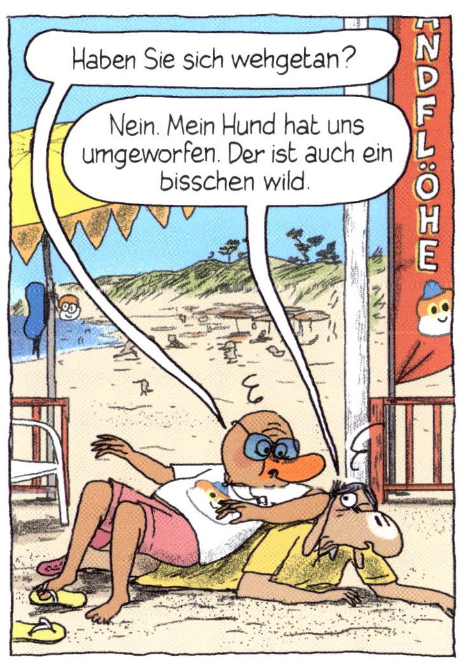
Haben Sie sich wehgetan?
Nein. Mein Hund hat uns umgeworfen. Der ist auch ein bisschen wild.
ANDFLÖHE

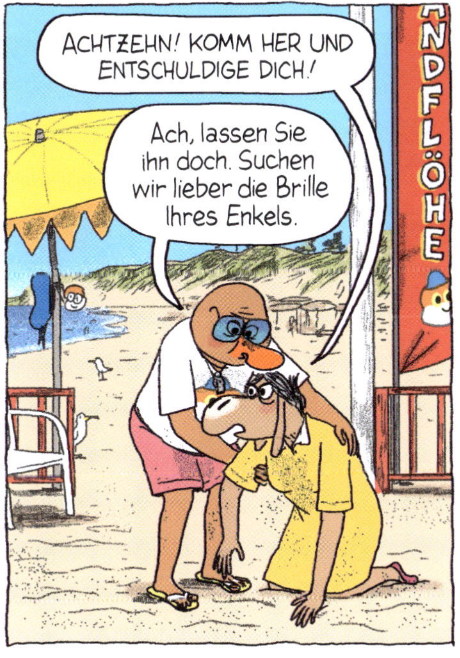
ACHTZEHN! KOMM HER UND ENTSCHULDIGE DICH!
Ach, lassen Sie ihn doch. Suchen wir lieber die Brille Ihres Enkels.
ANDFLÖHE

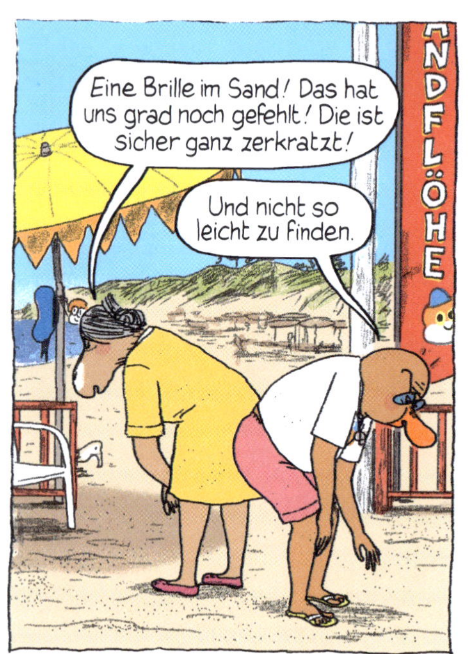

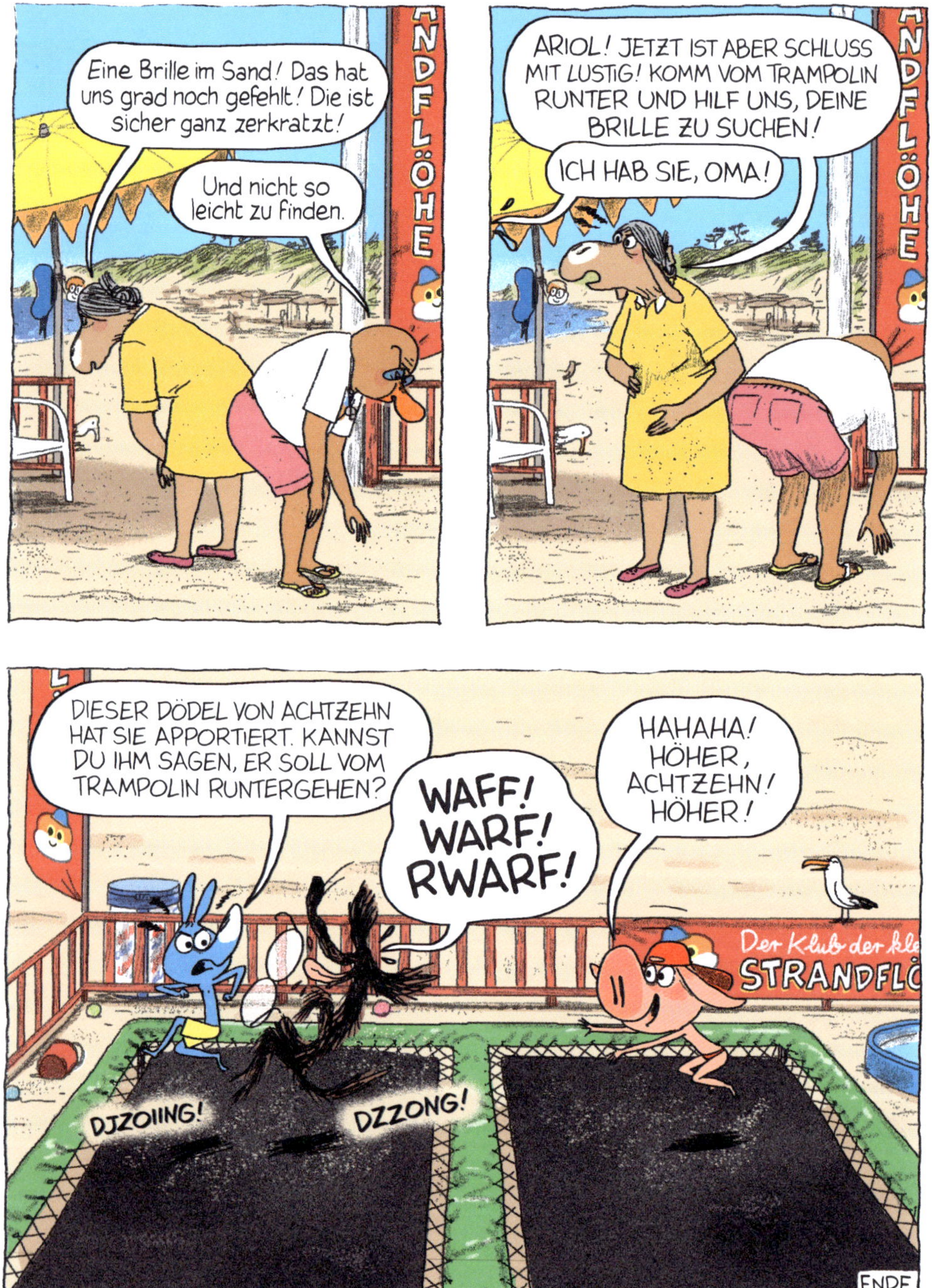

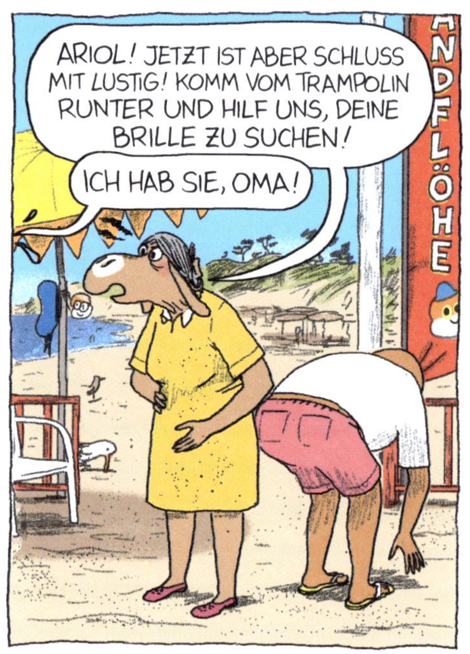

DIESER DÖDEL VON ACHTZEHN HAT SIE APPORTIERT. KANNST DU IHM SAGEN, ER SOLL VOM TRAMPOLIN RUNTERGEHEN?

WAFF! WARF! RWARF!

HAHAHA! HÖHER, ACHTZEHN! HÖHER!

DJZOIING!

DZZONG!

ENDE

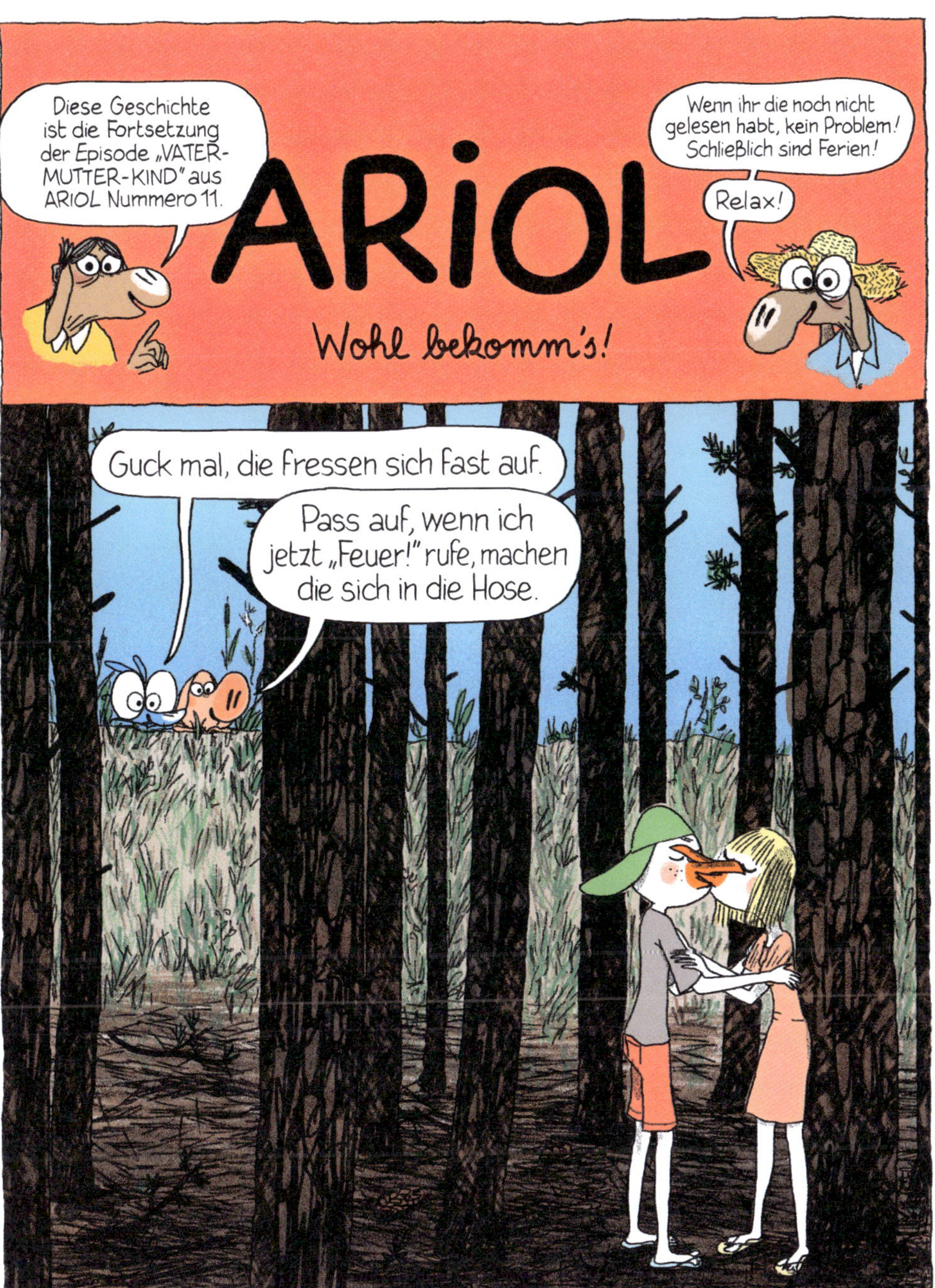
Diese Geschichte ist die Fortsetzung der Episode „VATER-MUTTER-KIND" aus ARIOL Nummero 11.
ARIOL
Wenn ihr die noch nicht gelesen habt, kein Problem! Schließlich sind Ferien!
Relax!
Wohl bekomm's!
Guck mal, die fressen sich fast auf.
Pass auf, wenn ich jetzt „Feuer!" rufe, machen die sich in die Hose.

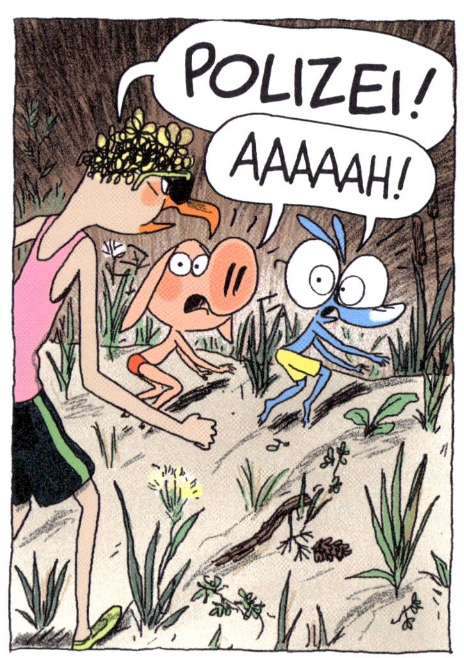
POLIZEI!
AAAAAH!

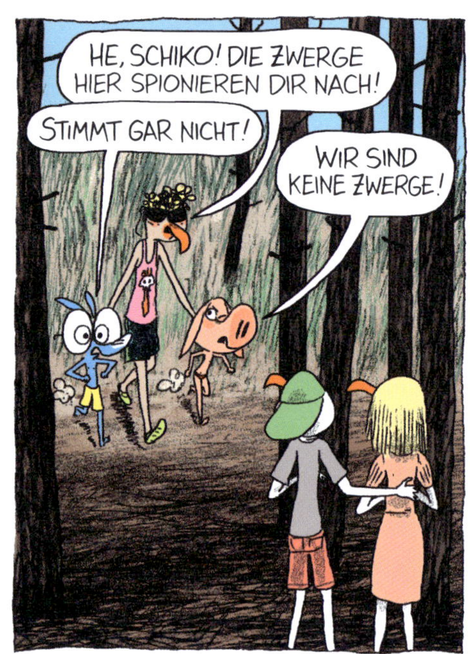
HE, SCHIKO! DIE ZWERGE HIER SPIONIEREN DIR NACH!
STIMMT GAR NICHT!
WIR SIND KEINE ZWERGE!

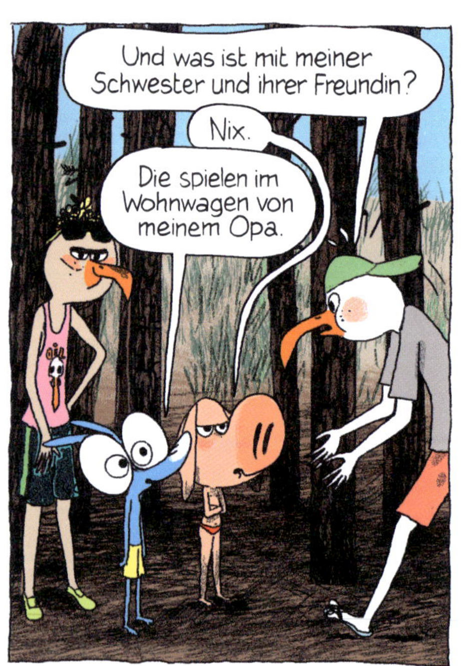
Und was ist mit meiner Schwester und ihrer Freundin?
Nix.
Die spielen im Wohnwagen von meinem Opa.

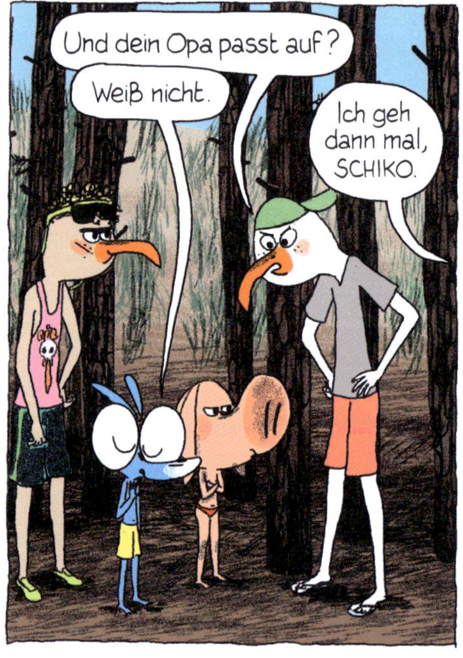
Und dein Opa passt auf?
Weiß nicht.
Ich geh dann mal, SCHIKO.

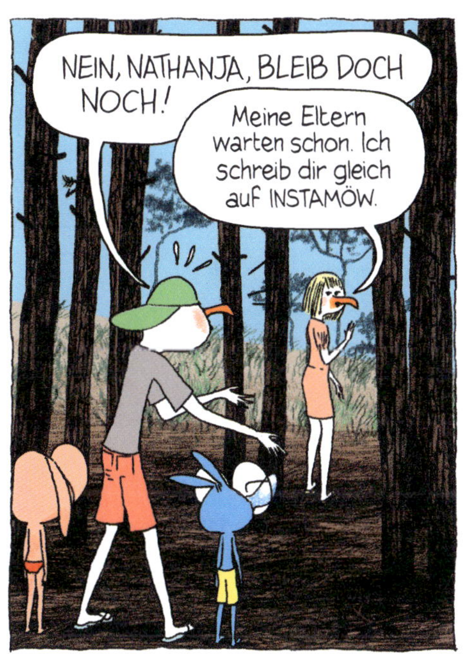
NEIN, NATHANJA, BLEIB DOCH NOCH!
Meine Eltern warten schon. Ich schreib dir gleich auf INSTAMÖW.

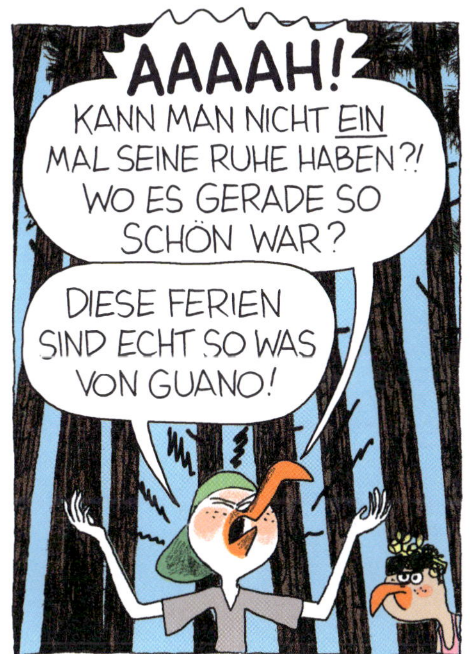
AAAAH!
KANN MAN NICHT EIN MAL SEINE RUHE HABEN?! WO ES GERADE SO SCHÖN WAR?
DIESE FERIEN SIND ECHT SO WAS VON GUANO!

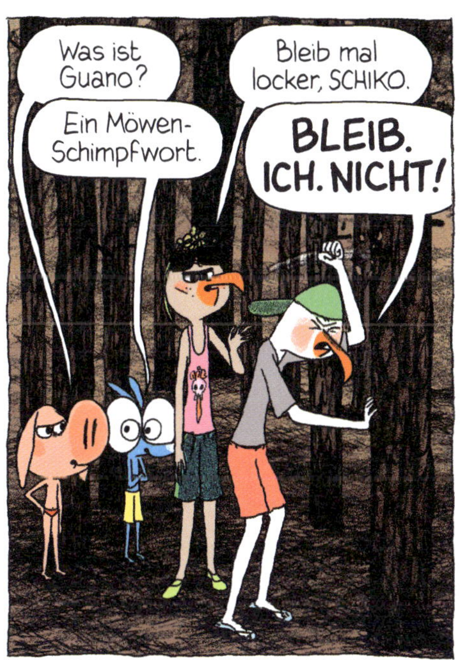
Was ist Guano?
Ein Möwen-Schimpfwort.
Bleib mal locker, SCHIKO.
BLEIB. ICH. NICHT!

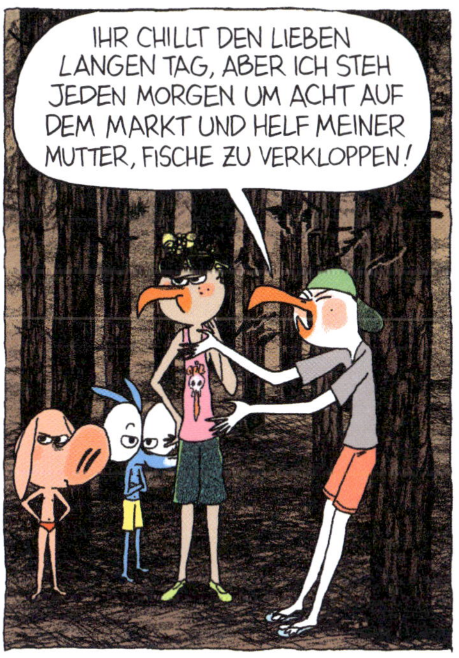
IHR CHILLT DEN LIEBEN LANGEN TAG, ABER ICH STEH JEDEN MORGEN UM ACHT AUF DEM MARKT UND HELF MEINER MUTTER, FISCHE ZU VERKLOPPEN!

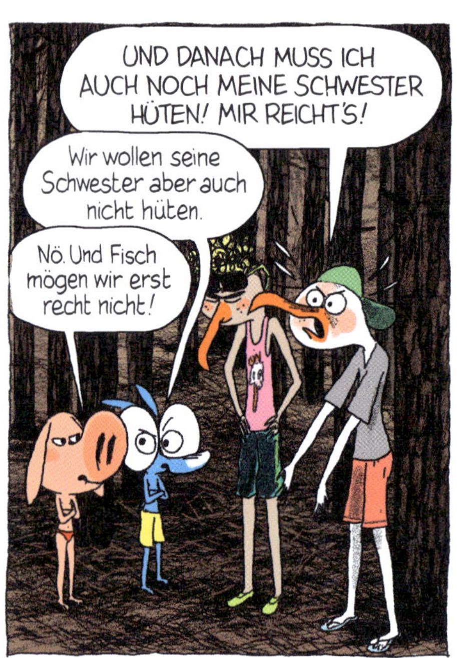
UND DANACH MUSS ICH AUCH NOCH MEINE SCHWESTER HÜTEN! MIR REICHT'S!
Wir wollen seine Schwester aber auch nicht hüten.
Nö. Und Fisch mögen wir erst recht nicht!

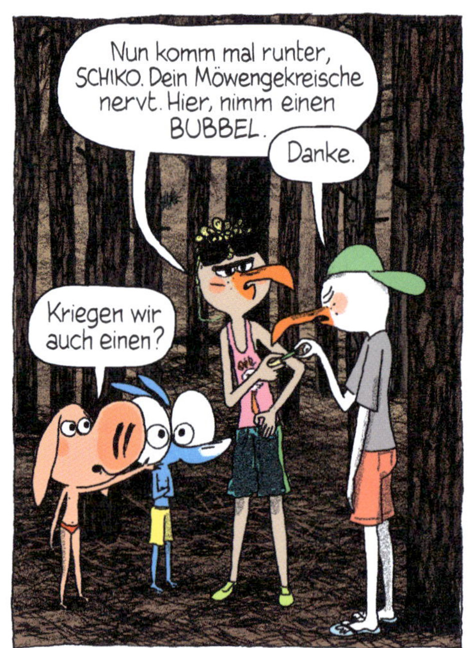
Nun komm mal runter, SCHIKO. Dein Möwengekreische nervt. Hier, nimm einen BUBBEL.
Danke.
Kriegen wir auch einen?

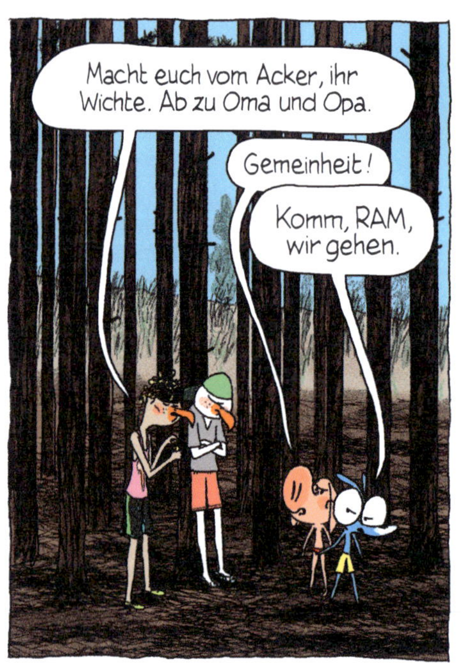
Macht euch vom Acker, ihr Wichte. Ab zu Oma und Opa.
Gemeinheit!
Komm, RAM, wir gehen.

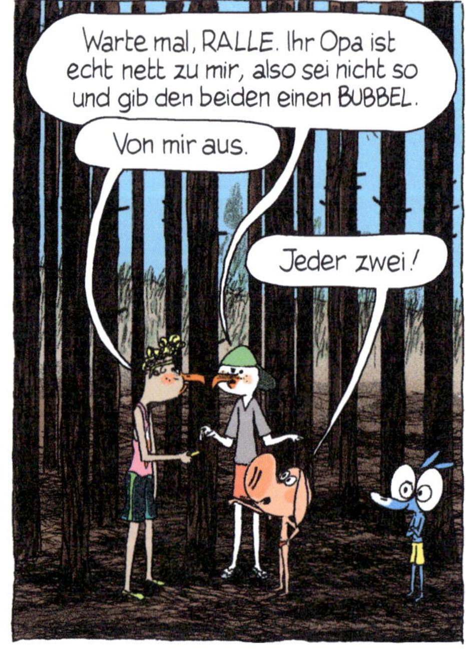
Warte mal, RALLE. Ihr Opa ist echt nett zu mir, also sei nicht so und gib den beiden einen BUBBEL.
Von mir aus.
Jeder zwei!

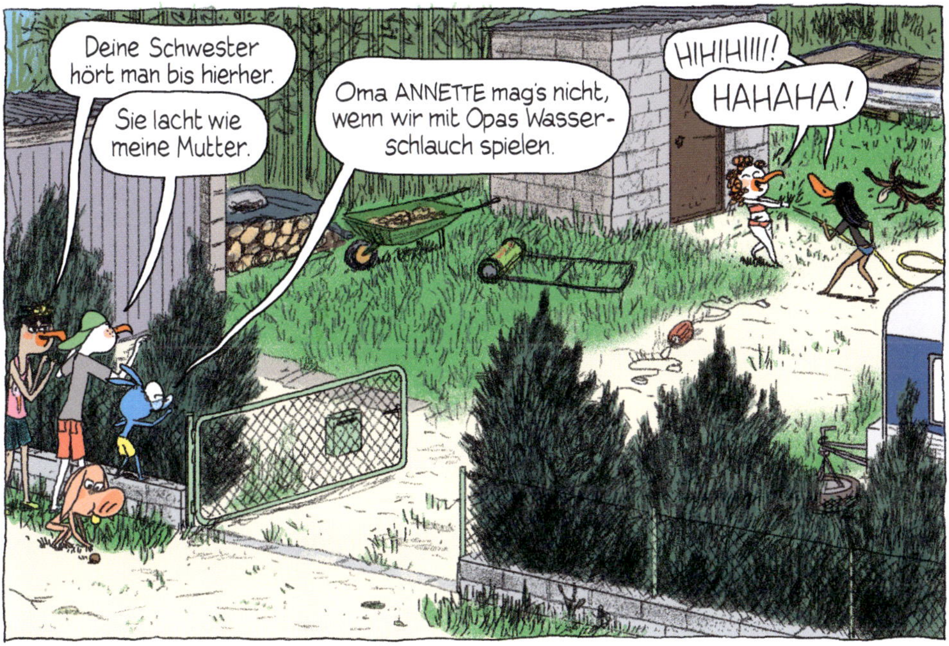

Deine Schwester hört man bis hierher.
Sie lacht wie meine Mutter.
Oma ANNETTE mag's nicht, wenn wir mit Opas Wasser-schlauch spielen.
HIHIHI!!!!!
HAHAHA!

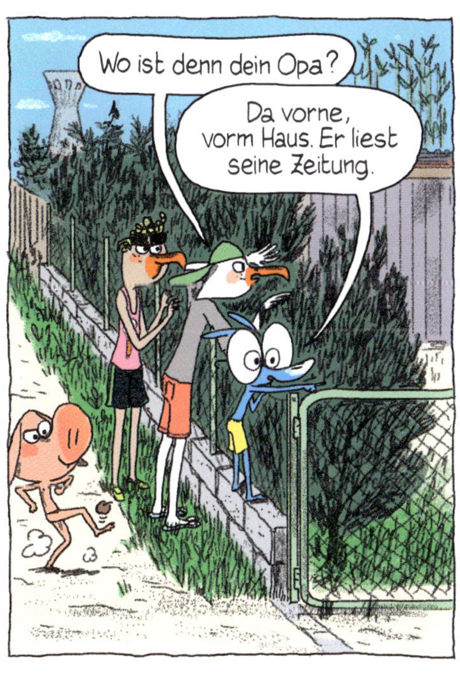
Wo ist denn dein Opa?
Da vorne, vorm Haus. Er liest seine Zeitung.

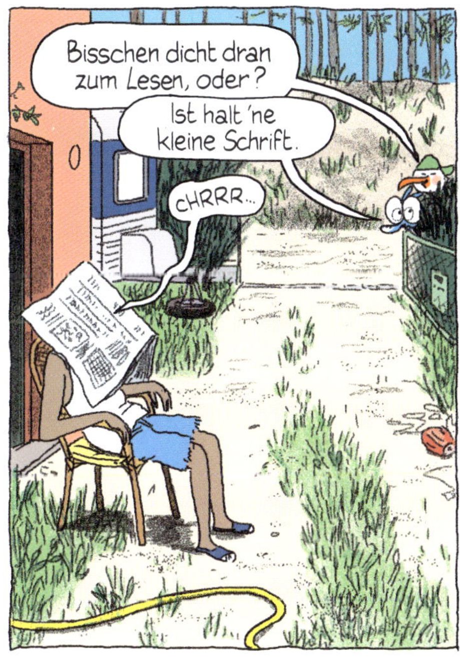
Bisschen dicht dran zum Lesen, oder?
Ist halt 'ne kleine Schrift.
CHRRR...

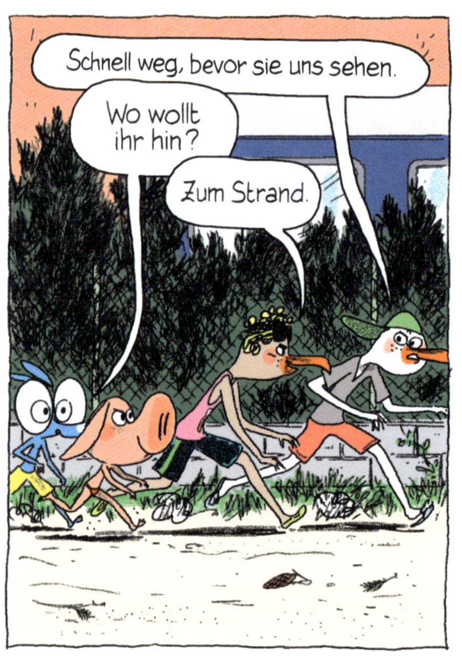
Schnell weg, bevor sie uns sehen.
Wo wollt ihr hin?
Zum Strand.

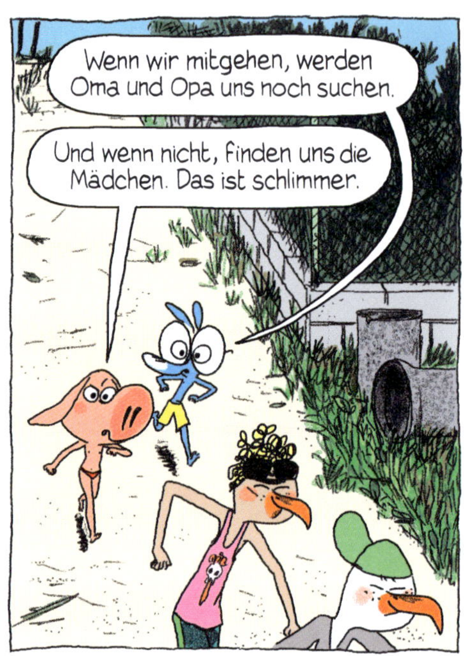
Wenn wir mitgehen, werden Oma und Opa uns noch suchen.
Und wenn nicht, finden uns die Mädchen. Das ist schlimmer.

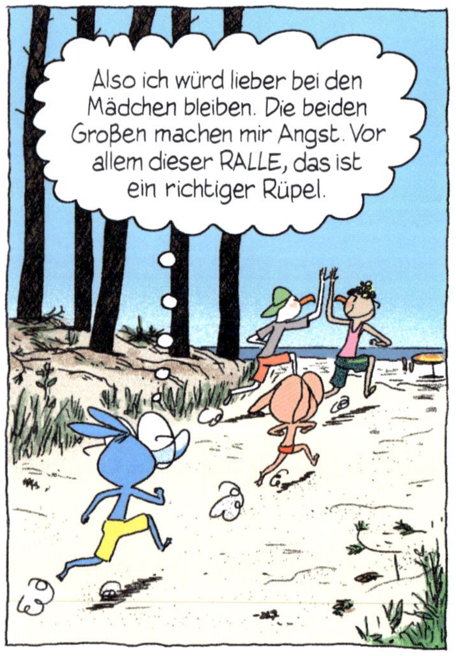
Also ich würd lieber bei den Mädchen bleiben. Die beiden Großen machen mir Angst. Vor allem dieser RALLE, das ist ein richtiger Rüpel.

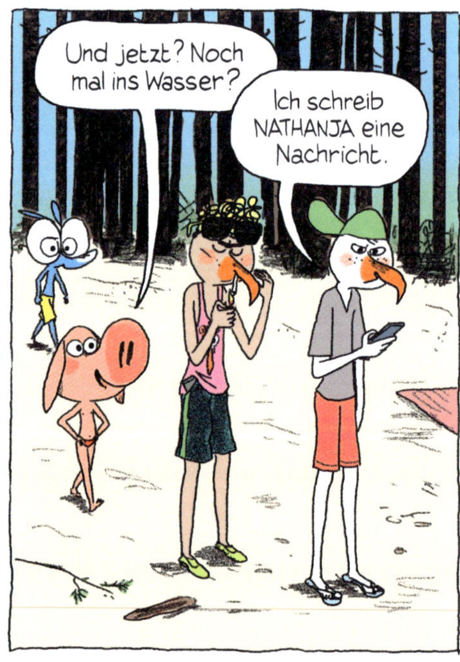
Und jetzt? Noch mal ins Wasser?
Ich schreib NATHANJA eine Nachricht.

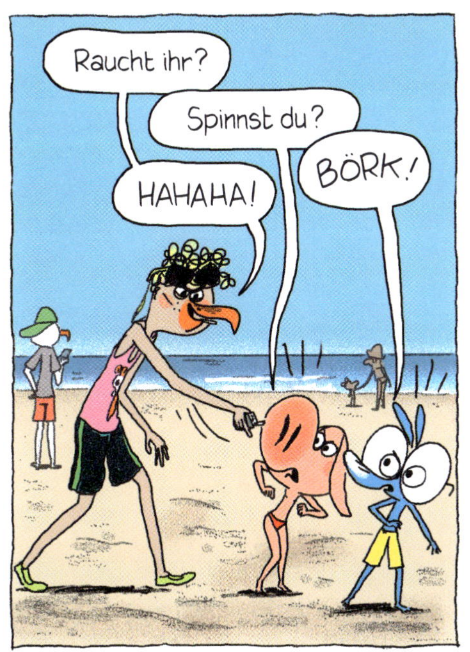
Raucht ihr?
Spinnst du?
BÖRK!
HAHAHA!

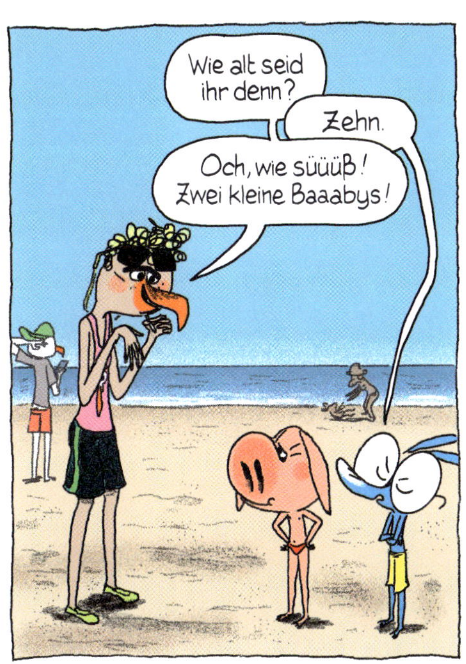
Wie alt seid ihr denn?
Zehn.
Och, wie süüüß! Zwei kleine Baaabys!

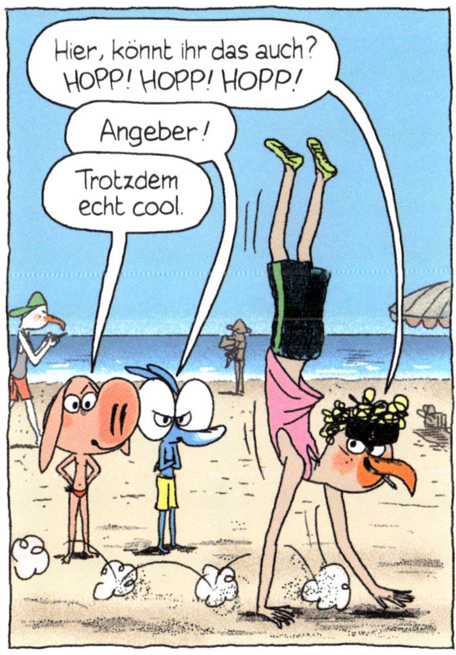
Hier, könnt ihr das auch? HOPP! HOPP! HOPP!
Angeber!
Trotzdem echt cool.

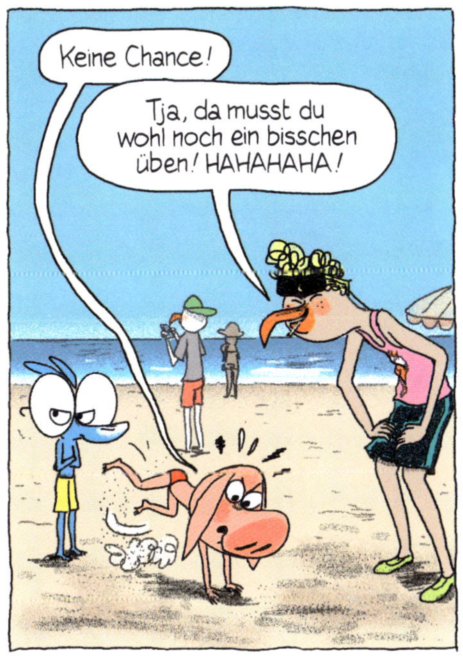
Keine Chance!
Tja, da musst du wohl noch ein bisschen üben! HAHAHAHA!

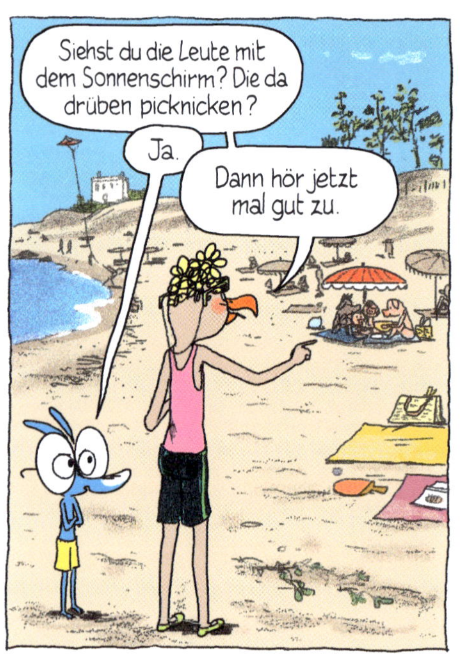
Siehst du die Leute mit dem Sonnenschirm? Die da drüben picknicken?
Ja.
Dann hör jetzt mal gut zu.

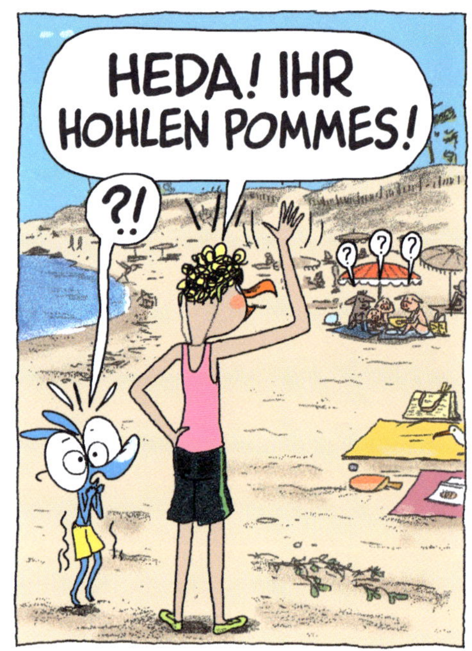
HEDA! IHR HOHLEN POMMES!
?!

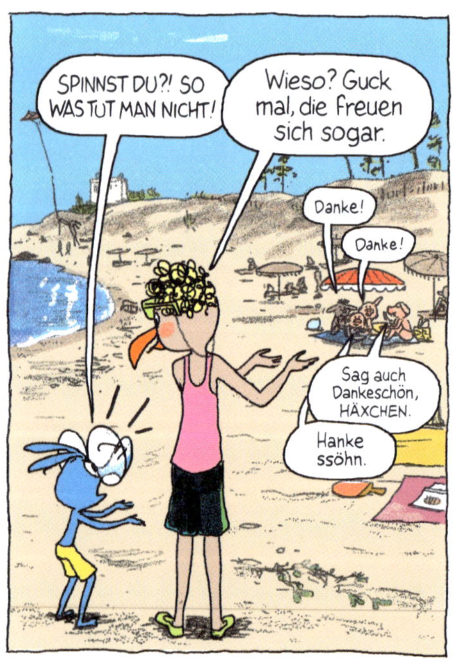
SPINNST DU?! SO WAS TUT MAN NICHT!
Wieso? Guck mal, die freuen sich sogar.
Danke!
Danke!
Sag auch Dankeschön, HÄXCHEN.
Hanke ssöhn.

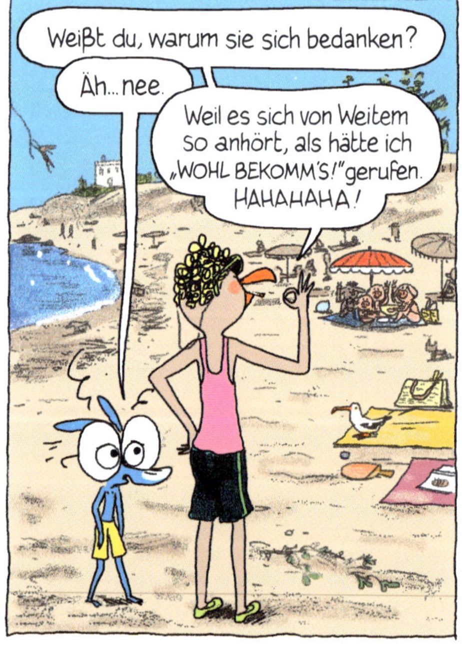
Weißt du, warum sie sich bedanken?
Äh… nee.
Weil es sich von Weitem so anhört, als hätte ich „WOHL BEKOMM'S!" gerufen. HAHAHAHA!

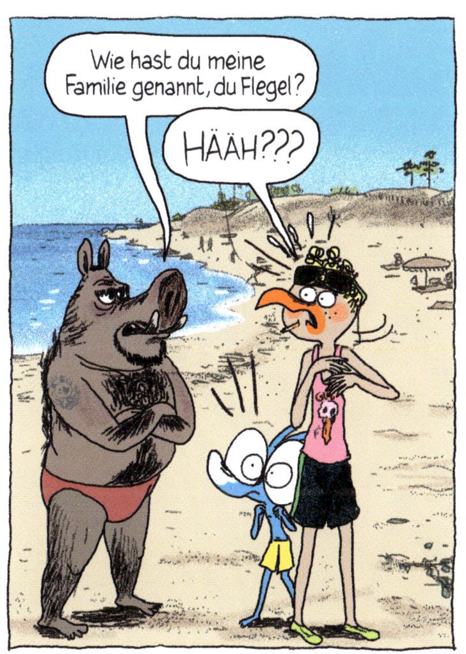
Wie hast du meine Familie genannt, du Flegel?
HÄÄH???

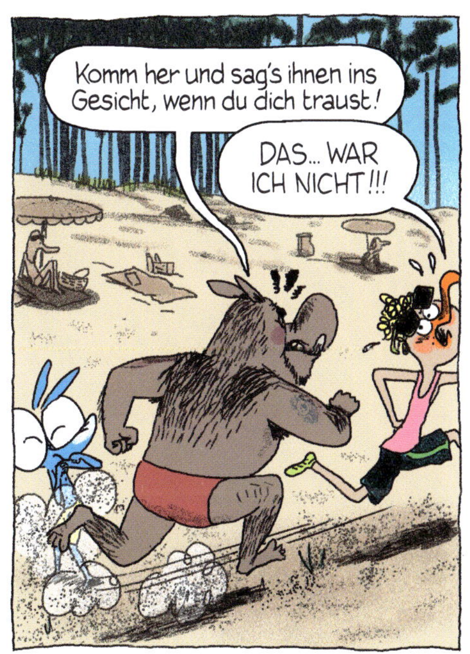
Komm her und sag's ihnen ins Gesicht, wenn du dich traust!
DAS... WAR ICH NICHT!!!

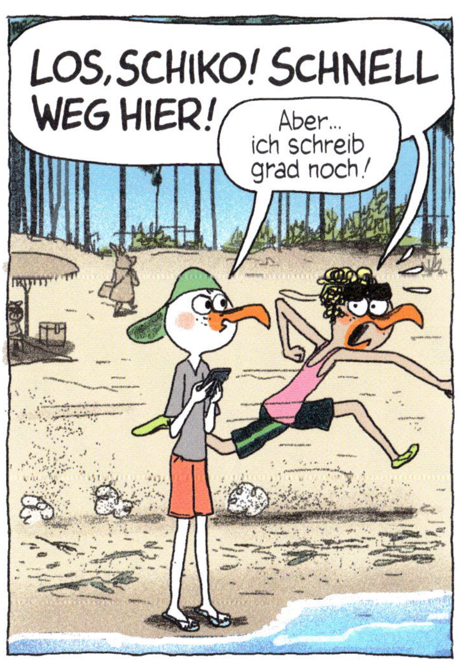
LOS, SCHIKO! SCHNELL WEG HIER!
Aber... ich schreib grad noch!

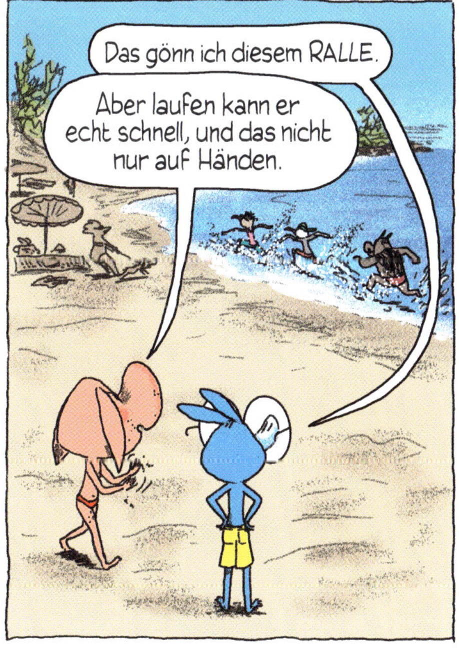
Das gönn ich diesem RALLE.
Aber laufen kann er echt schnell, und das nicht nur auf Händen.

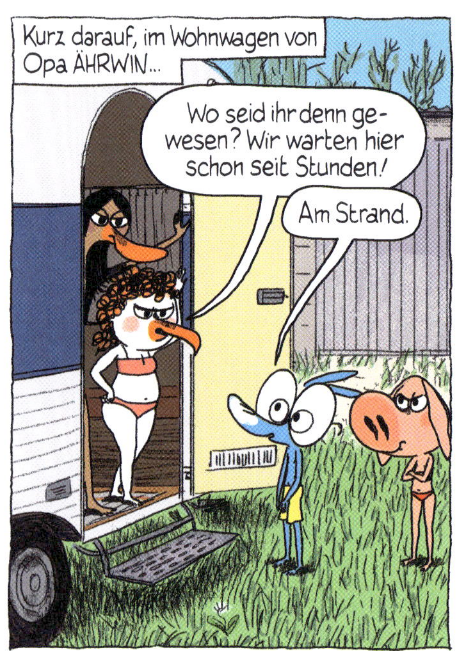

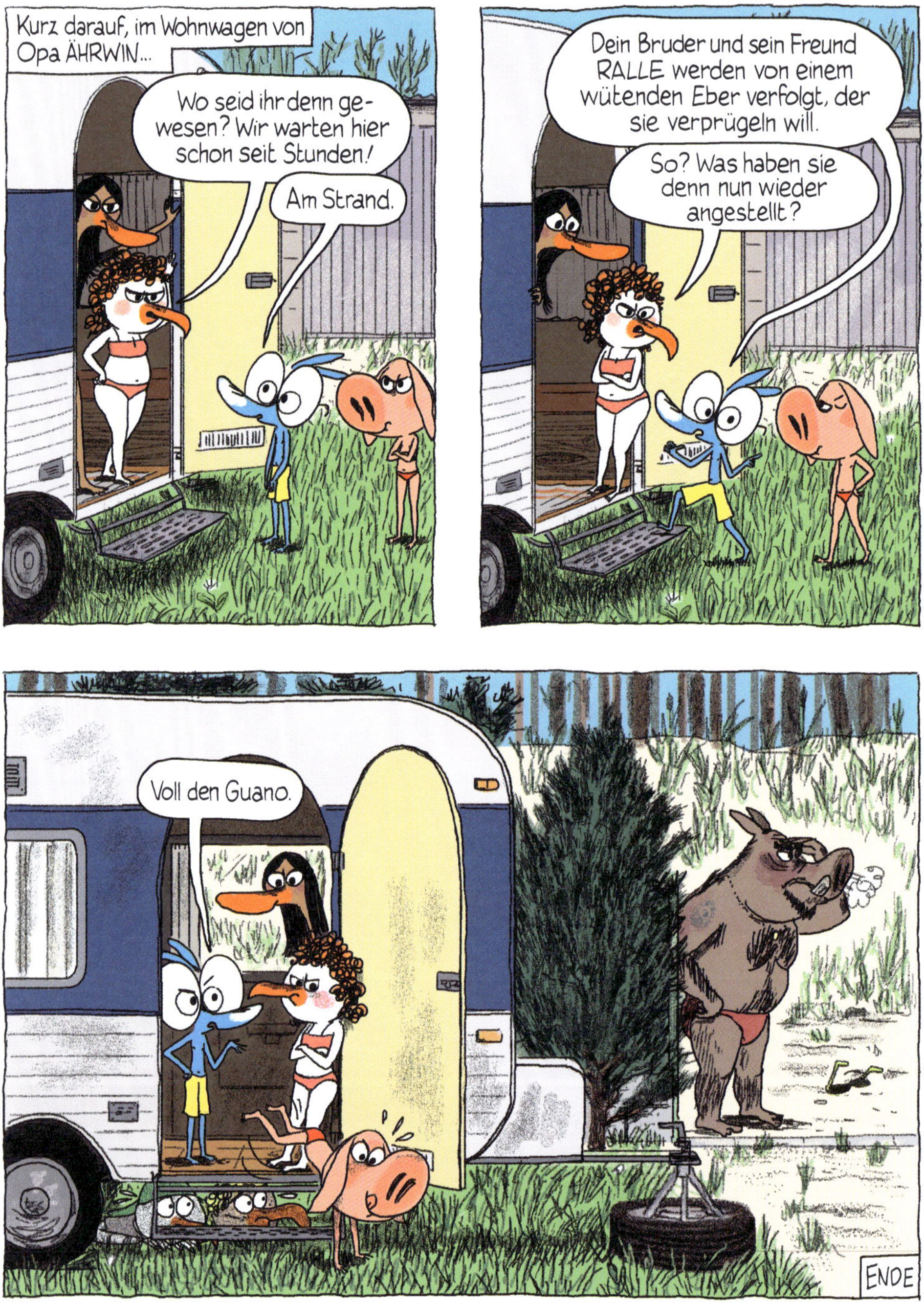

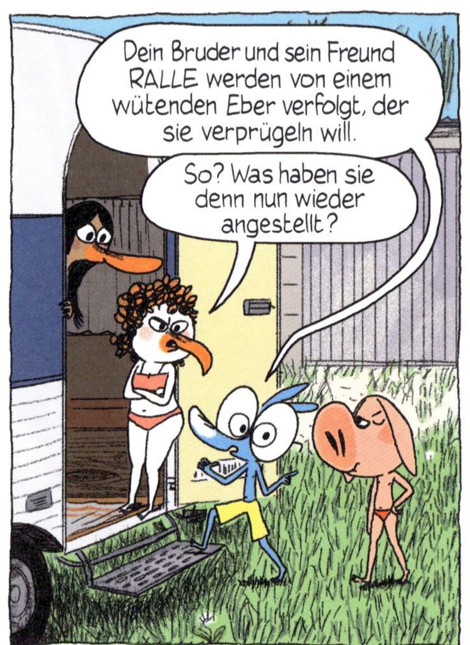

Voll den Guano.

ENDE

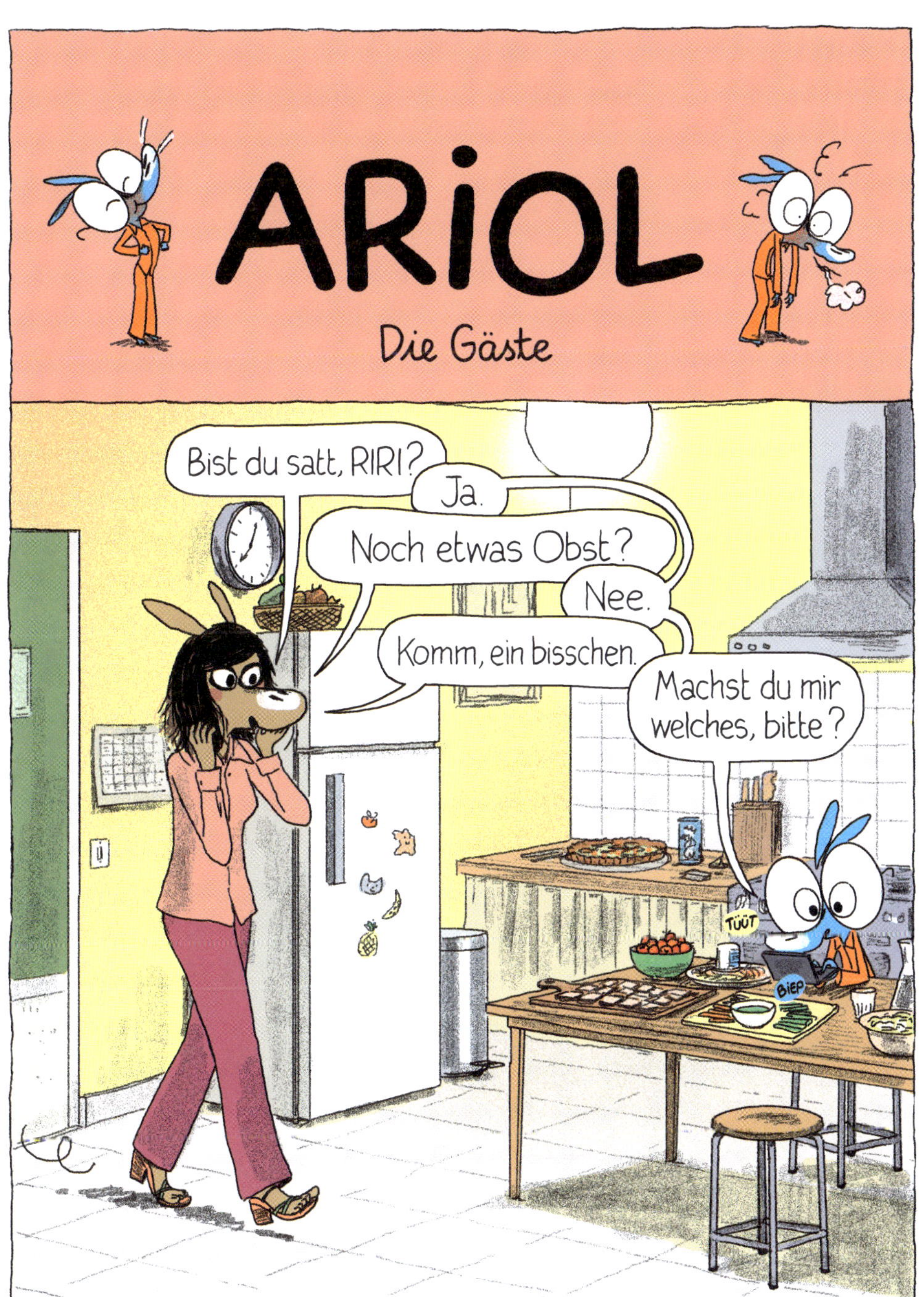
ARiOL
Die Gäste
Bist du satt, RIRI?
Ja.
Noch etwas Obst?
Nee.
Komm, ein bisschen.
Machst du mir welches, bitte?
TÜÜT
BIEP

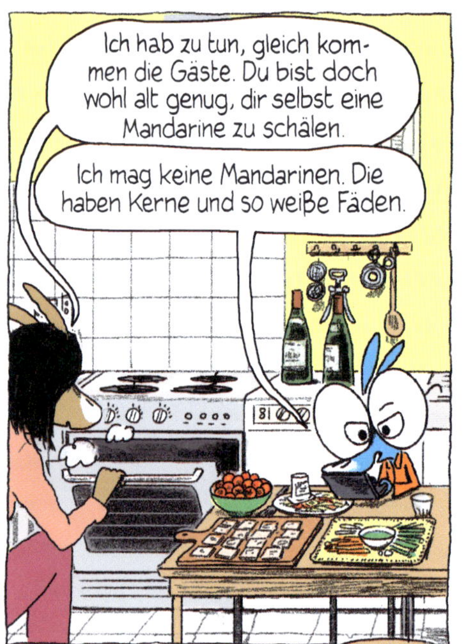
Ich hab zu tun, gleich kommen die Gäste. Du bist doch wohl alt genug, dir selbst eine Mandarine zu schälen.
Ich mag keine Mandarinen. Die haben Kerne und so weiße Fäden.

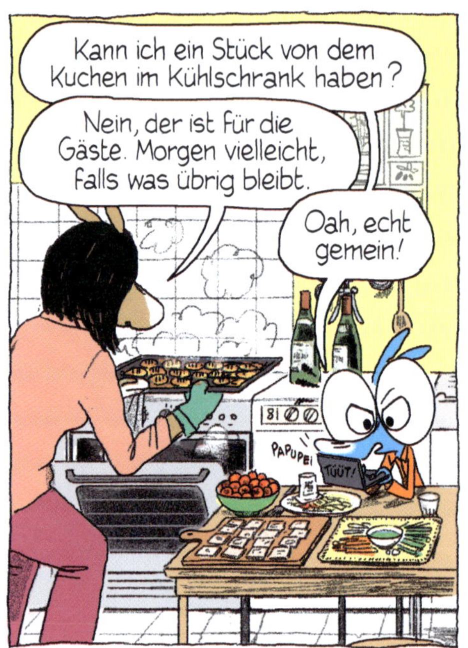
Kann ich ein Stück von dem Kuchen im Kühlschrank haben?
Nein, der ist für die Gäste. Morgen vielleicht, falls was übrig bleibt.
Oah, echt gemein!
PAPUPEI
TÜÜT!

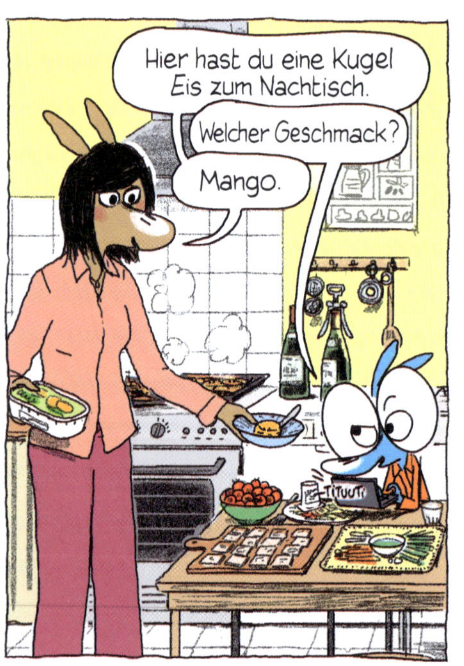
Hier hast du eine Kugel Eis zum Nachtisch.
Welcher Geschmack?
Mango.
TITUUT!

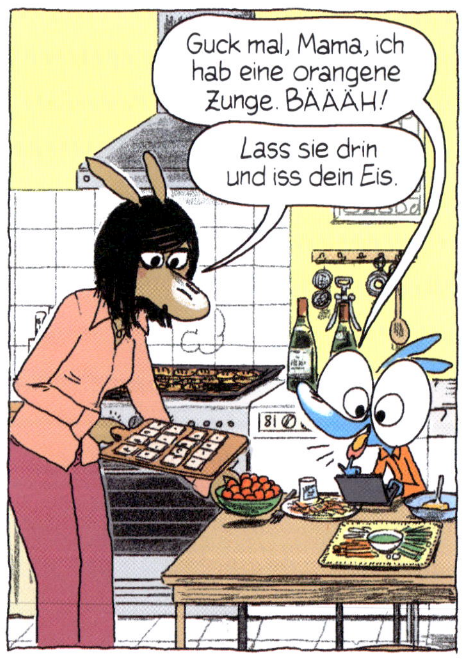
Guck mal, Mama, ich hab eine orangene Zunge. BÄÄÄH!
Lass sie drin und iss dein Eis.

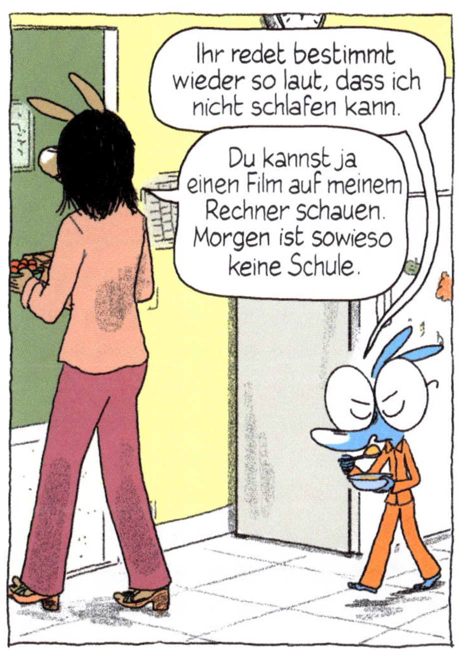
Ihr redet bestimmt wieder so laut, dass ich nicht schlafen kann.
Du kannst ja einen Film auf meinem Rechner schauen. Morgen ist sowieso keine Schule.

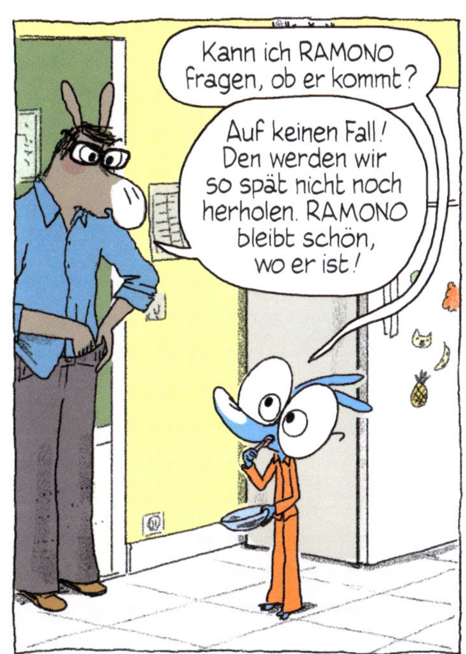
Kann ich RAMONO fragen, ob er kommt?
Auf keinen Fall! Den werden wir so spät nicht noch herholen. RAMONO bleibt schön, wo er ist!

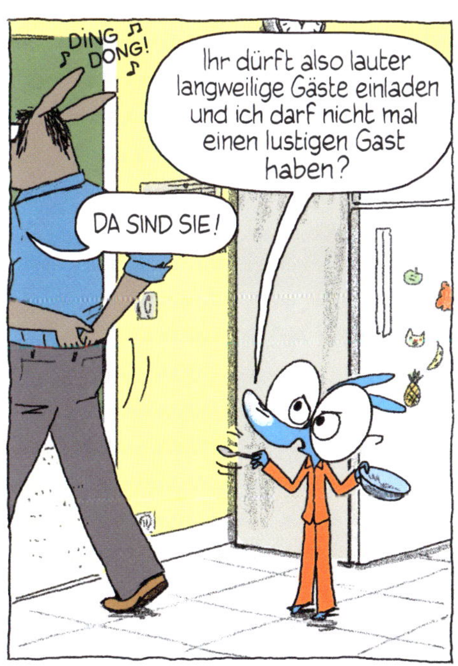
DING DONG!
Ihr dürft also lauter langweilige Gäste einladen und ich darf nicht mal einen lustigen Gast haben?
DA SIND SIE!

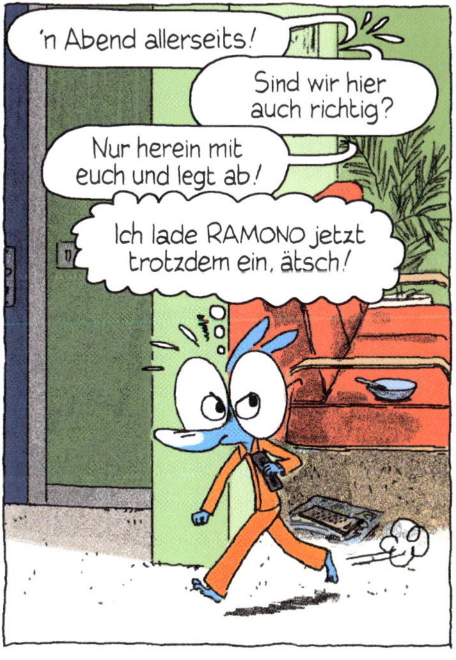
'n Abend allerseits!
Sind wir hier auch richtig?
Nur herein mit euch und legt ab!
Ich lade RAMONO jetzt trotzdem ein, ätsch!

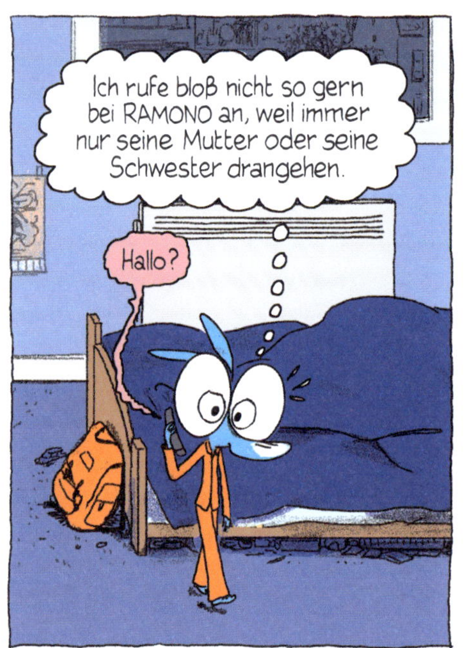
Ich rufe bloß nicht so gern bei RAMONO an, weil immer nur seine Mutter oder seine Schwester drangehen.
Hallo?

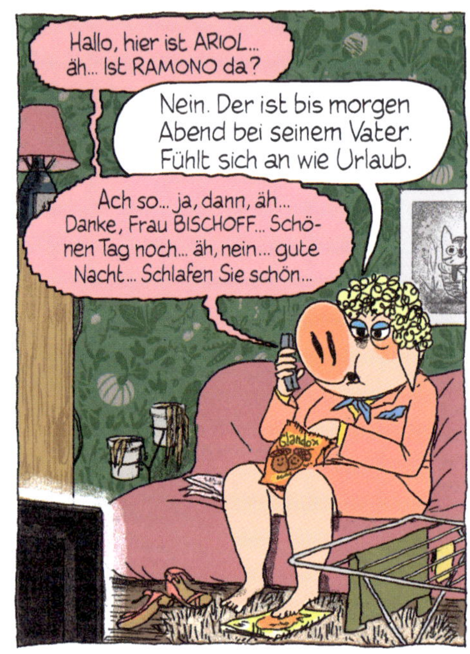
Hallo, hier ist ARIOL... äh... Ist RAMONO da?
Nein. Der ist bis morgen Abend bei seinem Vater. Fühlt sich an wie Urlaub.
Ach so... ja, dann, äh... Danke, Frau BISCHOFF... Schönen Tag noch... äh, nein... gute Nacht... Schlafen Sie schön...

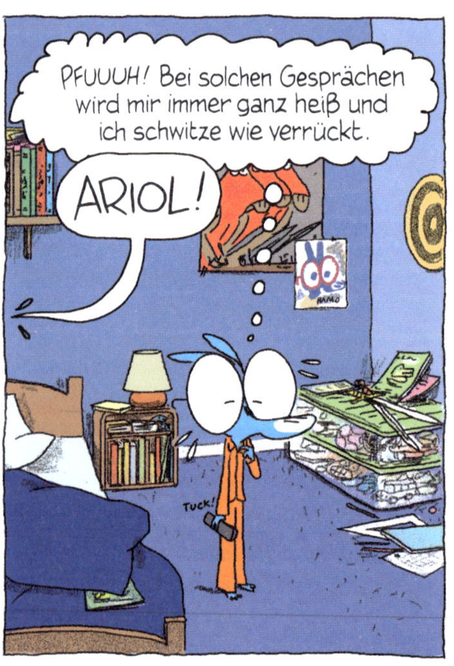
PFUUUH! Bei solchen Gesprächen wird mir immer ganz heiß und ich schwitze wie verrückt.
ARIOL!
TUCK!

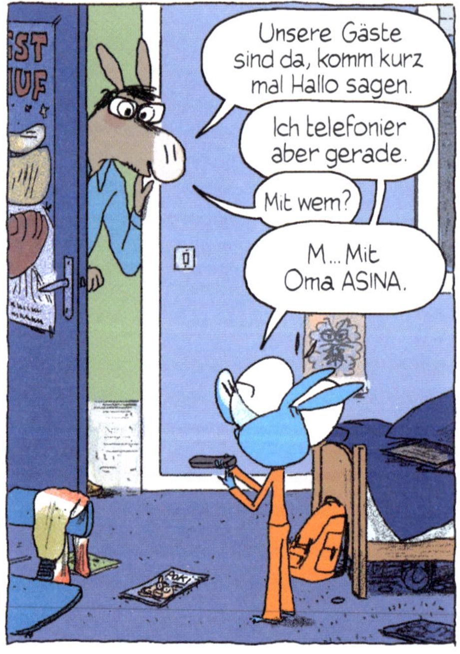
Unsere Gäste sind da, komm kurz mal Hallo sagen.
Ich telefonier aber gerade.
Mit wem?
M... Mit Oma ASINA.

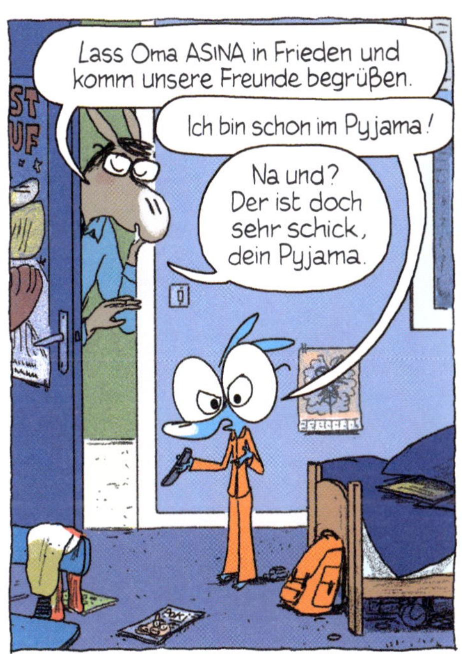
Lass Oma ASINA in Frieden und komm unsere Freunde begrüßen.
Ich bin schon im Pyjama!
Na und? Der ist doch sehr schick, dein Pyjama.

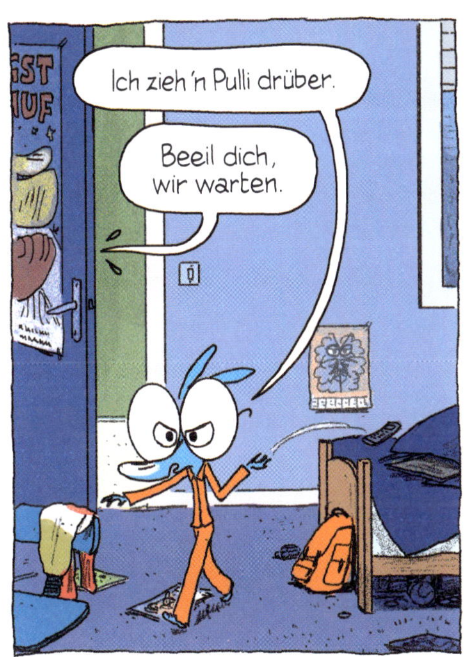
Ich zieh 'n Pulli drüber.
Beeil dich, wir warten.

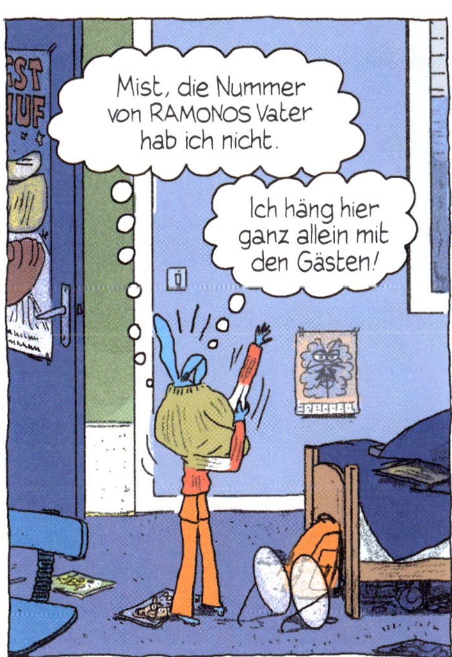
Mist, die Nummer von RAMONOS Vater hab ich nicht.
Ich häng hier ganz allein mit den Gästen!

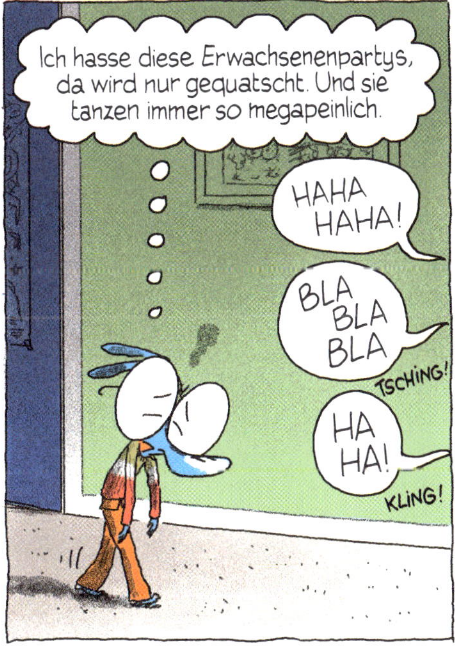
Ich hasse diese Erwachsenenpartys, da wird nur gequatscht. Und sie tanzen immer so megapeinlich.
HAHA HAHA!
BLA BLA BLA
TSCHING!
HA HA!
KLING!

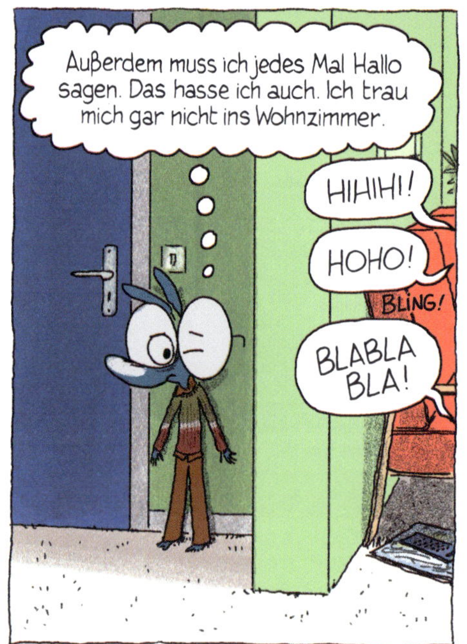

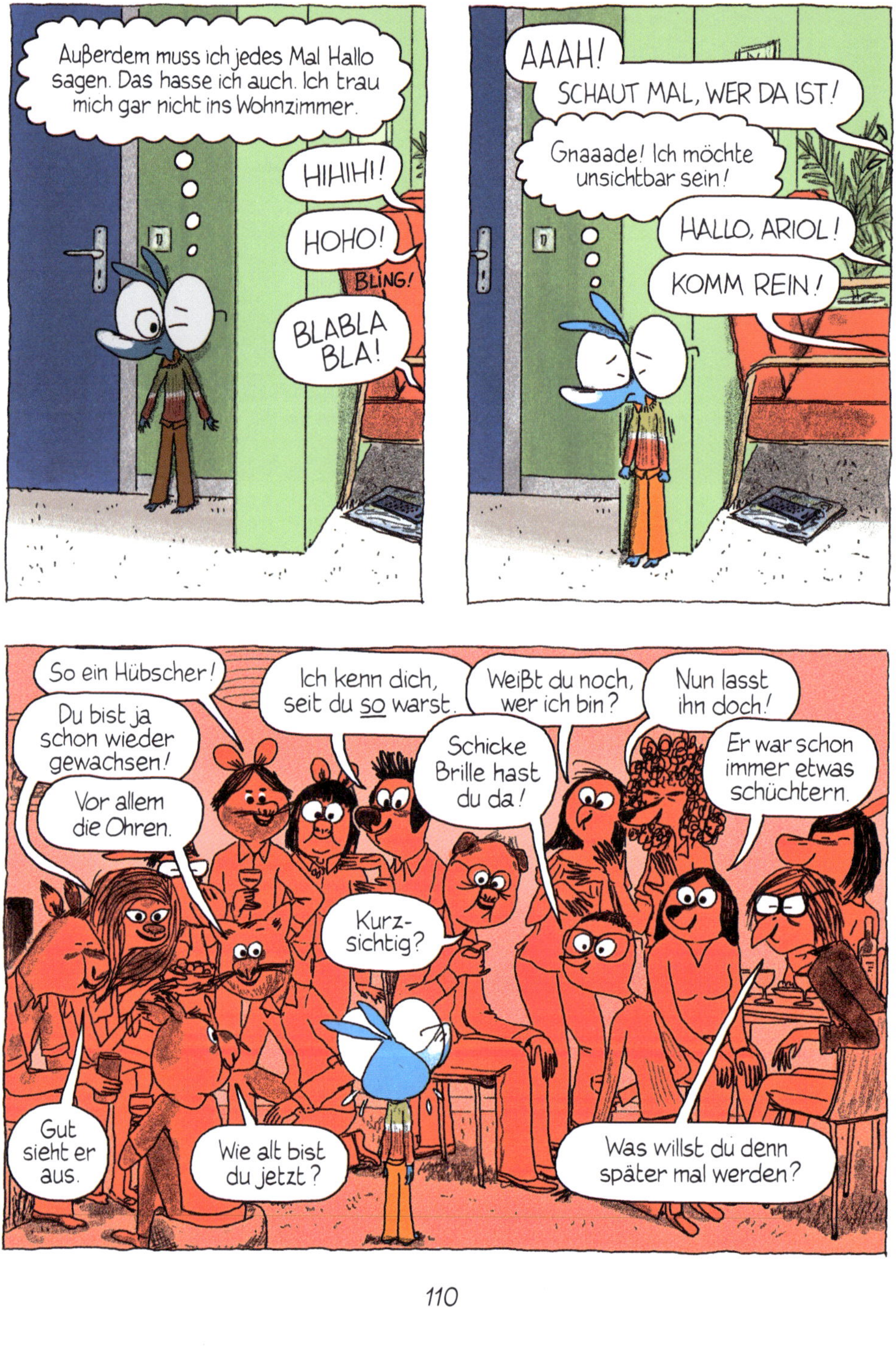

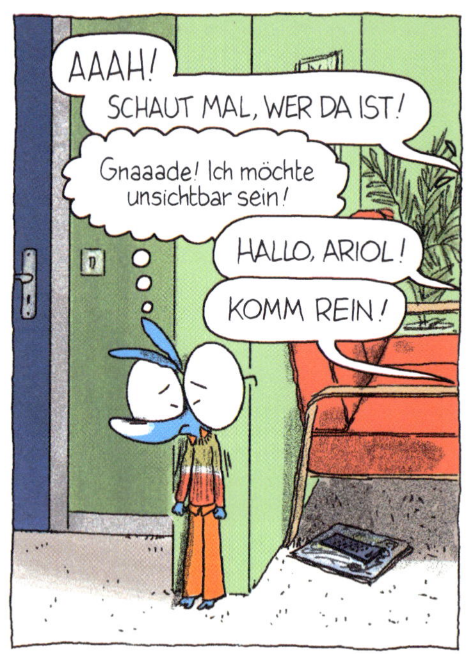

So ein Hübscher!
Du bist ja schon wieder gewachsen!
Vor allem die Ohren.
Ich kenn dich, seit du so warst.
Weißt du noch, wer ich bin?
Nun lasst ihn doch!
Schicke Brille hast du da!
Er war schon immer etwas schüchtern.
Kurz-sichtig?
Gut sieht er aus.
Wie alt bist du jetzt?
Was willst du denn später mal werden?

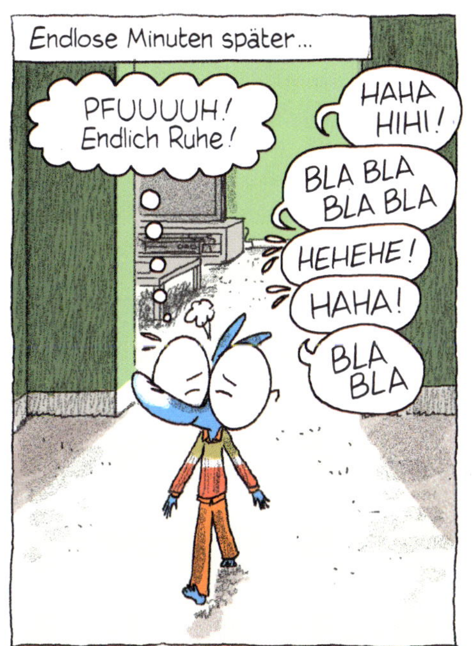
Endlose Minuten später...
PFUUUUH! Endlich Ruhe!
HAHA HIHI!
BLA BLA BLA BLA
HEHEHE!
HAHA!
BLA BLA

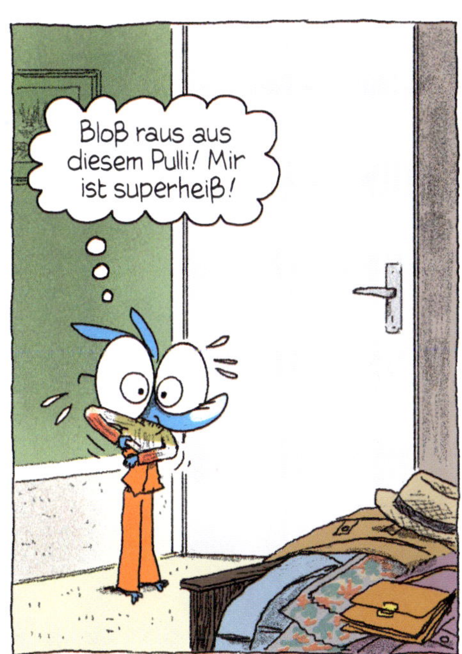
Bloß raus aus diesem Pulli! Mir ist superheiß!

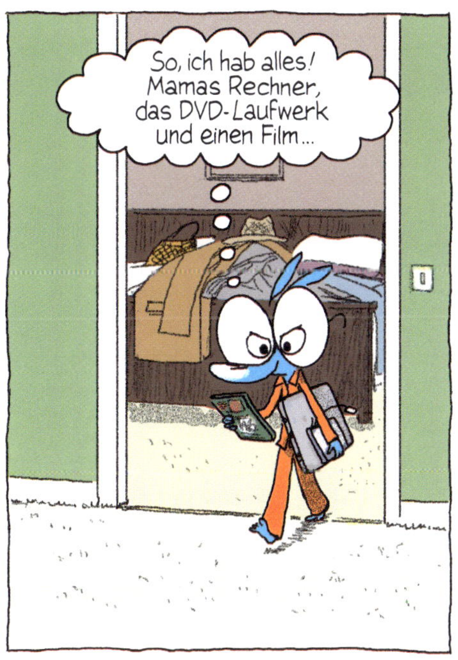
So, ich hab alles! Mamas Rechner, das DVD-Laufwerk und einen Film...

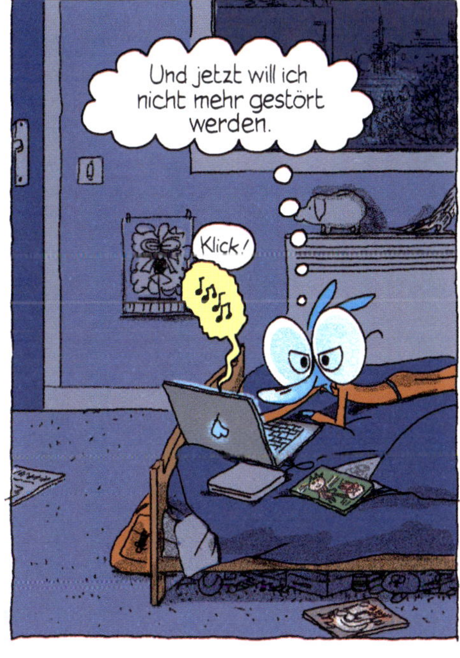
Und jetzt will ich nicht mehr gestört werden.
Klick!

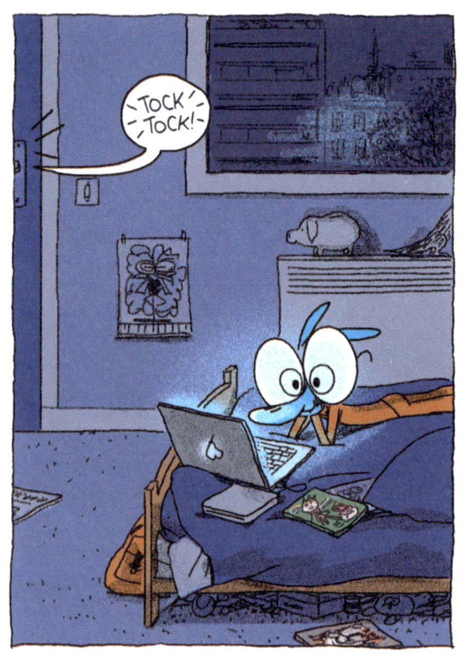
TOCK TOCK!

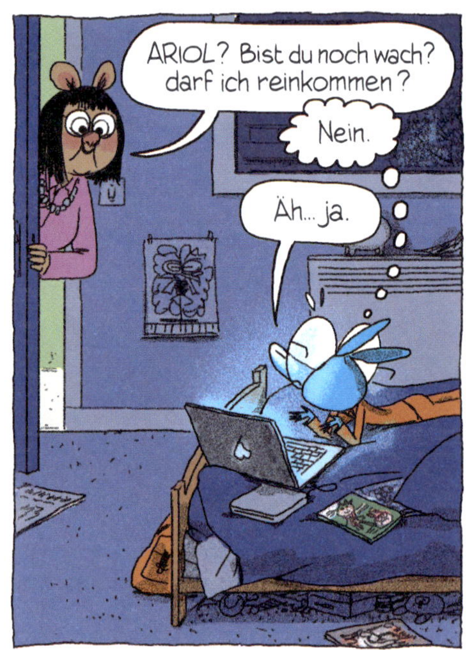
ARIOL? Bist du noch wach? darf ich reinkommen?
Nein.
Äh... ja.

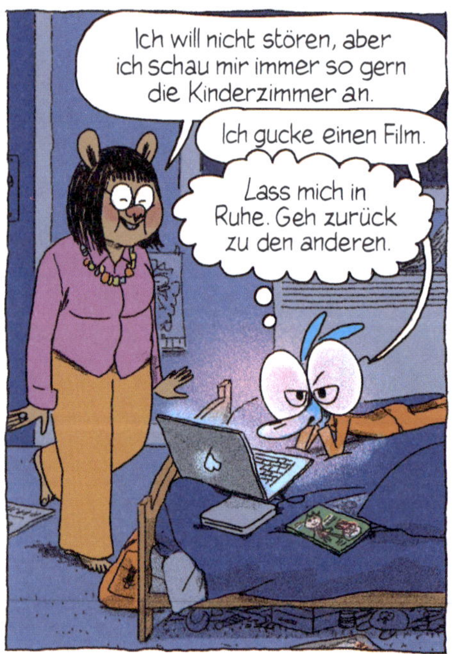
Ich will nicht stören, aber ich schau mir immer so gern die Kinderzimmer an.
Ich gucke einen Film.
Lass mich in Ruhe. Geh zurück zu den anderen.

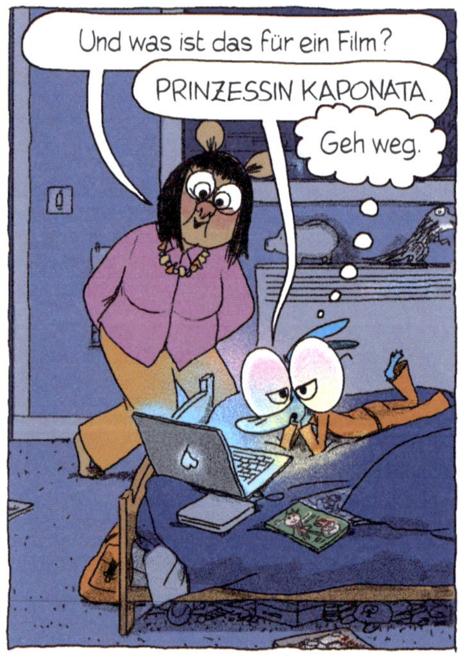
Und was ist das für ein Film?
PRINZESSIN KAPONATA.
Geh weg.

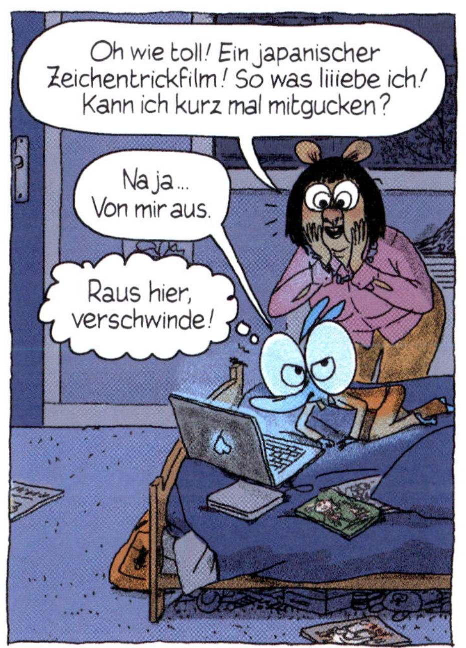
Oh wie toll! Ein japanischer Zeichentrickfilm! So was liiiebe ich! Kann ich kurz mal mitgucken?
Na ja … Von mir aus.
Raus hier, verschwinde!

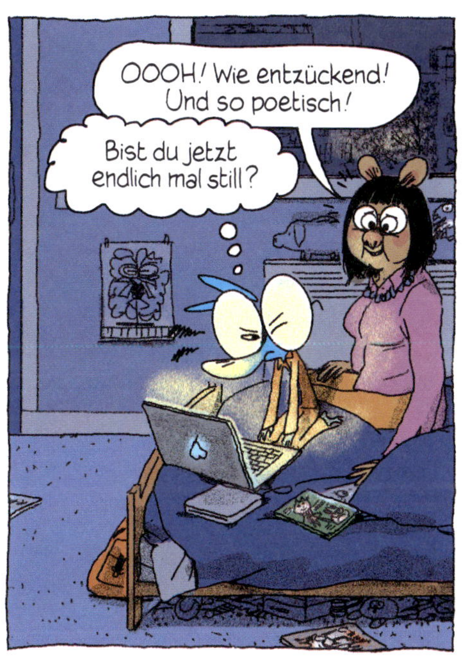
OOOH! Wie entzückend! Und so poetisch!
Bist du jetzt endlich mal still?

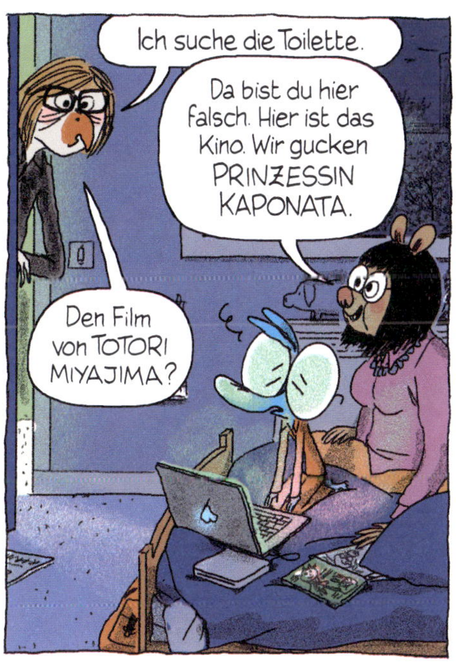
Ich suche die Toilette.
Da bist du hier falsch. Hier ist das Kino. Wir gucken PRINZESSIN KAPONATA.
Den Film von TOTORI MIYAJIMA?

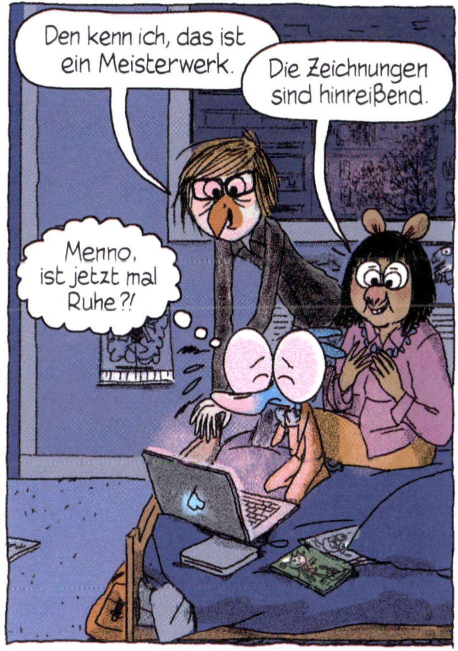
Den kenn ich, das ist ein Meisterwerk.
Die Zeichnungen sind hinreißend.
Menno, ist jetzt mal Ruhe?!

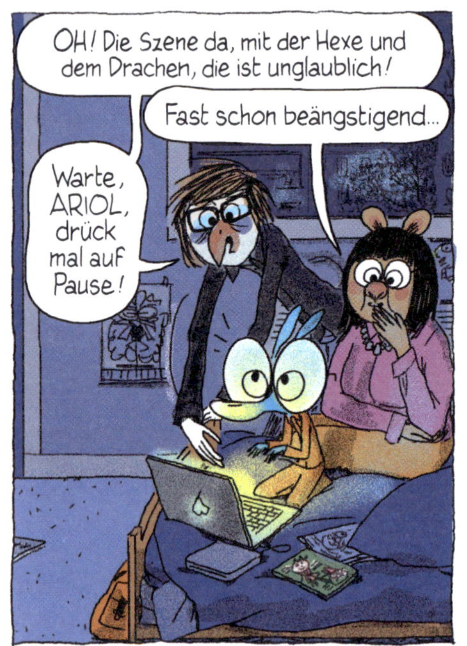

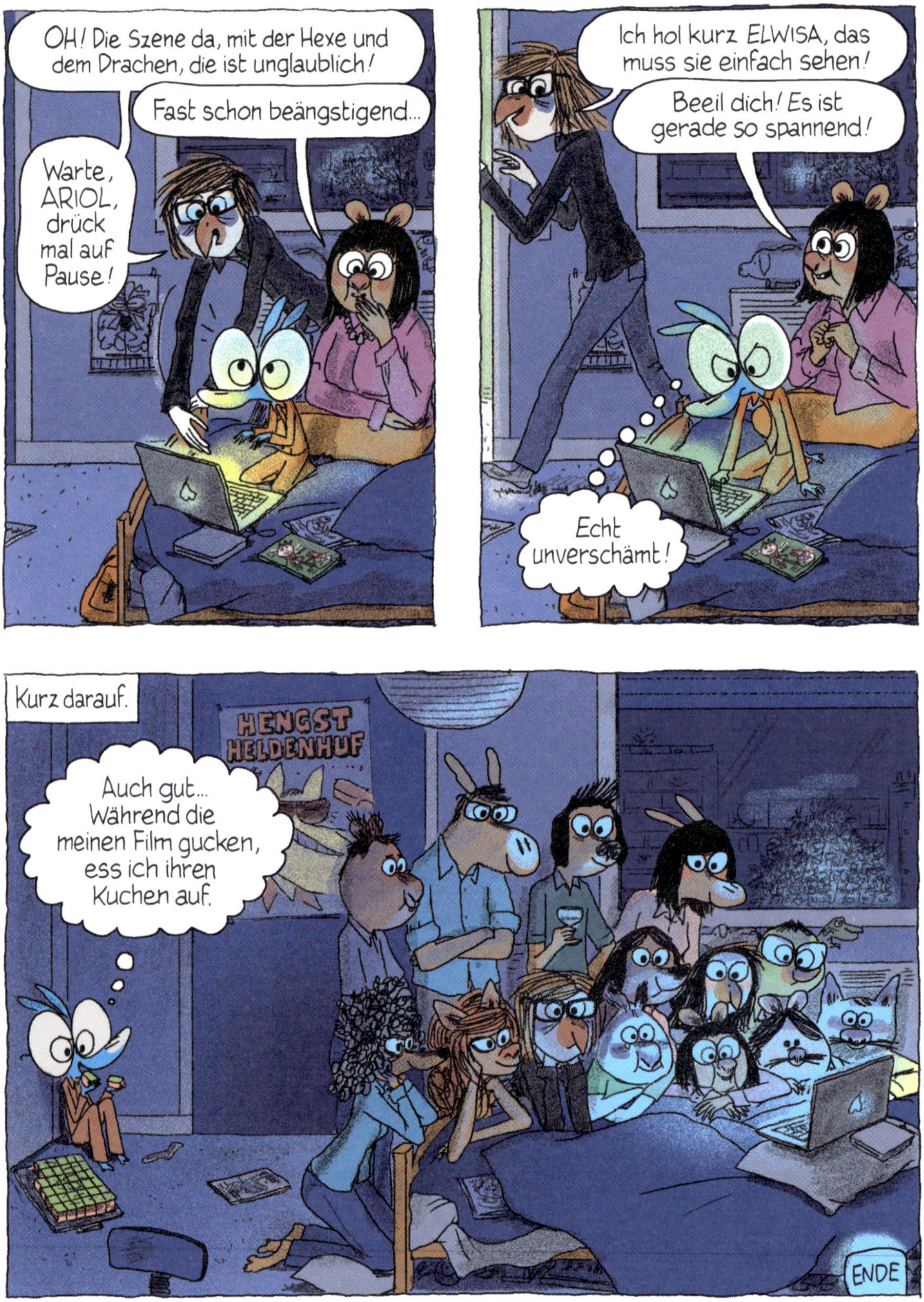

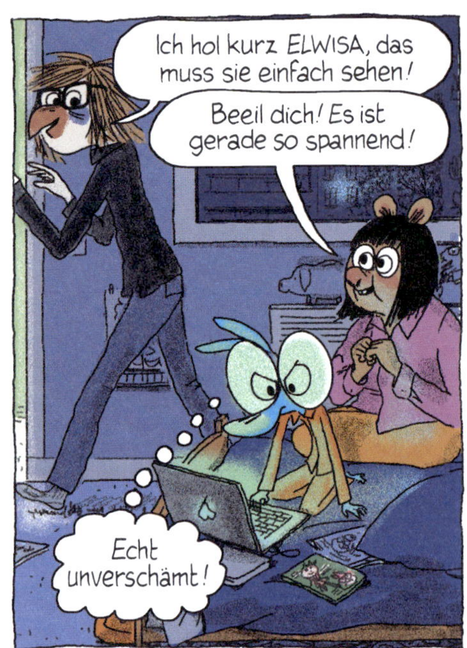

Kurz darauf.

HENGST HELDENHUF

Auch gut... Während die meinen Film gucken, ess ich ihren Kuchen auf.

ENDE

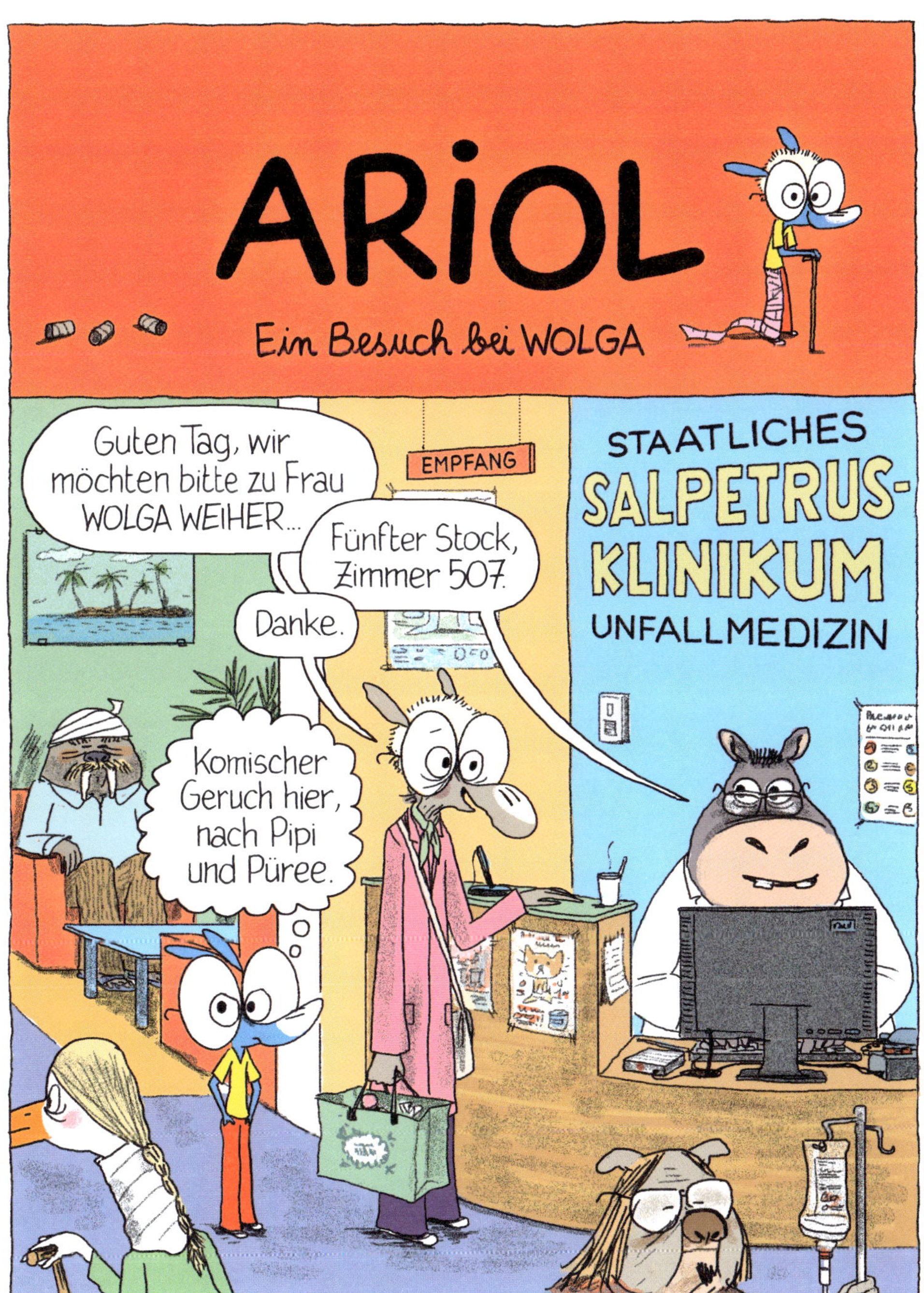
ARiOL
Ein Besuch bei WOLGA
EMPFANG
STAATLICHES
SALPETRUS-
KLINIKUM
UNFALLMEDIZIN
Guten Tag, wir möchten bitte zu Frau WOLGA WEIHER...
Fünfter Stock, Zimmer 507.
Danke.
Komischer Geruch hier, nach Pipi und Püree.

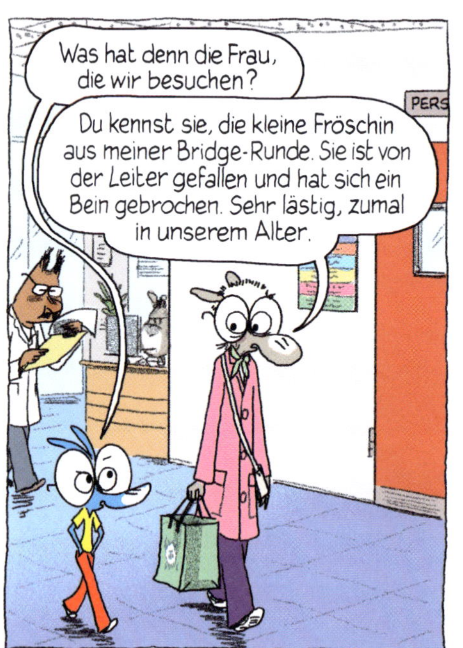
Was hat denn die Frau, die wir besuchen?
Du kennst sie, die kleine Fröschin aus meiner Bridge-Runde. Sie ist von der Leiter gefallen und hat sich ein Bein gebrochen. Sehr lästig, zumal in unserem Alter.
PERS

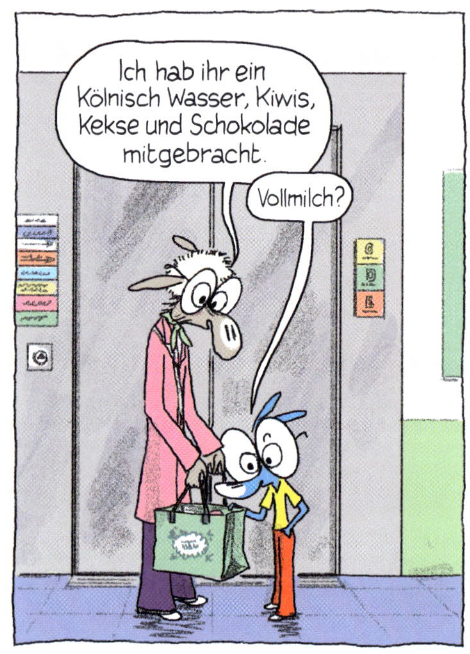
Ich hab ihr ein Kölnisch Wasser, Kiwis, Kekse und Schokolade mitgebracht.
Vollmilch?

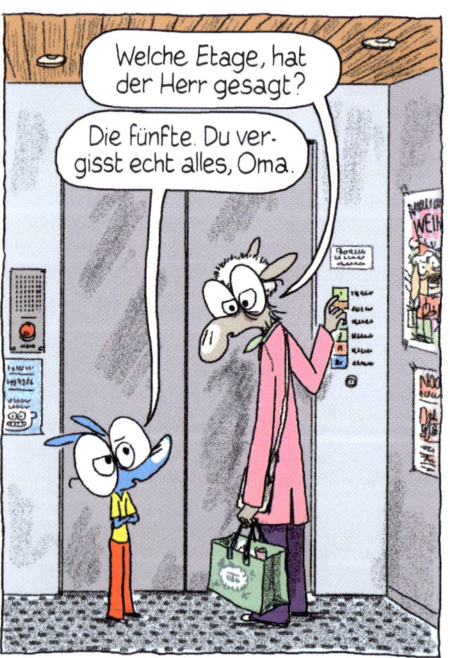
Welche Etage, hat der Herr gesagt?
Die fünfte. Du vergisst echt alles, Oma.

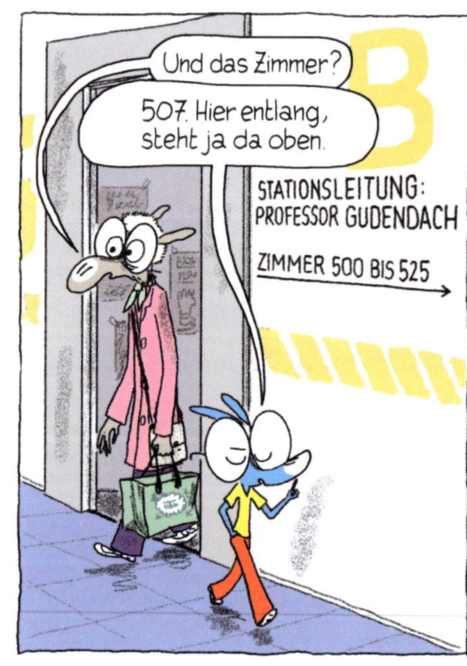
Und das Zimmer?
507. Hier entlang, steht ja da oben.
B
STATIONSLEITUNG: PROFESSOR GUDENDACH
ZIMMER 500 BIS 525

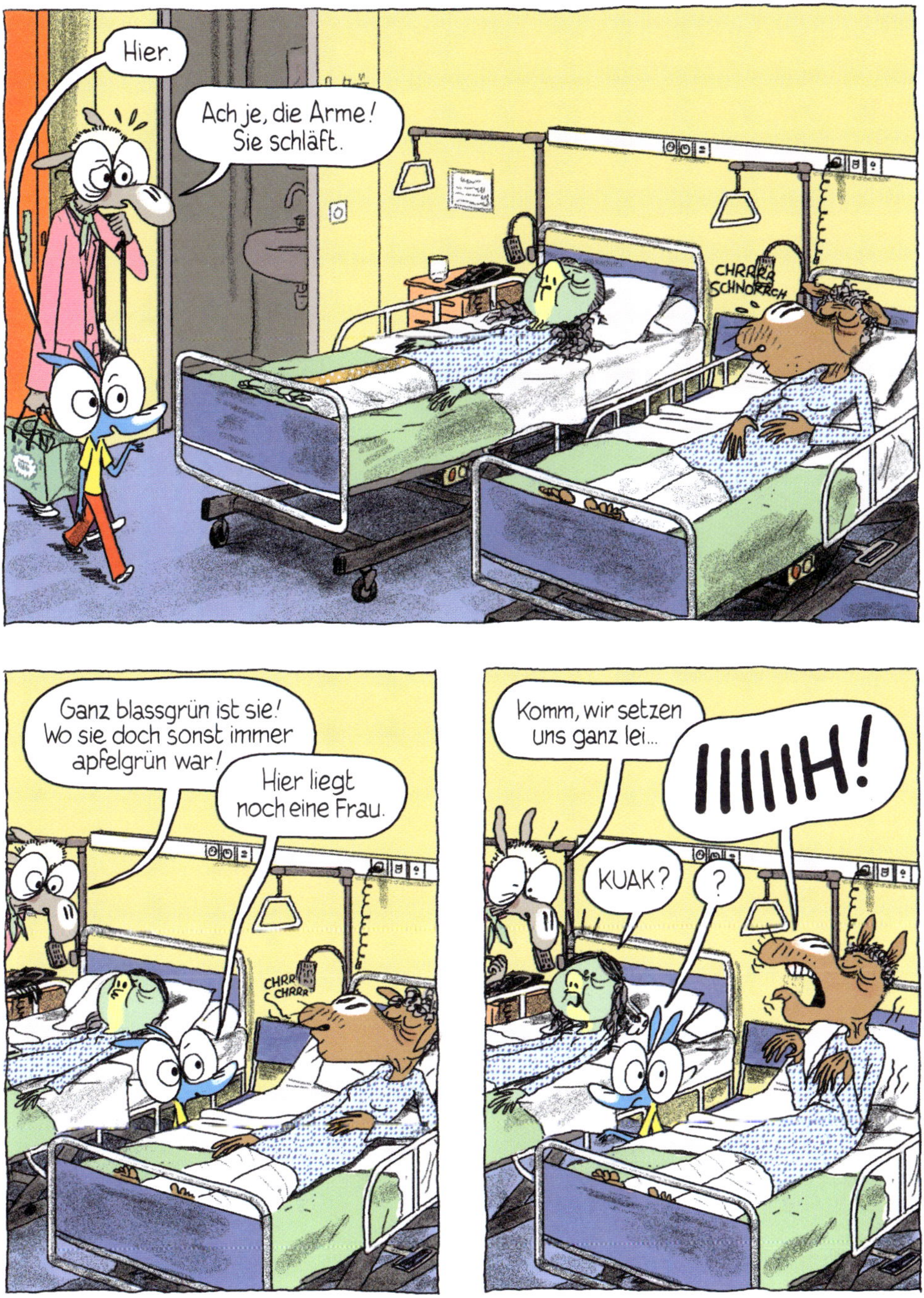

Hier.
Ach je, die Arme! Sie schläft.
CHRRRR SCHNORRCH

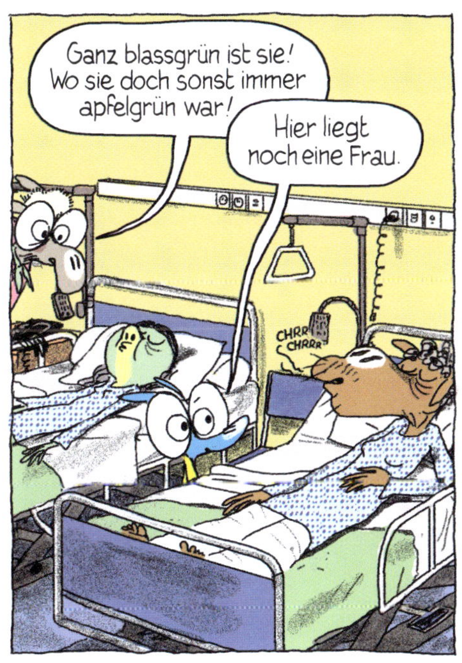

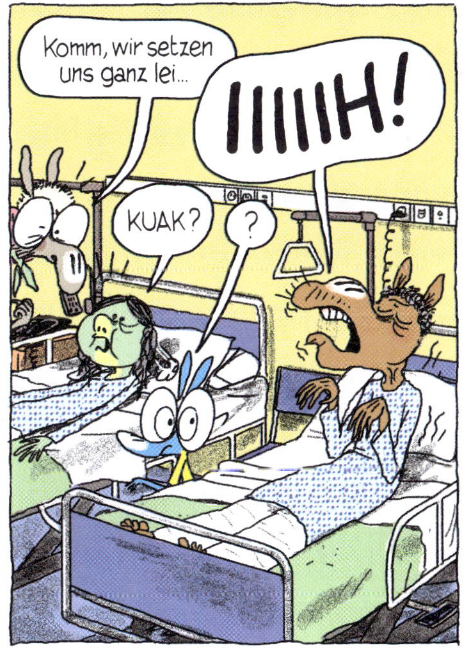

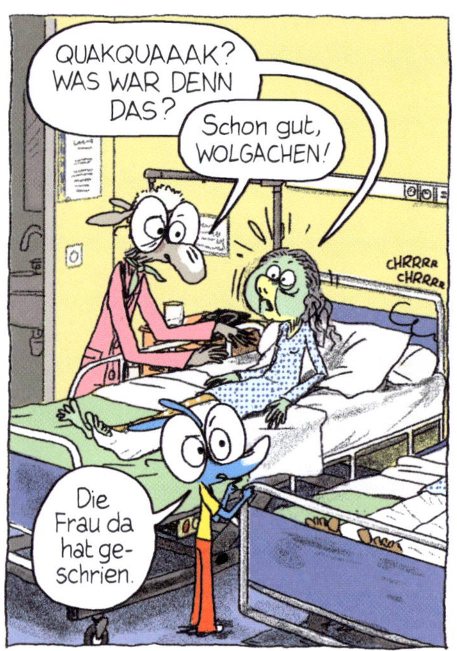
QUAKQUAAAK? WAS WAR DENN DAS?
Schon gut, WOLGACHEN!
CHRRRR CHRRRR
Die Frau da hat geschrien.

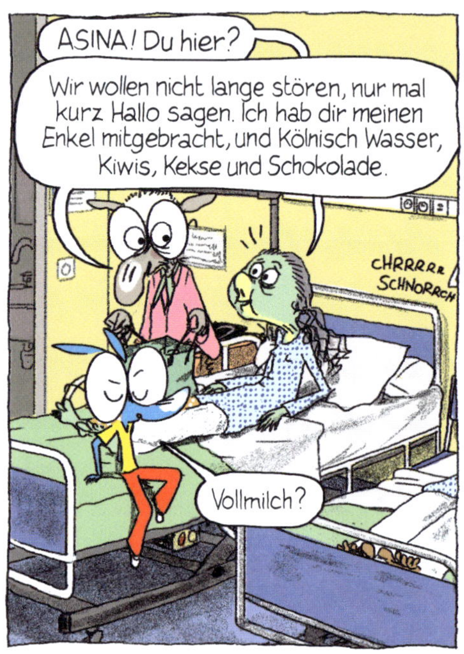
ASINA! Du hier?
Wir wollen nicht lange stören, nur mal kurz Hallo sagen. Ich hab dir meinen Enkel mitgebracht, und Kölnisch Wasser, Kiwis, Kekse und Schokolade.
CHRRRRR SCHNORRCH
Vollmilch?

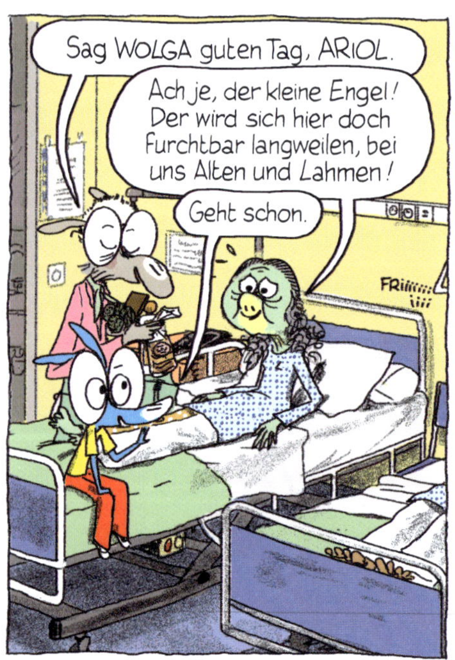
Sag WOLGA guten Tag, ARIOL.
Ach je, der kleine Engel! Der wird sich hier doch furchtbar langweilen, bei uns Alten und Lahmen!
Geht schon.
FRiiiiii iiii

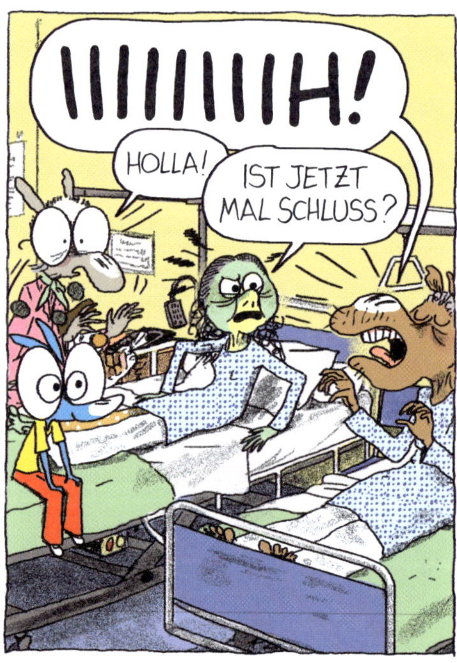
IIIIIIIIH!
HOLLA!
IST JETZT MAL SCHLUSS?

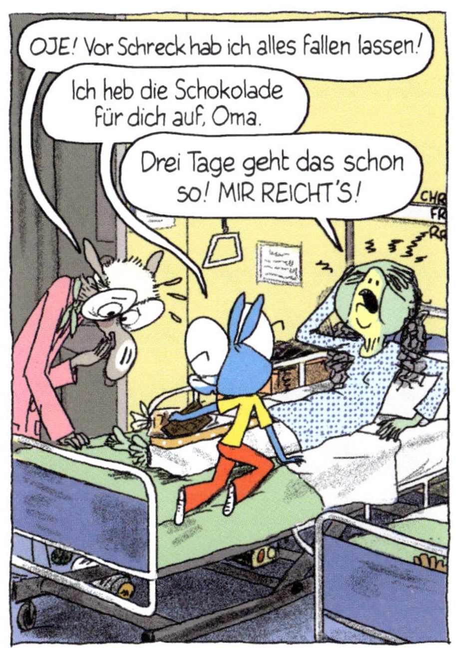
OJE! Vor Schreck hab ich alles fallen lassen!
Ich heb die Schokolade für dich auf, Oma.
Drei Tage geht das schon so! MIR REICHT'S!

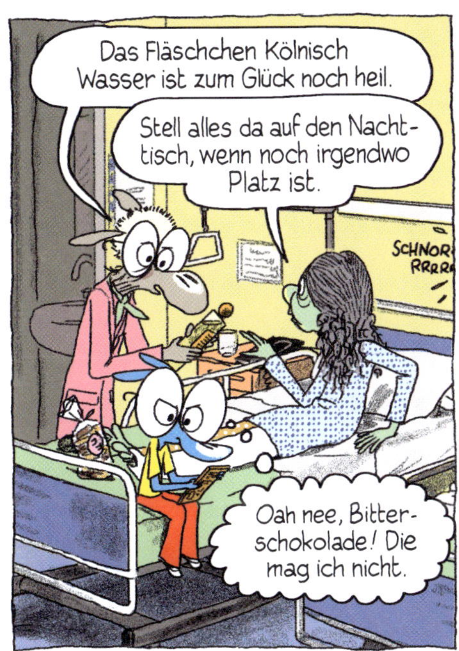
Das Fläschchen Kölnisch Wasser ist zum Glück noch heil.
Stell alles da auf den Nachttisch, wenn noch irgendwo Platz ist.
Oah nee, Bitterschokolade! Die mag ich nicht.

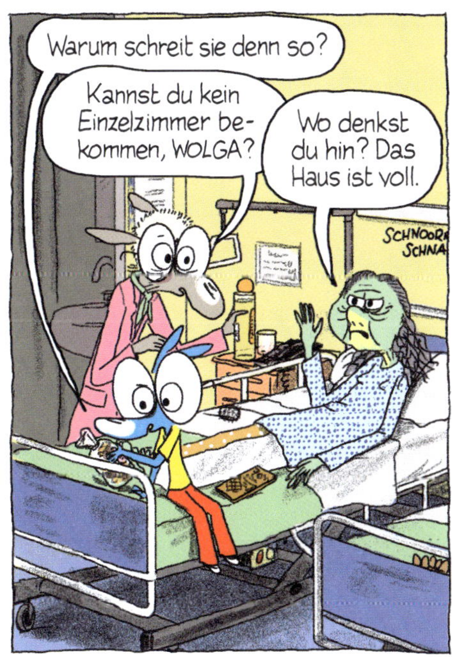
Warum schreit sie denn so?
Kannst du kein Einzelzimmer bekommen, WOLGA?
Wo denkst du hin? Das Haus ist voll.

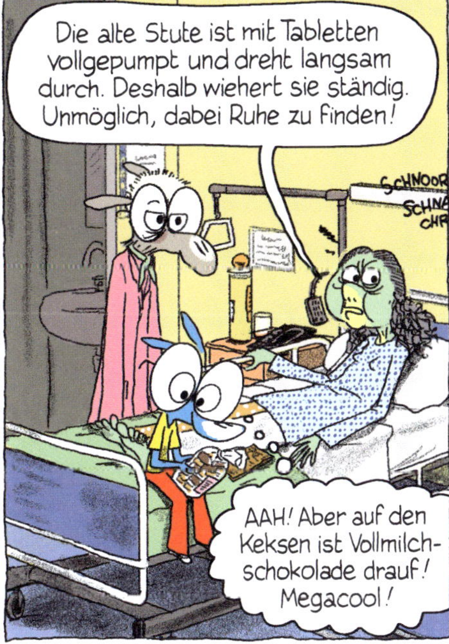
Die alte Stute ist mit Tabletten vollgepumpt und dreht langsam durch. Deshalb wiehert sie ständig. Unmöglich, dabei Ruhe zu finden!
AAH! Aber auf den Keksen ist Vollmilchschokolade drauf! Megacool!

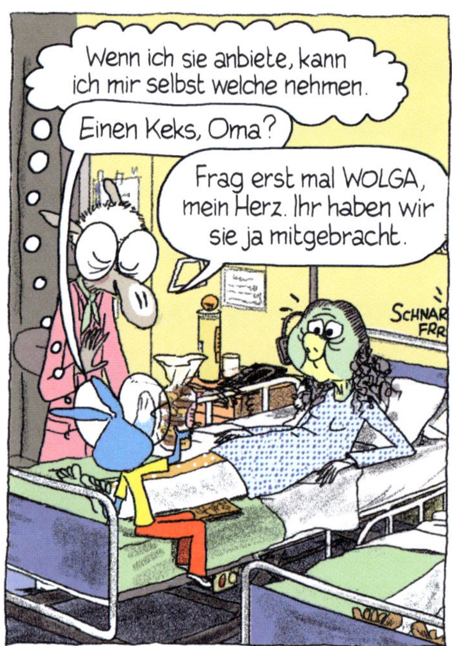
Wenn ich sie anbiete, kann ich mir selbst welche nehmen.
Einen Keks, Oma?
Frag erst mal WOLGA, mein Herz. Ihr haben wir sie ja mitgebracht.
SCHNAR

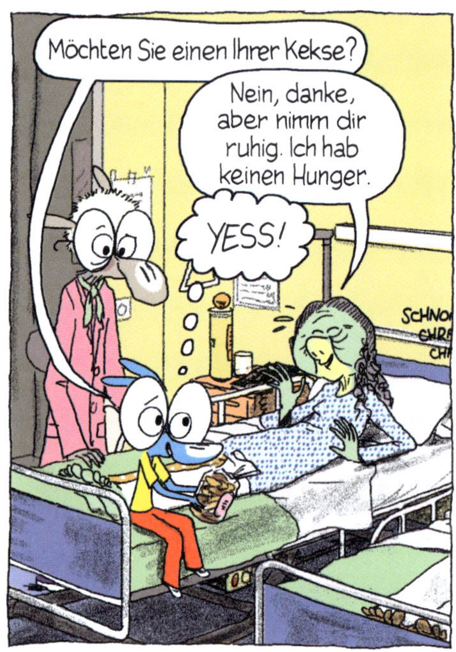
Möchten Sie einen Ihrer Kekse?
Nein, danke, aber nimm dir ruhig. Ich hab keinen Hunger.
YESS!

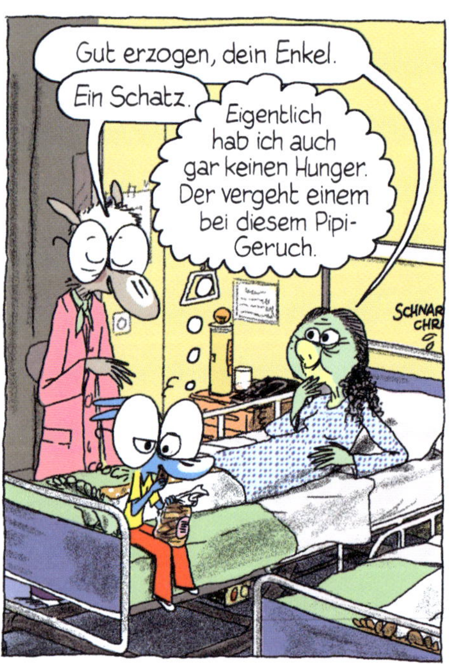
Gut erzogen, dein Enkel.
Ein Schatz.
Eigentlich hab ich auch gar keinen Hunger. Der vergeht einem bei diesem Pipi-Geruch.
SCHNAR

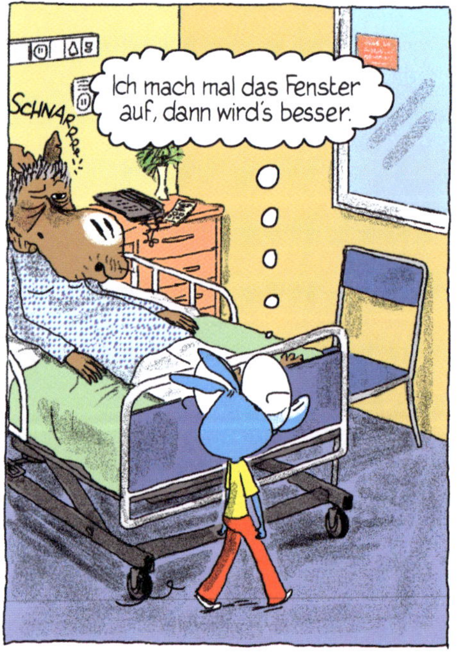
Ich mach mal das Fenster auf, dann wird's besser.
SCHNAR

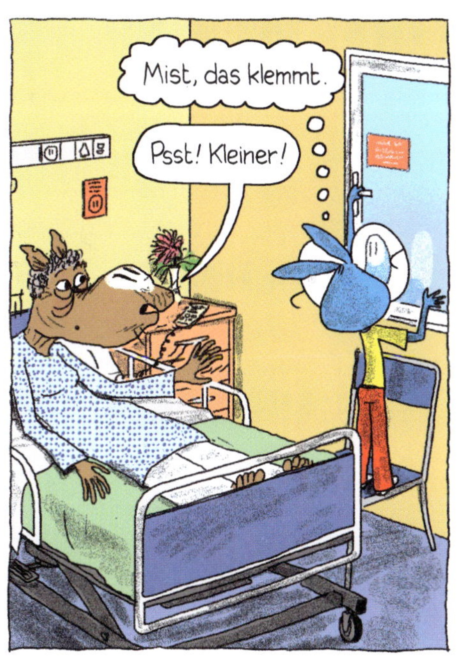
Mist, das klemmt.
Psst! Kleiner!

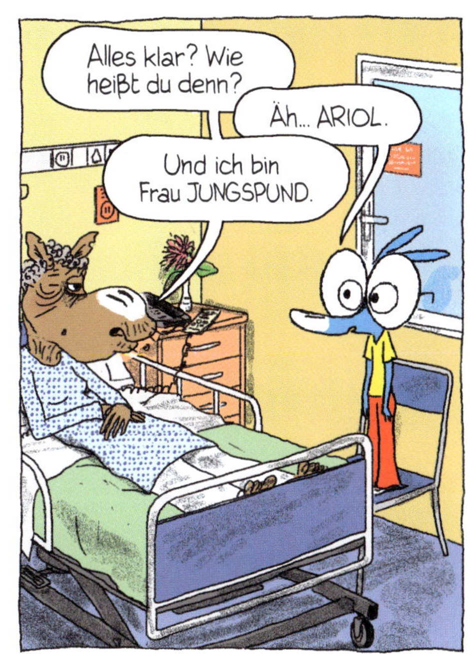
Alles klar? Wie heißt du denn?
Äh... ARIOL.
Und ich bin Frau JUNGSPUND.

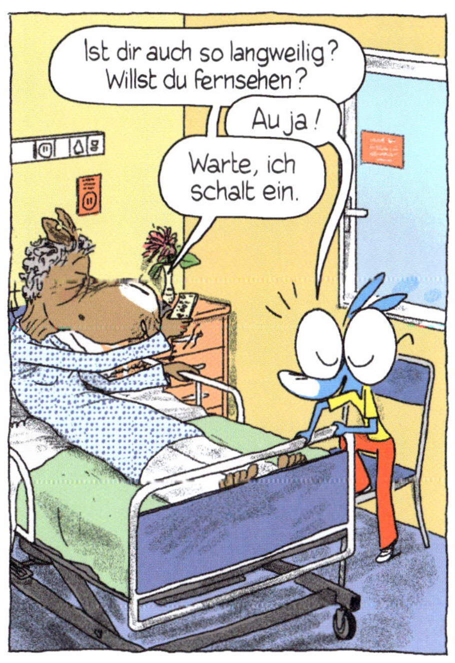
Ist dir auch so langweilig? Willst du fernsehen?
Au ja!
Warte, ich schalt ein.

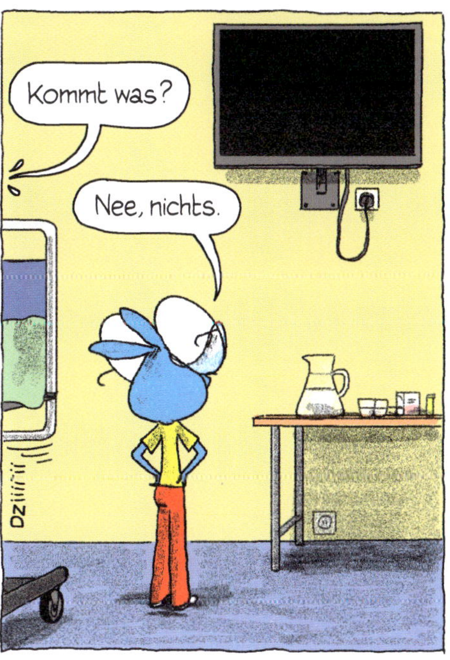
Kommt was?
Nee, nichts.
Dziiiii

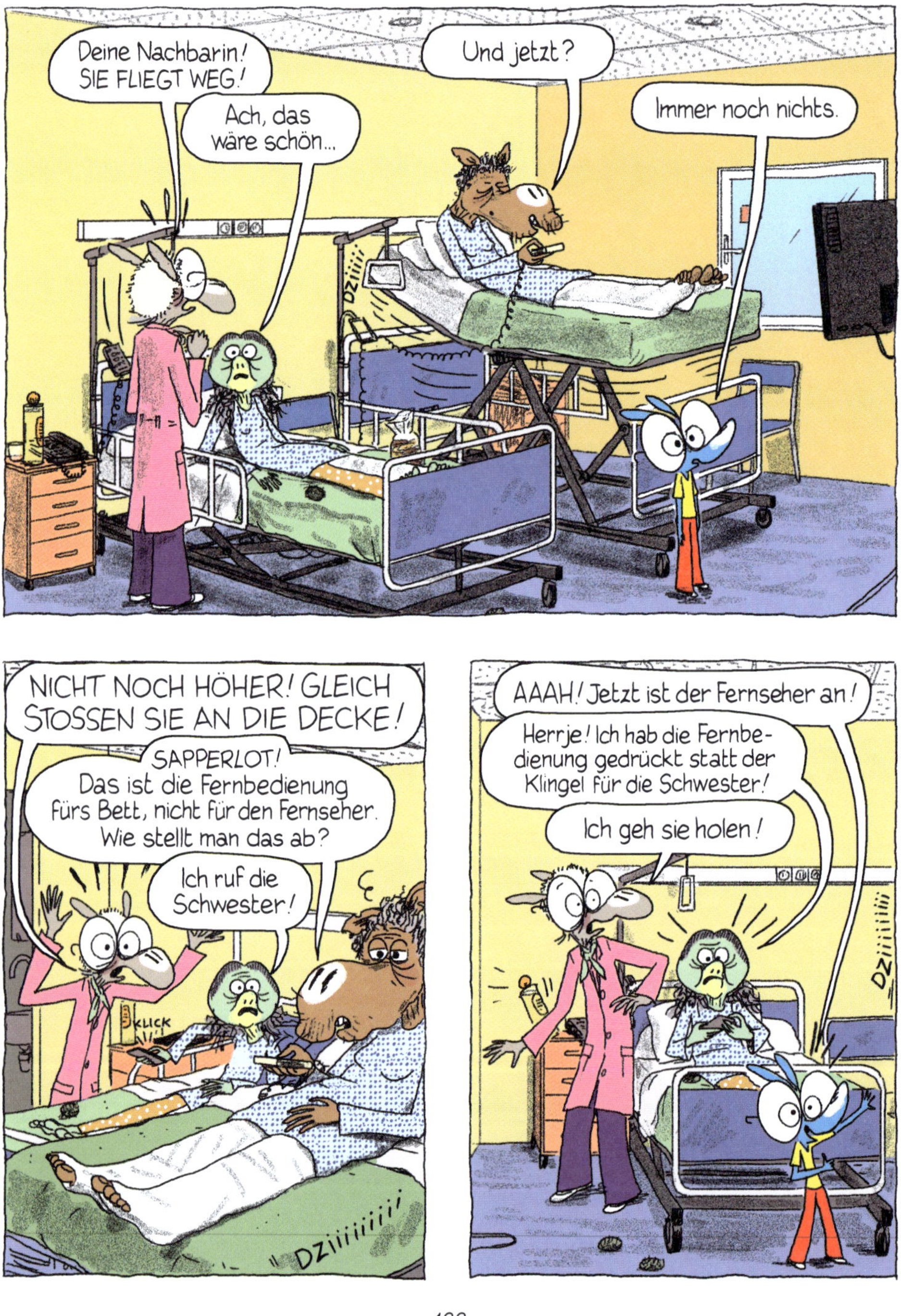

Deine Nachbarin! SIE FLIEGT WEG!
Ach, das wäre schön...
Und jetzt?
Immer noch nichts.
DZiiiii

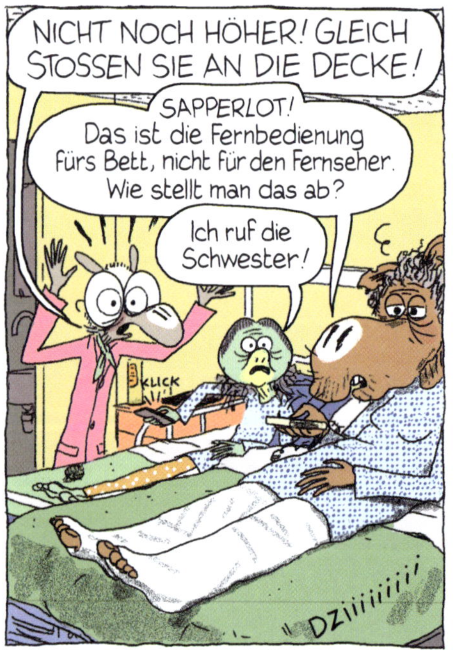

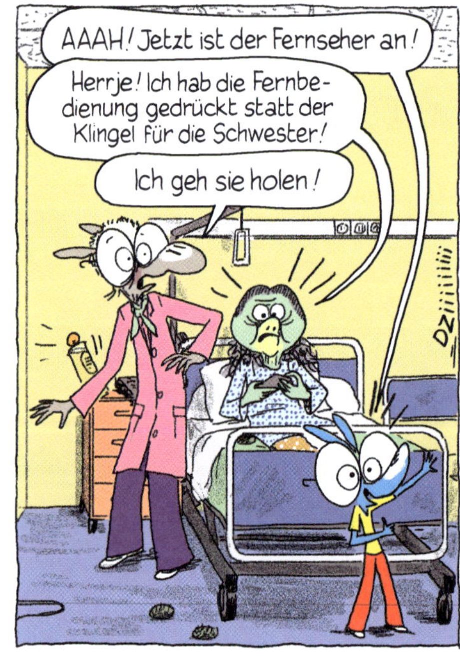

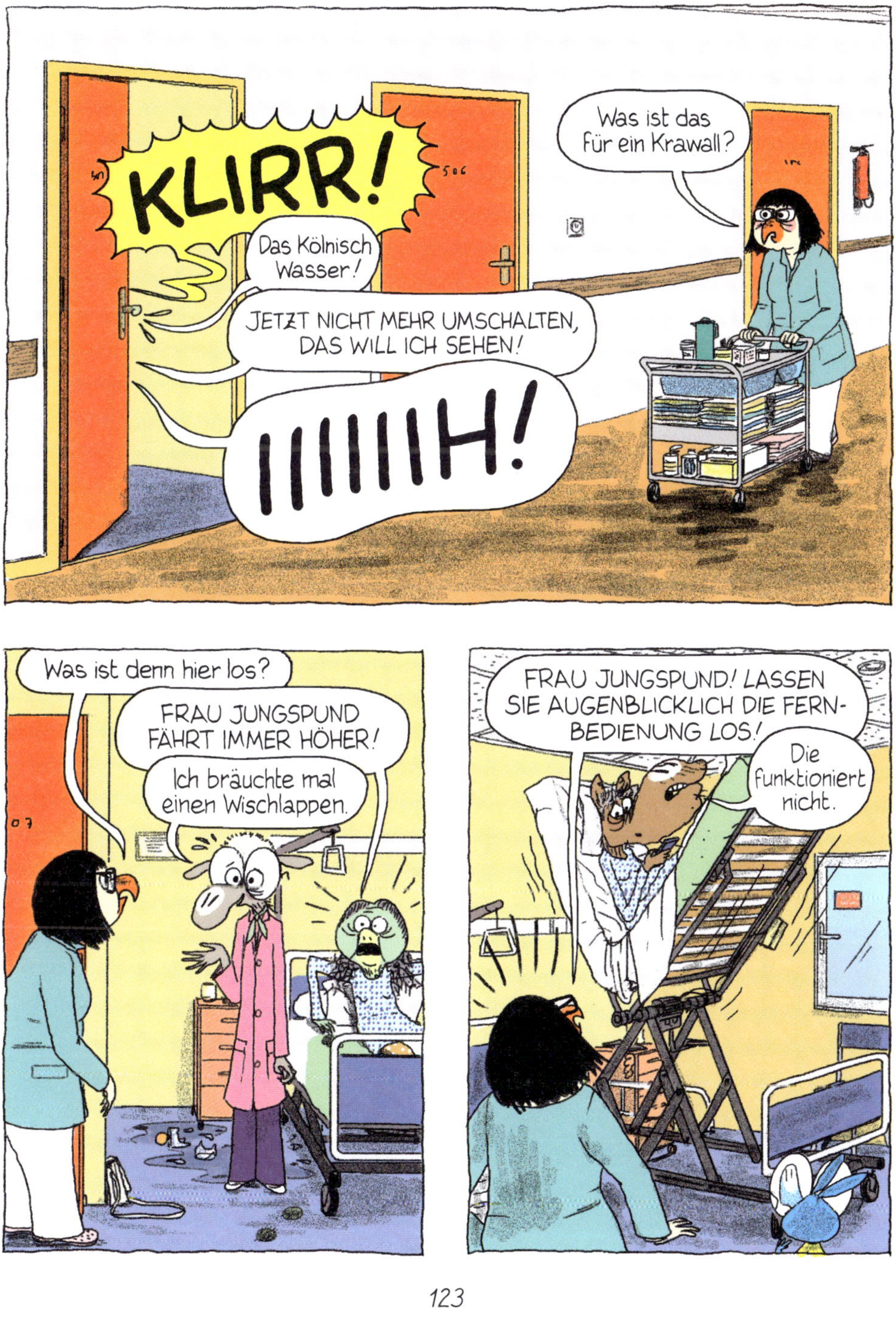

Was ist das für ein Krawall?
KLIRR!
Das Kölnisch Wasser!
JETZT NICHT MEHR UMSCHALTEN, DAS WILL ICH SEHEN!
IIIIIIH!

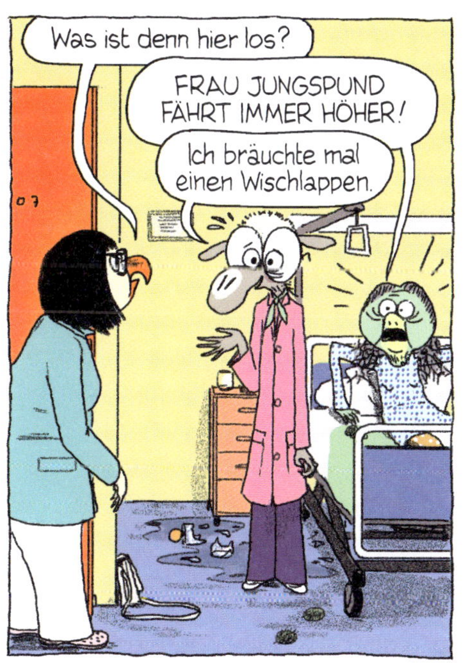

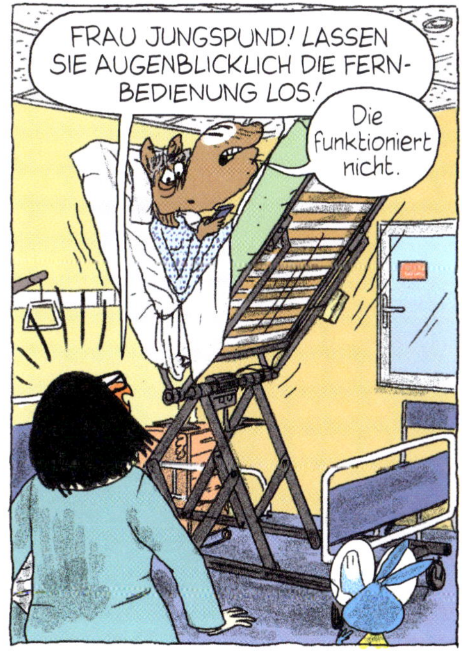

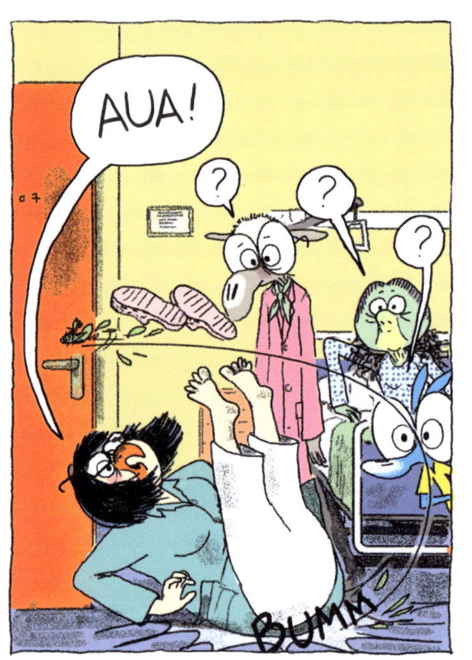

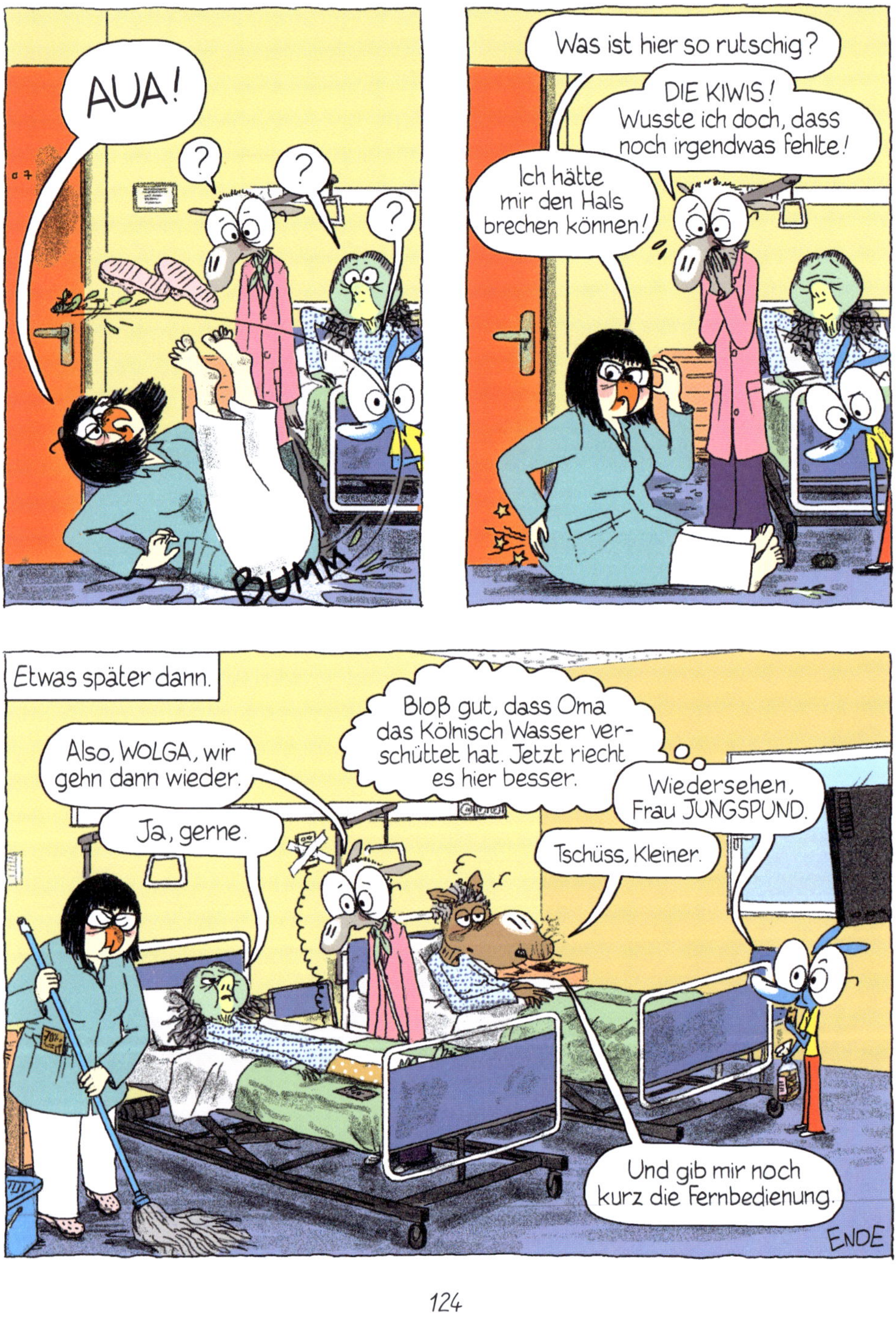

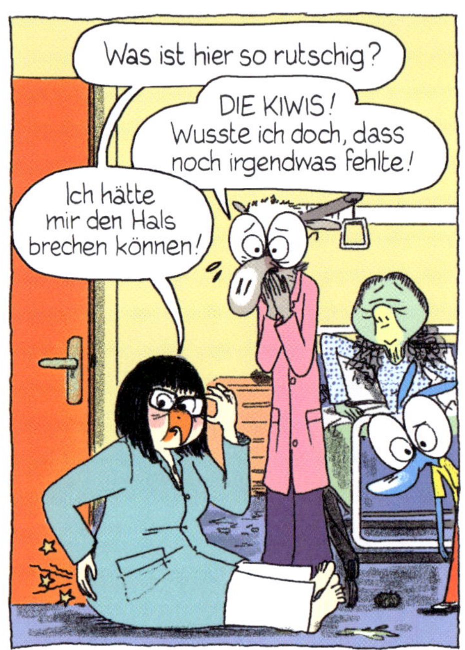

Etwas später dann.

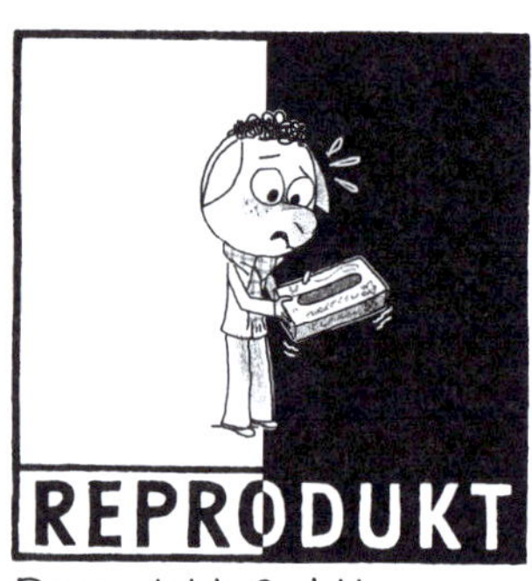

Aus dem Französischen von
Annette von der Weppen
Redaktion: Michael Groenewald und
Matthias Wieland
Korrektur: Nele Heitmeyer
Lettering: Michael Hau
Titelschriftzug: Arne Bellstorf

Reprodukt GmbH
Gottschedstr. 4/Aufgang 1
13357 Berlin

Originally published in France by Bayard Éditions,
18, Rue Barbès, 92128 Montrouge
Published by arrangement with Bayard Éditions
Herausgeber: Michael Groenewald
ISBN 978-3-95640-352-1
Herstellung: Arne Bellstorf
Druck: Pozkal, Inowrocław, Polen

Zweite Auflage: September 2025

info@reprodukt.com
www.reprodukt.com

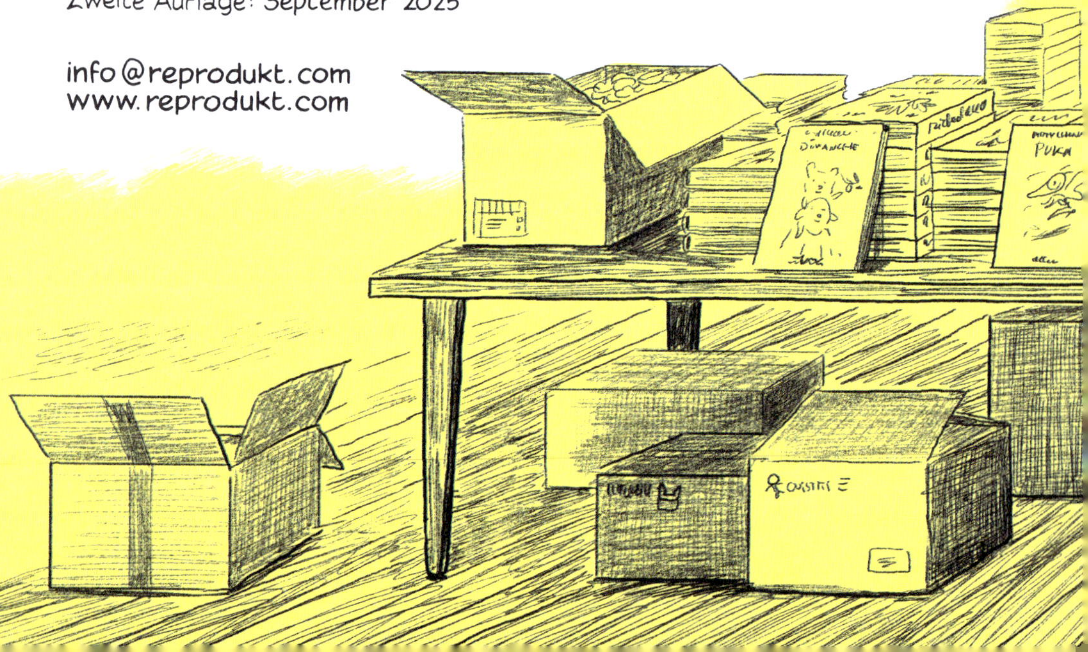

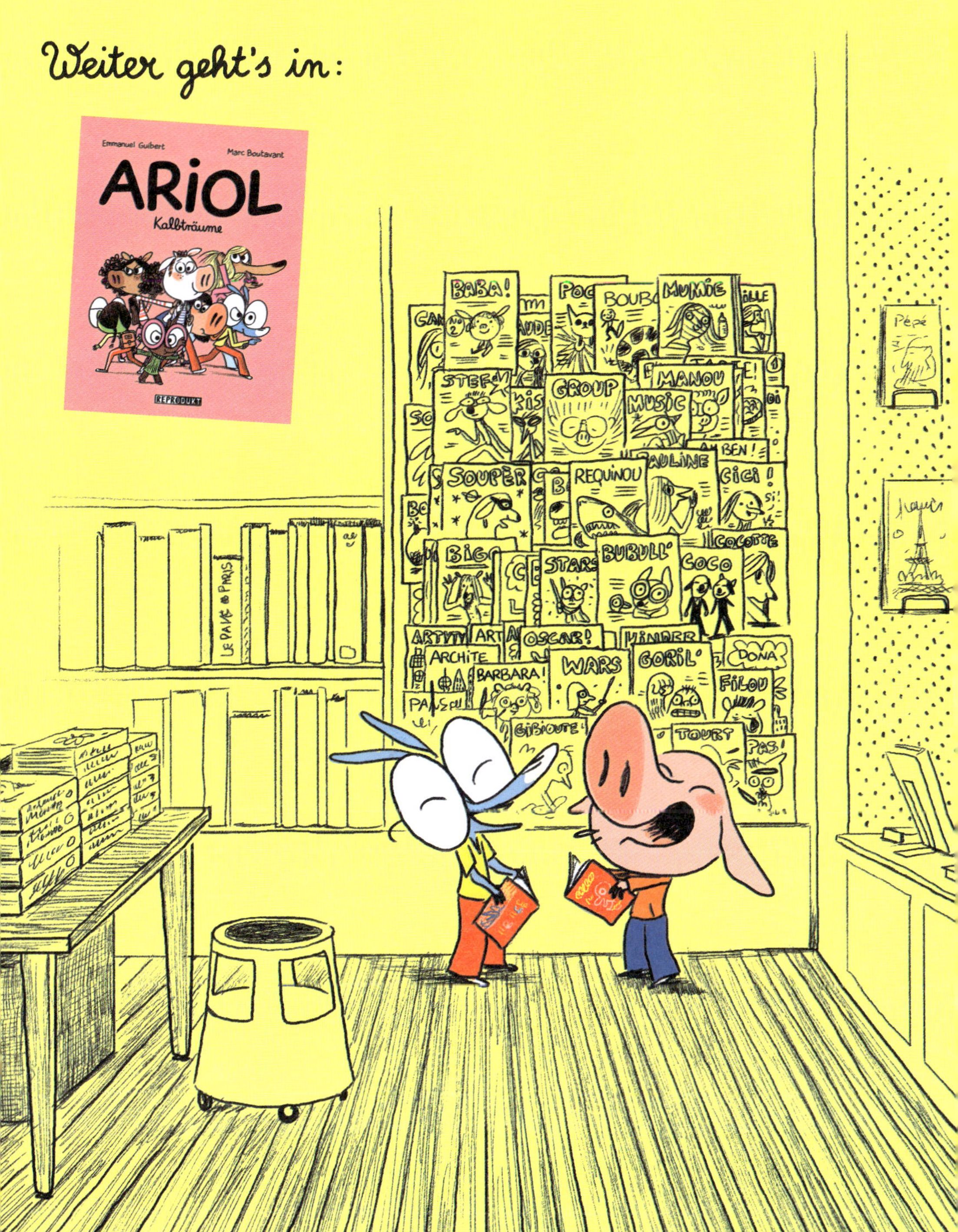
Weiter geht's in:
Emmanuel Guibert
Marc Boutavant
ARIOL
Kalbträume
REPRODUKT
BABA!
MUMIE
GROUP
MANOU
MUSIC
SOUPER
REQUINOU
PAULINE
CICI!
BEN!
COCOTTE
BUBULL'
STARS
COCO
OSCAR!
ARCHITE
BARBARA!
WARS
GORIL'
DONA
FILOU
GIBIOUTE
TOURT
PAS!
LE PAYS DE PARIS
Pépé

FÜR KLEINE LESER

Emmanuel Guibert & Marc Boutavant bei Reprodukt

Ariol

Ein kleiner Esel wie du und ich
HENGST HELDENHUF
Saugute Freunde
Eine ganz schöne Kuh
Mach die Fliege, SURRSULA
Miesekatze
Lehrer, die bellen, beißen nicht
Papa ist ein Esel
Hasenzähne
Ballettratten
Sei kein Frosch, VANESSA
Ein stolzer Gockel
Ententanz
So ein dummes Schaf
Kalbträume
NAPHTALINE: Einfach nur wau!
Die superkuhle Klassenfahrt
Alte Flohschleuder!
Wie die Nachtigallen
Wo ist PETULA?
Junges Gemüse auf großer Tour

Marc Boutavant bei Reprodukt

Mouk

Helden der Pedale
Mouk hat Langeweile
Die große Reise des kleinen Mouk

Pelzkugel und Ente
Der Popo von Hippopo (*mit Didier Lévy*)
Nur mal für einen Tag (*mit Laura Leuck*)
Niemals wilde Katzen kitzeln (*mit Pamela Butchart*)
Edmund: Das Fest im Mondschein (*mit Astrid Desbordes*)
Marienkäfer suchen ein Zuhause (*mit Davide Cali*)

Marc Boutavant bei Woow Books

Der Stinkehund (bislang sieben Bände, *mit Colas Gutman*)

Marc Boutavant bei Hanser

Man wird doch wohl mal wütend werden dürfen (*mit Toon Tellegen*)
Warum wird hier keiner wütend? (*mit Toon Tellegen*)

Emmanuel Guibert bei Schaltzeit

Alldine & die Weltraumpiraten (bislang drei Bände, *mit Mathieu Sapin*)

FÜR GROSSE LESER

Emmanuel Guibert in der Edition Moderne

Alans Krieg
Alans Kindheit
Martha und Alan
Der Fotograf (*mit Didier Lefévre & Frédéric Lemercier*)
Reisen zu den Roma (*mit Alain Keler & Frédéric Lemercier*)